शेयर मार्केट से कैसे बनाये मैंने १० करोड़

निकोलस डरवास

Paperback: 978-939411223-0

Any references to historical events, real people, or real places are used fictitiously. Names, characters, and places are products of the author's imagination.

Printed by:

Sanage Publishing House LLP
Mumbai, India

sanagepublishing@gmail.com

निकोलस डरवास का जन्म हंगरी में हुआ और उन्होंने बुडापेस्ट यूनिवर्सिटी से अर्थशास्त्र की डिग्री प्राप्त की। नाजियों या सोवियतों के कब्जा करने से पहले ही वह 23 साल की उम्र में एक नकली वीजा और 50 पाउंड स्टर्लिंग के साथ टर्की के इस्तांबुल आ गए। वहां प्रति दिन 8 घंटे के हिसाब से बतौर डांसर काम के बाद जो खाली समय मिलता, उसमें शेयर मार्केट पर आधारित किताबें पढ़ते। इस दौरान उन्होंने लगभग 200 किताबें पढ़ डालीं और अपना बचा हुआ पैसा कुछ ऐसे शेयर्स पर लगा दिया, जो 52 सप्ताह तक आसमान की बुलंदियों पर बने रहे। वह आश्चर्यचकित थे की उनके द्वारा जिन शेयर्स पर पैसा लगाया गया, वह लगातार कैसे बढ़ते गए। इसके बाद उन्होंने उन शेयर्स को एक बहुत बड़े लाभ के साथ बेच दिया। बैरंस मैगजीन ही उनके द्वारा चुने गए शेयर्स का आधार बनी। केवल 39 साल की उम्र में उन्होंने एक अच्छी धनराशि कमा ली थी। डरवास ने अपनी तकनीकों को इस पुस्तक **'हाउ आई मेड 2,000,000 डॉलर्स इन द स्टॉक मार्केट'** में समेटा है और अपने बॉक्स सिद्धांत के विषय में बताया है, जिसका प्रयोग उन्होंने शेयर्स को खरीदने और बेचने के सही समय को जानने के लिए किया था। आज भी यह पुस्तक शेयर बाजार पर लिखी गई तमाम पुस्तकों में से श्रेष्ठ मानी जाती है।

विषय सूची

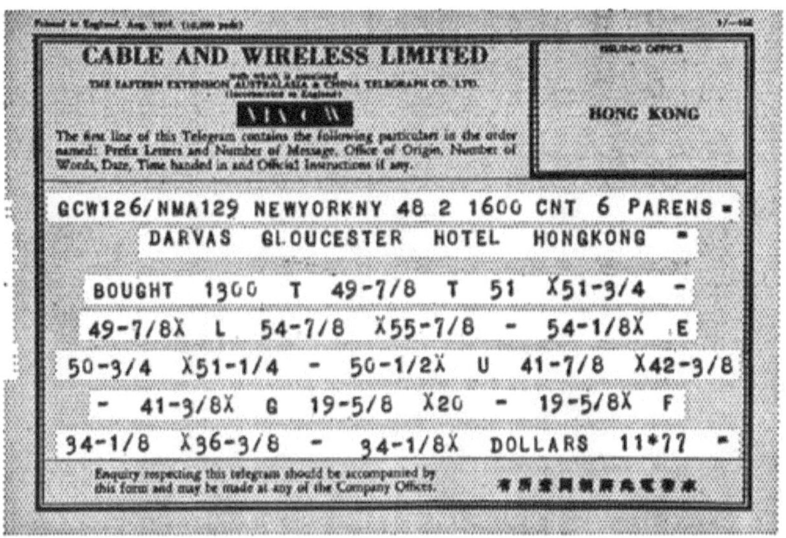

3 सितंबर, 1958 की सुबह, यह तार हांगकांग की क्राउन कॉलोनी में स्थित ग्लूसेस्टर होटल में पहुंचा :

"1300 थियोकोल खरीदे 49⅞"

यह खरीदारी उसी कड़ी का एक हिस्सा थी, जिसके माध्यम से आने वाले अठारह महीनों में बीस लाख डॉलर मिलने वाले थे।

यह पुस्तक उन्हीं उसी चकाचौंध से भरी घटनाओं का सिलसिलेवार संकलन है, जो इसे और आगे लेकर गई...

एक जुआरी

1

कनाडा काल की अवधि के दौरान

वह नवंबर, 1952 का समय था। मैं न्यूयॉर्क के मैनहैटटन के 'लेटिन क्वार्टर' में खेल रहा था, इस दौरान मेरे एजेंट का फोन आया। उसने बताया कि उसको टोरंटो नाइट क्लब में मेरे और मेरी डांसिंग पार्टनर जूलिया के कार्यक्रम के लिए प्रस्ताव आया था। यह क्लब दो जुड़वा भाइयों का था, जिनके नाम थे - एल और हैरी स्मिथ, जिन्होंने मेरे समक्ष एक विचित्र सा प्रस्ताव रखा था। उनका कहना था कि वह पैसों के बदले स्टॉक में अपना भुगतान करना चाहते हैं। मैं सोचकर हैरान था। सच कहूँ तो शो बिजनेस में मुझे अनेकों अनुभव हुए थे, लेकिन यह अनुभव उन सभी अनुभवों से अलग था।

मैंने इस विषय में आगे और पूछताछ की तो मुझे पता चला कि वे लोग मुझे किसी ब्राइलंड नामक कंपनी में 6,000 शेयर देने के लिए तैयार थे। यह शेयर एक कैनेडियन माइनिंग फर्म के थे, जिसमें वह दोनों भाई बहुत रुचि लेते थे। उस समय उस माइनिंग फर्म के एक शेयर की कीमत 50 सेंट थी और अभी मुझे सिर्फ इतना ही पता था की स्टॉक बहुत लचीले होते हैं। इसलिए मैंने स्मिथ भाइयों से पूछा कि क्या वे मुझे इस बात की गारंटी देते हैं कि यदि इस माइनिंग फर्म के स्टॉक 50 सेंट से नीचे चले गए तो वह मेरा सारा नुकसान भर देंगे। दोनों भाई छह महीने की अवधि के दौरान ऐसा करने के लिए तैयार हो गए।

इसके बाद कुछ ऐसा संयोग बना कि मैं टोरंटो वाले कार्यक्रम में शामिल नहीं हो पाया। मुझे इस बात का बहुत बुरा लगा कि मैंने उन दोनों भाइयों को निराश किया। इसलिए मैंने उस कार्यक्रम को ज्वाइन ना कर पाने के कारण हुए नुकसान

की भरपाई करने के लिए उनके स्टॉक खरीदने की पेशकश की, मैंने उन्हें 3,000 डॉलर का चेक भेजा और 6,000 ब्राइलंड माइनिंग फर्म के शेयर खरीद लिए।

इसके उपरांत मैंने उन स्टॉक्स के विषय में आगे कुछ नहीं सोचा। इस बात को 2 महीने बीत गए थे। एक दिन अचानक मैंने अखबार में स्टॉक की कीमतों पर यूँ ही नजर डाली और अचानक एक झटके से मैं अपनी कुर्सी पर सीधा होकर बैठ गया, क्योंकि मेरे द्वारा खरीदे गए ब्राइलंड स्टॉक्स के 50 सेंट की कीमत अब 1.90 डॉलर हो गई थी।

यह देखकर मैं खुशी से फूला नहीं समाया और उस स्टॉक को तुरंत बेच दिया, जिससे मुझे 8,000 डॉलर का लाभ हुआ।

सच कहूँ तो पहले मुझे यह देखकर विश्वास ही नहीं हुआ, क्योंकि यह मेरे लिए किसी मैजिक जैसा था। यह ठीक मेरे लिए वैसा ही था, जैसे कोई आदमी पहली बार घोड़ों की रेस में गया, और जाते ही अपने भाग्य के कारण जीत जाता है और अपनी जीत भूनाते हुए केवल एक ही प्रश्न पूछता है - "यह सब कब से चल रहा है?"

यकायक मुझे इस बात का एहसास हुआ कि जीवन भर, मैं एक अच्छी चीज से वंचित रहा। मैंने शेयर बाजार को जानने और समझने का मन बना लिया। साथ ही मैंने उसी समय तय कर लिया कि मैं कभी भी इसमें पैसा लगाने से पीछे नहीं हटूंगा, लेकिन मेरे सामने एक बहुत बड़ी चुनौती थी और वह यह थी कि मैंने कभी भी शेयर बाजार में पैसा नहीं लगाया था और मैं इस बात से अनजान था कि इस अनजाने जंगल में मेरे समक्ष कौन सी समस्याएँ आएंगी।

मुझे शेयर बाजार के विषय में बहुत कम पता था, उदाहरण के लिए मैं यह भी नहीं जानता था कि न्यूयॉर्क में भी एक शेयर मार्केट है। मैंने केवल कैनेडियन स्टॉक्स के विषय में सुना था। खास तौर पर माइनिंग शेयर्स के विषय में ही, क्योंकि वह स्टॉक्स मेरे लिए लाभकारी सिद्ध हुए थे, इसीलिए उनके साथ बने रहने में ही मेरी भलाई थी।

लेकिन मेरी सबसे बड़ी समस्या यह थी कि शुरुआत कैसे की जाए? किस प्रकार स्टॉक खरीदे जाते हैं, और कौन से स्टॉक्स खरीदने चाहिए? आप उन्हें किसी पिन की सहायता से नहीं खोज सकते। आपके पास, जिस स्टॉक को आप खरीदने जा रहे हैं, उस स्टॉक की पूरी जानकारी होनी चाहिए, और यही मेरी सबसे पहली और सबसे प्रमुख समस्या थी। सच कहूँ तो आज मुझे समझ आता है कि वास्तव में यह किसी आम आदमी के लिए असंभव है, लेकिन फिर मैंने यह सोचा कि मुझे

इस महान रहस्य को सीखने के लिए कुछ लोगों से बात करना चाहिए। मैंने सोचा कि यदि मैं अक्सर लोगों से पूछता रहूँगा तो इस विषय की जानकारी रखने वाले लोगों से एक-न-एक दिन जरूर मिल जाऊंगा और फिर मैं अपने इस काम में जुट गया। मैं जब भी किसी से मिलता, उनसे यही पूछता था कि क्या आपको शेयर बाजार के विषय में कोई जानकारी है। अक्सर नाइट क्लब में काम करते हुए मैं अमीर लोगों से मिलता था। मुझे लगता था, उन लोगों को जरूर इस विषय में पता होगा, इसलिए लगातार मैं उनसे पूछता रहता था।

और हमेशा एक ही प्रश्न मेरी जुबान पर रहता था - "क्या आप किसी अच्छे स्टॉक के विषय में कुछ जानते हैं।" आश्चर्य की बात है कि सभी को किसी ना किसी स्टॉक की अवश्य जानकारी होती थी। शायद अमेरिका में, मैं एक लौता ऐसा व्यक्ति था, जिसके पास शेयर बाजार की कोई जानकारी नहीं थी। मैं हमेशा उनकी बातों को उत्सुक होकर सुनता रहता था और पूरी लगन से उनकी दी हुई सूचना और सुझावों का पालन करता था। मुझे जिन स्टॉक को खरीदने के लिए कहा जाता था उसे मैं खरीद लेता था, लेकिन मुझे इस बात को समझने में बहुत समय लग गया कि यही एकमात्र ऐसा तरीका है, जो कभी भी आपके काम नहीं आ सकता।

मैं आशावादी, लेकिन पूरी तरह बेवकूफ और छोटे निवेशक के तौर पर कूद फांद करने वाला बड़ा उदाहरण बन गया था, जो मार्केट में लगातार अंदर-बाहर होता रहता है। मैंने ऐसी कंपनियों के स्टॉक भी खरीदें, जिनके नाम मैं ठीक से बोल भी नहीं पाता था और इन कंपनियों का क्या काम है? कहां से इनका उदय हुआ? इस विषय में मुझे कुछ भी जानकारी नहीं थी। किसी ने किसी को बताया और उसने मुझे बताया और मैं उसे खरीदने के लिए मान गया। मुझ जैसा लापरवाह अज्ञानी खरीदार और कोई नहीं हो सकता था। मुझे केवल इतना ही पता था कि मैंने जिस नाइटक्लब में आखरी कार्यक्रम किया था, उसके हेड वेटर ने ही मुझे बताया था की यह स्टॉक बहुत अच्छा है।

1953 के शुरुआती दौर में जब मैं टोरंटो में प्रदर्शन कर रहा था। उस समय मुझे ब्राइलंड कंपनी के माध्यम से पहली बार में ही 8000 डॉलर की असाधारण धनराशि मिली थी, जिस कारण मेरी दृष्टि में कनाडा आर्थिक समृद्धि की जगह बन गई थी। इसीलिए मैंने फैसला किया की मुझे इसी जगह से स्टॉक के बारे में एक अच्छी जानकारी मिल सकती है और मैंने कई लोगों से पूछा कि क्या वे एक अच्छे विश्वसनीय ब्रोकर को जानते हैं और आखिरकार किसी ने मुझे एक व्यक्ति के पास जाने की सलाह दी।

मैं इस बात को स्वीकार करता हूँ कि जब मैंने उस व्यक्ति का ऑफिस देखा तो मैं हैरानी के साथ-साथ निराश भी हो गया था, क्योंकि उसका ऑफिस बहुत छोटा, गंदा और किताबों से भरा हुआ था। मुझे वह कमरा जेल जैसा प्रतीत हो रहा था, जिसकी दीवारों पर अजीब से निशान बने हुए थे, लेकिन मुझे इस बात का पता बहुत बाद में चला कि वह निशान, "चार्ट्स" कहलाते हैं। चारों तरफ देखने के उपरांत मुझे वहां ऐसा कुछ भी नहीं लगा, जिससे मुझे यह समझ आए कि यहाँ पर कोई सफल या निपुण व्यक्ति काम करता है। वहीं कुर्सी पर एक छोटा और व्यस्त व्यक्ति बैठा हुआ था, जो आंकड़ों और पुस्तकों में खोया हुआ था। जब मैंने उस व्यक्ति से पूछा कि क्या वह कोई अच्छा स्टॉक जानता है तो उसने मुस्कुराते हुए झट से अपनी जेब में से एक डिविडेंड चेक निकाला, जिस पर एक प्रसिद्ध गोल्ड कंपनी 'केर-एडिसन' का नाम लिखा हुआ था।

उस व्यक्ति ने मुझसे कहा, "मेरे प्यारे दोस्त जरा इस चेक को ध्यान से देखो, इस चेक का मूल्य उस भुगतान से 5 गुना अधिक है, जिसे मेरे पिताजी ने कभी चुकाया होगा। हर कोई इस तरह के स्टॉक की तलाश में हमेशा रहता है।"

यह स्टॉक वास्तविक कीमत से 5 गुना का डिविडेंड है। ऐसी बात किसी भी व्यक्ति को उत्साहित कर सकती है। इस डिविडेंड की रकम 80 सेंट थी, जिसका साफ तौर पर अर्थ यह था कि उसके पिताजी ने इसे 16 सेंट में खरीदा होगा। मुझे भी वह स्टॉक बहुत अच्छा लगा, लेकिन एक बात ने मुझे हैरान कर दिया की यह व्यक्ति अपने पिता के स्टॉक को 35 सालों से किस प्रकार संभाल कर रखे हुए था।

और उस छोटी सी कद काठी के व्यक्ति ने मुझे बताया कि किस प्रकार वह वर्षों से इस तरह के स्टॉक की तलाश में रहता है। उस व्यक्ति ने अपने पिता की सफलता को देखते हुए, अपनी खोज का केंद्र बिंदु गोल्ड माइंस को रखा था। उसने मुझे पूरा भरोसा दिला दिया कि आखिरकार उसे वह स्टॉक मिल ही गया है, जिसे वह वर्षों से ढूंढ रहा था। वह ईस्टर्न मलार्टिक नाम की एक कंपनी थी। उस कंपनी के उत्पादन के आंकड़ों, अनुमानों और वित्तीय सूचनाओं के आधार पर उस व्यक्ति ने पूरा हिसाब लगाया कि यह गोल्ड माइंस कंपनी अपनी वर्तमान स्थिति से दुगनी उत्पादन क्षमता रखती है। इसीलिए यदि हम इसके स्टॉक में पांच डॉलर लगाएँ तो यह कंपनी जल्द ही हमें 10 डॉलर के बराबर मुनाफा देगी।

इस जानकारी के आधार पर मैंने वेस्टर्न मलार्टिक कंपनी के 1,000 शेयर्स, 290 सेंट मैं खरीद लिए। मैं इस कंपनी के शेयर खरीद कर बहुत उत्सुक था और अपनी नजरें अपने स्टॉक्स पर बनाए हुए था, लेकिन देखते ही देखते वह स्टॉक

270 सेंट और फिर 260 सेंट तक नीचे गिर गया। कुछ ही हफ्तों के भीतर वह स्टॉक 241 सेंट तक आ गया। यह देख कर मैंने जल्दबाजी में अपने स्टॉक्स बेच दिए और आखिरकार मैंने मान लिया कि इस श्रमसाध्य, सांख्यिकीय दिमाग वाले ब्रोकर के पास पैसा बनाने का कोई उपाय नहीं है।

लेकिन फिर भी उसकी सारी बातें मुझे अपनी और आकर्षित करती रहीं। मैं उन सभी जानकारियों का अनुसरण करता था, जो मुझे दी जाती थीं, लेकिन उन सभी जानकारियों से शायद ही मैंने कभी कोई पैसा कमाया हो और यदि कोई पैसा कमाया भी होगा, तो वह तुरंत ही नुकसान की भरपाई में चला जाता था।

मैं ब्रोकर के कमीशन और टैक्स ट्रांसफर के विषय में भी कुछ नहीं जानता था। उदाहरण के तौर पर मैंने जनवरी, 1953 में कैरेंड माइंस के स्टॉक्स 10 सेंट प्रति स्टॉक के हिसाब 10,000 के खरीदे थे।

मैं किसी चालाक बिल्ली की तरह शेयर मार्केट पर अपनी नजरें गढ़ाए बैठा था और जब अगले दिन कैरेंड माइंस 11 सेंट प्रति शेयर हो गया, तो मैंने अपने ब्रोकर को तुरन्त फोन करके उसे बेचने के लिए कहा। मेरे अंदाज़े से मैंने 24 घंटे में 100 डॉलर कमा लिए थे और मैं थोड़ा-सा लाभ कमा कर बहुत खुश था और स्वयं को स्मार्ट समझ रहा था।

लेकिन जब मैंने अपने ब्रोकर से दोबारा बात की तो उसने मुझसे पूछा तुमने इतना नुकसान उठाने का फैसला क्यों किया? मैंने जवाब दिया - 'नुकसान' कैसा नुकसान, मैंने तो 100 डॉलर एक ही दिन में कमाए हैं। फिर मेरे ब्रोकर ने मुझे इत्मीनान से समझाया कि 10,000 शेयर को खरीदने के लिए ब्रोकर का कमीशन 50 डॉलर और अगले दिन बेचने के लिए भी उसका कमीशन 50 डॉलर बनता है। इसके साथ ही बेचने पर ट्रांसफर टैक्स भी लगते हैं।

कैरेंड का स्टॉक उन सभी स्टॉक्स में से एक था, जो उस समय मेरे पास थे। इसके अलावा मेरे पास मोगुल माइंस, कंसोलिटेड सडबरी बेसिन माइंस, क्यूबेक स्मेल्टिंग, रेक्सस्पार, जेए एक्सप्लोरेशन के स्टॉक्स भी थे।

भले ही इन स्टॉक्स में से मैंने किसी भी स्टॉक में लाभ नहीं कमाया, लेकिन कैनेडियन खरीद और बिक्री में मेरा साल अच्छा रहा था, लेकिन मैं किसी मेंडक की भांति बाजार में कभी अंदर कूदता कभी बाहर। यदि मुझे 2 पॉइंट मिलते तो मैं खुश हो जाता था। ज्यादातर एक समय में 25 से 30 स्टॉक ही अपने पास रखता था।

उनमें से कुछ स्टॉक ऐसे भी थे, जिनके प्रति मेरी विशेष रुचि बन गई थी और ऐसा अलग-अलग कारणों से हुआ था। कभी-कभी ऐसा इसलिए होता था,

क्योंकि वह मुझे मेरे किसी अच्छे दोस्त ने दिए थे, तो कभी केवल इसलिए, क्योंकि मैंने उनसे धन कमाया था। इस कारण से मेरे लिए कुछ स्टॉक्स दूसरे स्टॉक्स से अधिक पसन्दीदा हो गए थे, लेकिन इससे पहले कि मैं यह समझ पाता कि आगे क्या करना चाहिए। मैंने स्टॉक्स को शिशु की तरह 'पालना' शुरू कर दिया था।

मैं अपने स्टॉक्स को अपनी किसी चल संपत्ति की भांति समझने लगा था, जैसे वह मेरे परिवार का सदस्य ही हो। मैं दिन-रात उनके गुणों की प्रशंसा करता रहता था और उनके विषय में ऐसे बातें करता, जैसे कोई अपने बच्चों के विषय में बातें करता है। मुझे इस बात से कोई दिक्कत नहीं थी कि किसी और को मेरे द्वारा लिए गए स्टॉक्स में कोई खास गुण नहीं दिखता था। मेरी इस तरह की मानसिक स्थिति तब तक नहीं बदली, जब तक कि मुझे पूरी तरह से इस बात का पता नहीं चल गया कि मेरे प्यारे स्टॉक्स मुझे काफी हानि पहुँचा रहे हैं।

कुछ ही महीनों के भीतर मेरे लेन-देन का रिकॉर्ड एक छोटे स्तर के स्टॉक एक्सचेंज के ट्रेडिंग रिकॉर्ड की तरह दिखने लगा था। मुझे ऐसा लगता था कि जैसे मैं सब ठीक कर रहा हूँ और मैं स्वयं को दूसरों से आगे निकलता हुआ प्रतीत कर रहा था। यदि मैंने ध्यान से अपने स्टेटमेंट पढ़े होते तो मैं स्वयं को इतना सही समझने की भूल कभी नहीं करता। मुझे जल्द ही एहसास हो जाता कि मैं एक हॉर्स प्लेयर की तरह छोटे-छोटे लाभ से उत्साहित व खुश हो रहा हूँ और अपनी हानि को नजरअंदाज कर रहा हूँ। मैंने इस बात को पूरी तरह से अनदेखा कर दिया कि मेरे पास ऐसे बहुत से स्टॉक्स थे, जो कि उस कीमत से बहुत कम थे, जिसका मैंने उनके लिए भुगतान किया था। इतना ही नहीं मुझे साफ दिख रहा था कि वह स्टॉक्स अब आगे नहीं बढ़ने वाले।

यह दौर मेरे लिए मूर्खतापूर्ण सट्टेबाजी खेलने का दौर था। इस दौर में मैंने अपने लेन-देन के लिए किसी भी प्रकार का कोई कारण जानने का कभी प्रयास ही नहीं किया। मैं सिर्फ भेड़ चाल चल रहा था। मैं चमत्कारी नामों, यूरेनियम प्राप्ति की अफवाह, तेल की खोज या जिसने भी जो बताया उसी के आधार पर अपना काम कर रहा था, किंतु जब लगातार मुझे हानि होती रही तो इस बिच थोड़ा सा लाभ भी मुझे आशा बंधाता था। जैसे कौवे के मुंह से रोटी गिरी और भाग्यवश बिल्ली को मिल गई।

फिर एक दिन सात महीने तक स्टॉक्स की खरीद-फरोत करने के बाद मैंने अपने हिसाब-किताब को देखने का मन बनाया और जब मैंने अपने खराब स्टॉक्स की कीमत को जोड़ा तो पाया कि मैं लगभग 3,000 डॉलर खो चुका हूँ।

उस दिन से मुझे लगा कि मेरी धन बनाने की योजना में कहीं कोई कमी जरूर रह गई है। मेरा दिमाग मुझे फुसफुसाकर कहने लगा की वास्तव में मुझे नहीं पता था कि मैं क्या कर रहा हूँ।

फिर भी मैं लगातार आगे देख रहा था। मैंने स्वयं को सांत्वना दी कि मैंने उन 3,000 डॉलर को नहीं छुआ है, जिसका मैंने मूल रूप से ब्राइलंड के लिए भुगतान किया और उस ट्रांजैक्शन से मुझे लगभग 5,000 डॉलर्स का लाभ हुआ था, लेकिन मुझे लगा कि इस तरह से आखिर कार कब तक इसे अपने पास रख पाऊंगा?

मैं यहाँ अपने उस लाभ-हानि के हिसाब-किताब का एक पेज दे रहा हूँ, जो मेरी हार की पूरी कहानी आपको बता देगा।

ओल्ड स्मोकी गैस एंड ऑएल्स

19 सेंट के भाव से खरीदा

10 सेंट के भाव से बेचा

कैरेंड माइंस

12 सेंट के भाव से खरीदा

8 सेंट के भाव से बेचा

रेक्सेसपर

130 सेंट के भाव से खरीदा

110 सेंट के भाव से बेचा

क्यूबेक स्मेलिंटग एंड रिफाइनिंग

22 सेंट के भाव से खरीदा

14 सेंट के भाव से बेचा

मैं हर सप्ताह औसतन 100 डॉलर गंवा रहा था। इस बात से अनजान मैं अपने थोड़े-थोड़े लाभ के जुनून से प्रभावित था।

स्टॉक मार्केट में यह मेरी पहली दुविधा थी, जिसका मैं सामना कर रहा था। अगले 6 वर्षों के दौरान बाजार में कई और अधिक गंभीर दुआएँ मेरी राह देख रही थीं, लेकिन कहीं ना कहीं यह दुविधा मेरे लिए सबसे ज्यादा बड़ी थी, क्योंकि इस बिंदु पर मुझे निर्णय लेना था कि मैं आगे इस स्टॉक मार्केट के बाजार में काम करूँ या नहीं।

आखिरकार मैंने स्टॉक मार्केट में टिके रहने और दोबारा कोशिश करने का निर्णय लिया।

मेरी अगली समस्या यह थी कि आगे मैं क्या करूँ? क्योंकि मैं यह जानता था कि आगे बढ़ने के लिए कोई ना कोई रास्ता तो जरूर होगा। क्या मुझे अपने नजरिए में सुधार की जरूरत थी? मेरे सामने साफ था कि नाइट क्लब में आने वाले लोगों, हेड वेटरों, सहायकों की सलाह मानना सही नहीं था, क्योंकि वह भी मेरी तरह ही इस पेशे में नहीं थे और चाहे जितने भी विश्वास के साथ वे अपनी जानकारियाँ मुझे दे रहे थे, मैं इतना जरूर जान गया था की उन्हें भी उतनी ही जानकारी थी, जितनी कि मुझे होती थी।

मैंने उन ब्रोकरेज के विवरणों के पेज के बाद पेज देखें, जो कह रहे थे 90 सेंट में खरीदा... 82 में बेचा, 65 सेंट में खरीदा... 48 सेंट में बेचा। अब मेरे सामने सवाल यह था कि इस स्टॉक मार्केट के रहस्यों का उद्घाटन करने में मेरी सहायता कौन कर सकता है?

मैंने कैनेडियन फाइनेंशियल पब्लिकेशन और कैनेडियन स्टॉक टेबल्स स्कोर पढ़ना शुरू कर दिया और टोरंटो स्टॉक एक्सचेंज में लिस्टेड स्टॉक्स के विषय में जानकारी देने वाली एडवाइजरी न्यूज़ सीट पर और ज्यादा ध्यान देने लगा।

मैंने यह तय कर लिया कि यदि मुझे आगे बढ़ना है तो मुझे किसी पेशेवर की सहायता लेनी पड़ेगी और इसलिए मैं वित्तीय सूचनाएँ देने वाली कुछ एडवाइजरी सेवाओं का ग्राहक बन गया था। मैंने खुद को समझाया कि यह सेवाएँ विशेषज्ञों द्वारा दी जा रही हैं, और मैंने सोच लिया कि अब मैं पेशेवर सलाह का ही पालन करूँगा और किसी अनजाने या अपने जैसे नौसिखिये लोगों की अटपटी जानकारी पर स्टॉक खरीदना-बेचना छोड़ दूँगा। यदि मैं उनकी कुशल और उचित शिक्षा का पालन करता हूँ तो मैं जरूर सफलता पाऊंगा।

कुछ ऐसी भी वित्तीय एडवाइजरी सेवाएँ थीं, जो 1 डॉलर में अपने सूचना पत्र की चार प्रतियों की एक कॉपी ट्रायल के लिए ग्राहक को देती थीं। यह उनकी मूल्यवान सेवाएँ खरीदने से पहले उनका काम देखने जैसा होता था।

मैंने लगभग 12 डॉलर खर्च किए होंगे, उनके ट्रायल सब्सक्रिप्शन के लिए और अब उनके द्वारा भेजी गई प्रत्येक प्रति को मैं उत्सुकता के साथ पढ़ने लगा था।

कुछ प्रतिष्ठित वित्तीय सेवाएँ न्यूयॉर्क में हैं, लेकिन मैंने जो कैनेडियन शिटस अपने लिए खरीदी, वह केवल व्यापार माल के लिए थी और इस बात को मैं भला कैसे जान सकता था? इन वित्तीय सलाह पत्रों ने मुझे प्रसन्न और उत्साहित कर

दिया था। उनकी वजह से मुझे स्टॉक मार्केट के अनुमान बहुत जरूरी और बेहद आसान लगने लगे थे।

कभी-कभी इनमें बड़ी हैडलाइंस के साथ लिखा होता था -

'यह स्टॉक जरूर खरीद लें, इससे पहले की कहीं देर ना हो जाए!'

'आपके पास जितना भी है, उससे इसे खरीदें'

'यदि आपका ब्रोकर आपको इसके विपरीत सलाह देता है तो निश्चित तौर पर आपको अपने ब्रोकर को छोड़ देना चाहिए।'

'क्योंकि यह सच्चाई है कि आपका यह स्टॉक आपको 100% या उससे भी अधिक का लाभ पहुँचाएगा।'

निश्चित तौर पर यह सूचनाएँ मुझे वास्तविक और गरमा-गरम लगती थीं, क्योंकि यह किसी रेस्टोरेंट में मिलने वाली अजीब सी जानकारी की तुलना में अधिक विश्वसनीय थी।

मैं इन सभी प्रमोशन शीट्स को बड़ी उत्सुकता के साथ पढ़ता था, क्योंकि वह हमेशा स्वार्थरहित और भाईचारे से भरी हुई महसूस होती थीं। इनमें से एक में लिखा था -

'छोटे-छोटे निदेशकों को कैनेडियन फाइनेंस के इतिहास में पहली बार विकास के जबरदस्त अवसर मिलेंगे।'

'वॉल स्ट्रीट के महारथी हमारी कंपनी के सारे स्टॉक्स पर अपना एकाधिकार करना चाहते हैं, किन्तु सभी बुरी परंपराओं की स्पष्ट अवहेलना करते हुए। हम केवल औसत दर्जे के निवेशकों की भागीदारी के ही इच्छुक हैं, इनमें से आप भी हो सकते हैं।'

और यकीनन यह मैं ही था। वह मेरी स्थिति को अच्छी तरह से समझ रहे थे। मैं वही छोटा व्यक्ति था, जो वॉल स्ट्रीट के महारथियों की वजह से दया का पात्र बन गया था, किंतु वास्तव में केवल मूर्खता के कारण ही मेरी ऐसी स्थिति हो गई थी।

यह सब पढ़ने के बाद मैं टेलीफोन के पास भाग कर उनके बताये हुए स्टॉक्स को खरीदने के लिए जाता था, किंतु वह स्टॉक्स लगातार गिरते जाते थे। मुझे यह समझ नहीं आता था कि ऐसा क्यों होता है। इतना होने के बाद भी मैं परेशान नहीं हुआ, बल्कि अपने दिल को दिलासा देता कि निश्चित रूप से वित्तीय सलाहकार शीट्स को जरूर इस स्टॉक के विषय में पता होगा कि वह किस बारे में बात कर रहे हैं और मैं फिर आशा के साथ अगले स्टॉक के ऊपर जाने का इतंज़ार करने लगता था, लेकिन ऐसा शायद ही कभी हुआ होगा।

मैं इस बात से बिल्कुल अनजान था कि मैं छोटे निवेशकों की तरह बहुत बड़ी-बड़ी समस्याओं का सामना कर रहा था। यह छोटे निवेशकों की कभी ना सुलझने वाली पहेली थी, उन्हें मार्केट में सही एंट्री की समझ बिल्कुल नहीं होती। जब वह किसी स्टॉक में निवेश करते तो उसी दिन से उसके रेट गिरने लग जाते थे। अब मुझे यह समस्या अपनी सबसे बड़ी समस्या लगने लगी थी लेकिन इसे समझने में मुझे कई साल लग गए कि यह वित्तीय परामर्श सेवाएँ जब भी छोटे निवेशकों को कोई स्टॉक खरीदने के लिए प्रोत्साहित करती हैं तो इसका साफ तौर पर अर्थ होता है कि कुछ पेशेवर जिन्होंने बहुत पहले यह स्टॉक खरीदे थे लेकिन अब कुछ अंदर की जानकारी के आधार पर उन्हें बेचना चाहते हैं।

पेशेवर ट्रेडर्स के धन के निकास के साथ छोटे-छोटे निवेशकों का धन अंदर आने लगता है। यही वे छोटे निवेशक होते हैं जिन्हें लगता है कि हमने समय से एंट्री कर ली है लेकिन वह नहीं जानते की वह अंत मे आए है और वहन छोटे निवेशक ही सब कुछ समाप्त होने तक बने रहते है, जिस कारण उन्हें कोई लाभ नहीं होता। इनको किसी भी स्टॉक में प्रवेश करने में बहुत देर हो चुकी होती है और फिर बड़े निवेशको के बाहर हो जाने से स्टॉक के बढ़े हुए दाम को बनाए रख पाना इन छोटे निवेशक के बस की बात नहीं रहती।

यह सब मुझे अब समझ आता है किंतु उस समय मुझे स्टॉक्स का ऊपर नीचे -गिरना समझ नहीं आता था मैं हमेशा यही सोचता था कि मेरे स्टॉक्स खरीदते ही इनके दाम क्यों नीचे आ जाते हैं क्या यह मेरा दुर्भाग्य मात्र है, किंतु आज जब मैं पीछे मुड़कर अपने अतीत को देखता हूँ तो मुझे साफ समझ में आता है कि उस समय मैं अपना सब कुछ खो देने के कगार पर ही था।

मैंने जब भी 100 डॉलर का निवेश किया तो लगभग 20 या 30 डॉलर एक झटके में गवा दिए, किंतु ऐसा नहीं है कि मैंने सभी कुछ गंवाया था। कुछ स्टॉक्स ऊपर भी गए थे और मैं जब भी इसकी तुलना करता था। उत्साह से भर जाता था।

इतना ही नहीं जब मुझे न्यूयॉर्क जाना पड़ा था तो भी मैं वहां से टोरंटो में ब्रोकर्स को फोन पर आदेश देना जारी रखता था।

मैं ऐसा तब तक करता रहा। जब तक मुझे यह नहीं पता चल गया कि न्यूयॉर्क के ब्रोकर्स के माध्यम से कैनेडियन स्टॉक एक्सचेंज मैं भी ट्रांजैक्शन किया जा सकता हैं।

टोरंटो के ब्रोकर्स मुझे फोन पर सलाह देते और मैं हमेशा उनके या कैनेडियन वित्तीय सलाहकार सेवाओं द्वारा बताए गए स्टॉक्स को तुरंत खरीद लेता था। मैं

भी उन सभी निवेशको की तरह अपने भाग्य को ही दोषी ठहरता था जिनका पैसा डूब जाता था। मुझे इस बात पर पूरा भरोसा था कि एक न एक दिन मेरी किस्मत मेरा साथ जरूर देगी किन्तु मैं हर समय गलत नहीं होता था। कुछ मायनों में यदि मैं गलत होता भी था तो यह अच्छा ही होता था। अनेकों बार मैंने कुछ डॉलर भी कमाए थे, लेकिन मैं यह जानता हूँ कि ऐसा केवल संयोग के कारण ही हुआ था।

कैनेडियन स्टॉक्स की टेबल को पढ़ना मेरा जुनून बन गया था। एक उदाहरण देखिये- जब एक दिन मैं उन्हें देख रहा था तो मैंने एक स्टॉक देखा, जिसका नाम 'केलडर ब्रोस्केट' था मुझे आज नहीं पता है कि वह क्या था या कंपनी किस चीज का उत्पादन किया करती थी, किंतु मुझे वह नाम बहुत सुंदर लगा था। इसलिए मैंने 18 सेंट के हिसाब से कुल 900 डॉलर के 5,000 स्टॉक्स खरीद लिए थे।

इसके उपरांत मुझमें एक डांस प्रोग्राम के लिए मेड्रिड जाना पड़ा। एक महीने के बाद जब मैं लौटा तो मैंने पेपर खोला और वह नाम देखने लगा यकायक मेरी नजर उस स्टॉक पर गई, जिसे मैंने खरीदा था। वह 36 सेंट का हो गया था। मेरे खरीद मूल्य से दुगनी कीमत का। यह देख कर मैंने तुरंत उसे बेच दिया और 900 डॉलर का लाभ कमाया, किंतु में जनता हूँ यह केवल भाग्य से हुआ था।

मेरे लिए यह दोहरा सहयोग था, क्योंकि न केवल यह स्टॉक बिना किसी उचित कारण ऊपर चला गया था। बल्कि यदि मैं स्पेन में डांस प्रोग्राम नहीं कर रहा होता तो यह साफ था कि मैं इस स्टॉक को तब ही बेच देता जब वह 22 सेंट तक ऊपर गया था। जिस समय मैं ट्रेन में था उस समय मुझे कैनेडियन स्टॉक कोटेशन भी नहीं मिला था। जिस कारण मैं स्टॉक की गतिविधियों के बारे में नहीं जान पाया और उन्हें तुरंत बेचने से बच गया।

आज जब मैं पीछे मुड़कर देखता हूँ तो मुझे वह दौर मेरे अजीब से पागलपन से भरा हुआ लगता है। उस समय मुझे यही लगता था कि मैं एक बड़ा ऑपरेटर बनने ही वाला हूँ। जिस कारण मैं स्वयं पर हमेशा गर्व करता था। क्योंकि अब मैं पहले की तरह नौसिखिया नहीं रहा था और ना ही मैं हेड वेटर के ड्रेसिंग या रूम में सांझा होने वाली जानकारी की परवाह करता था।अब में ज्यादा शिक्षित और तार्किक माध्यम की जानकारी पर काम कर रहा था।

अब मेरे कैनेडियन ब्रोकर्स मुझे लगातार फोन करते थे। मेरी वित्तीय सेवाएँ मुझे समय-समय पर सलाह देती थी और यदि मुझे उनसे कोई भी जानकारी मिलती तो मैं सोचता था कि यह मुझे एक सही और शिक्षित माध्यम से मिली है। अब मैंने सोसाइटी के धनवान व्यापारियों के समाज में अधिक से अधिक संपर्क

बनाएँ जो मुझे जल्दी समृद्ध होने वाली तेल कंपनियों के विषय में बताने वाले थे, जो अमीर बनने जा रही थी। वह फुसफुसा कर बात करते थे कि अलास्का में यूरेनियम कहां था? वह क्यूबेक में सनसनीखेज घटनाक्रम के बारे में जानकारी देते थे। यह सभी लोग भविष्य में एक विशाल संपत्ति बनाने की गारंटी देते थे। मैंने भी उनके बताये हुए स्टॉक ख़रीदे, लेकिन उन्होंने मेरे लिए कोई पैसा नहीं बनाया।

1953 के अंत तक जब मैं न्यूयॉर्क वापस आया तो मेरे 11,000 डॉलर नीचे गिरकर 5,800 डॉलर रह गए थे। अब वह समय एक बार फिर मेरे सामने उपस्थित था जब मुझे अपनी स्थिति का पुनः अवलोकन करना था। मुझे व्यापारियों की जानकारियों से किसी प्रकार का कोई लाभ नहीं पहुँचा। जैसा कि वह मुझसे लगातार कहकर विश्वास दिलाते थे। इतना ही नहीं मुझे वित्तीय सेवाओं की सूचनाओं से भी कोई लाभ नहीं पहुँचा, क्योंकि इन दोनों ही माध्यमों से मैंने जितने भी स्टॉक खरीदे वह ऊपर जाने के बजाय नीचे गिरते गए। मेरे कुछ कैनेडियन स्टॉक्स के रेट मुझे न्यूयॉर्क के अखबारों में नहीं मिले थे। फिर भी स्टॉक कोटेशन मुझे इतना आकर्षित करते थे कि मैंने 'द न्यूयॉर्क टाइम्स', 'द न्यूयॉर्क हेराल्ड ट्रिब्यून' और 'द वॉल स्ट्रीट जर्नल' जैसे अखबारों में आर्थिक कॉलम पढ़ने शुरू कर दिए। मैंने ऐसा कोई भी स्टॉक नहीं खरीदा जिसे न्यूयॉर्क में उद्धृत किया हो, लेकिन मुझे अभी भी कुछ स्टॉक्स के खूबसूरत नामों के प्रभाव और उनके ओवर द काउंटर जैसी कुछ विस्मयकारी लाइंस का आकर्षण आज भी याद है।

मैं जितना अधिक पढ़ता जाता उतना ही अधिक न्यूयॉर्क मार्केट में मेरी दिलचस्पी बढ़ती जाती थी। मैंने 'ओल्ड स्मोकी गैस एंड ऑयल' के अतिरिक्त सारे कैनेडियन स्टॉक्स बेच दिए थे। यह स्टॉक मैंने इसलिए अपने पास रख लिया था, क्योंकि जिस व्यक्ति ने मुझे यह स्टॉक दिया था। उसने मुझे सलाह दी थी कि इसमें शानदार वृद्धि की आशा है, किंतु हमेशा की तरह इस बार भी कोई फायदा नहीं हुआ और न्यूयॉर्क में 5 महीने बिताने के बाद मैंने अपनी सारी जद्दोजहद को खत्म कर दिया और अपने आखरी कैनेडियन स्टॉक को भी बेच दिया। जिसे मैंने 19 सेंट में खरीदा था और 10 सेंट में बेचा। इस दौरान मैंने इस विषय पर भी सोचा कि क्या मेरे घर के पास जो 'न्यूयॉर्क स्टॉक एक्सचेंज' है, उस पर हाथ आजमाना चाहिए? मेरे लिए यह बहुत बड़ा प्रश्न था और इस प्रश्न के उत्तर को ढूंढने के लिए मैंने अपने एक मित्र को जो कि न्यूयॉर्क के थिएटर का एजेंट था (एडी एलकोर्ट) को फोन किया और उससे पूछा कि क्या वह न्यूयॉर्क के किसी ब्रोकर को जानता है। उसने मुझे एक व्यक्ति का नाम दिया, जिसे मैं आगे लू केलर के नाम से संबोधित करूँगा।

फंडामेंटलिस्ट

2

वॉल स्ट्रीट में जाना

इसके बाद मैंने लू केलर को फोन किया और उन्हें यह बताया कि मैं कौन हूँ और उनसे क्या चाहता हूँ। उन्होंने अगले ही दिन मुझे सिग्नेचर करने के लिए कुछ कागज भेजें और मुझसे कहा कि जैसे ही मैं वह कागज उन्हें बताई गई जमा राशि के साथ वापस भेजूंगा वैसे ही मेरा उनके ब्रोकर फर्म के साथ खाता खुल जाएगा। जब मुझे उनका यह नोटिस मिला था उसी वक्त मुझे अचानक कुछ होने लगा था और मुझे लगने लगा कि मैं किसी आर्थिक परिदृश्य का एक हिस्सा बनने वाला हूँ। मैं वॉल स्ट्रीट का वर्णन नहीं कर सकता, क्योंकि मैं कभी वहां गया ही नहीं, लेकिन उसके नाम का मुझ पर एक अलग ही तरह का रहस्यमयी सा आकर्षण बना हुआ था।

मुझे हमेशा यही लगता था कि यहाँ सब कुछ बहुत अलग होने के साथ बहुत गंभीर भी होगा लेकिन अब मैं अपने प्रारंभिक कैनेडियन अवधि को पूर्ण रूप से मूर्खतापूर्ण सट्टेबाजी के दौर के रूप में देखता हूँ जिसे मैं दोबारा कभी दोहराने वाला नहीं था। जब मैं न्यूयॉर्क के समाचार- पत्रों में स्टॉक मार्केट कोटेशनस के लंबे- लंबे कॉलम्स को पढ़ता था तो मुझे हमेशा यही लगता था कि मैं जिंदगी के एक नए और सफल दौर में प्रवेश करने ही वाला हूँ, जहाँ कैनेडियन मार्केट की तरह गोल्ड की स्ट्राइक्स और यूरेनियम फील्ड की खबरों की तरह ऊपर- नीचे होने वाला नहीं है। यह एक जिम्मेदारी भरा व्यवसाय था जिसमे बैंक अध्यक्ष और बड़े-बड़े उद्योग शामिल थे।अब मैं भी इसमें उचित आदर के साथ प्रवेश करने की तैयारी कर रहा था।

इस बार मेरा उद्देश्य स्टॉक मार्केट में ज्यादा सावधानी और परिपक्व दृष्टिकोण के साथ प्रवेश करने का था। मैंने एक दिन अपनी सारी संपत्ति को जोड़ा, यह देखने के लिए की मेरे पास अपने इस उद्देश्य की पूर्ति के लिए कितना धन है और कैनेडियन मार्केट में 11,000 डॉलर के साथ मैंने अपनी नई शुरुआत की थी। 3,000 डॉलर का मेरा पूरा ब्राइलंड निवेश और 8,000 डॉलर का लाभ इसमें शामिल था। यह मेरे कैनेडियन ऑपरेशन के लेन- देन के 14 महीने के बाद नीचे गिरकर 5,200 डॉलर रह गया था। अब मेरे पास ब्राइलंड के बचे हुए 5,800 डॉलर ही रह गए थे।

इतना धन वॉल स्ट्रीट में प्रवेश के लिए काफी नहीं था। इसलिए मैंने इसमें और धन जोड़ने का निर्णय लिया और मेरे शो बिजनेस के कार्यक्रमों की बचत से मैंने अपने इस धन को 10,000 डॉलर तक बढ़ा दिया। अब यह एक अच्छी धन राशि बन गया था और फिर मैंने यह धनराशि अपने ब्रोकर के पास अपने अकाउंट में जमा करा दी इसके बाद एक दिन मैंने ट्रेडिंग शुरू करने का निर्णय लिया और लू केलर को बुलाया। केलर के सामने मार्किट का विशेषज्ञ बनने का प्रदर्शन करते हुए, उनसे पूछा कि कौन-सा स्टॉक अच्छा रहेगा?

आज मुझे यह बात समझ में आती है कि इस तरह की पूछताछ किसी कसाई के लिए ज्यादा अच्छी थी लेकिन उस समय केलर मेरे लिए उसके बराबर ही थे। उन्होंने मुझे बहुत सारे सुरक्षित स्टॉक्स बताएँ और उन स्टॉक्स के बताने के साथ उन्होंने मुझे उनके सुरक्षित होने का कारण भी बताया। यह बात और है कि मुझे उन स्टॉक्स के विषय में कुछ भी समझ नहीं आ रहा था। फिर भी मैंने उनके डिविडेंड में बढ़ोतरी, स्टॉक विभाजन और धन की बढ़ोतरी की बात ध्यान से सुनता रहा, क्योंकि अब यह मेरे लिए बहुत उच्च स्तर की पेशेवर सलाह थी। जिस क्षण वह मुझे सलाह दे थे उस क्षण मैं यही सोच रहा था कि वॉल स्ट्रीट से ही यह अपनी आजीविका चलाते हैं, इसलिए इन्हें इस क्षेत्र की अच्छी खासी जानकारी होगी। इसके अतिरिक्त उन्होंने केवल मुझे अपने सुझाव दिए थे, लेकिन इसके साथ ही उन्होंने इस बात पर भी जोर दिया कि अंतिम निर्णय उनका स्वयं का होगा। कही गई इस आखरी लाइन के कारण मैं स्वयं को अधिक महत्त्वपूर्ण और अधिकार क्षेत्र में महसूस करने लगा था।

केलर के बताए गए एक -दो स्टॉकस के पॉइंट्स तो जल्द ही बढ़ गए थे, जिस कारण मुझे उनकी बताई गई सूचनाओं पर किसी प्रकार का कोई संदेह नहीं रहा था। मैं धन कमा रहा था और स्टॉक मार्केट ऑपरेटर की मेरी योग्यता इसमें

काम आ रही थी। मुझे नहीं पता था कि मैं इस सबसे बड़े बुल मार्केट के बीच में जाकर फस चुका था और यह सब मेरे लिए बहुत कठिन समय था। इस मार्केट में समय-समय पर लाभ दिखाई देता है किंतु यह कोई बहुत बड़ी बात नहीं है जब तक कि आप कि किस्मत बहुत ज्यादा खराब न हो।

यह ऐसे तीन महत्त्वपूर्ण सौदे हैं, जिन्हें मैंने 1954 के शुरुआती दौर में लगातार किए थे, जिन्होंने मुझे आश्वासन दिया कि मैं अभी वॉल स्ट्रीट में बना हुआ हूँ। इस तालिका के आधार पर आप देख सकते हैं कि मैंने सभी कमीशनो और करो को भी इसमे शामिल किया है।

* 200 कोलंबिया पिक्चर्स-			
खरीदा	20	पर (4,050.00 डॉलर)	
बेचा	22⅞	पर (4,513.42 डॉलर)	
			लाभ - 463.42
* 200 नॉर्थ अमेरिकन एविएशन			
खरीदा	24¼	पर (4904.26 डॉलर)	
बेचा	26⅞	पर (5,309.89 डॉलर)	
			लाभ 405.63 डॉलर
*100 किबर्ली - क्लार्क			
खरीदा	53½	पर (5,390.35 डॉलर)	
बेचा	59	पर (5,854.68 डॉलर)	
			लाभ 464.33 डॉलर
			कुल लाभ - 1,333.38 डॉलर

अपने देखा होगा कि इनमें से प्रत्येक लेन-देन में मुझे 400 डॉलर से अधिक का शुद्ध लाभ हुआ है यह बहुत बड़ी राशि नहीं थी, लेकिन कुछ ही सप्ताह के भीतर कुल 1,333.38 डॉलर के लगभग तीन लाभों ने मुझे यह महसूस करने पर मजबूर कर दिया कि यह बहुत सीधे, सरल संचालन और नियंत्रण का तरीका है।

लाभ के साथ काम करने के इस एहसास ने, वॉल स्ट्रीट और इस स्थान के लिए स्वतः आदर के कारण मैं कुछ मूर्खतापूर्ण ख़ुशी का एहसास कर रहा था । मुझे लग रहा था कि मैं अपनी कैनेडाई नौसिखियेपन की स्थिति को छोड़ चुका हूँ और अब एक पेशेवर सर्कल का सदस्य बन गया हूँ । जिस कारण मै इस बात को नहीं समझ पा रहा था कि मेरी स्तिथि में सुधार नहीं हुआ था । मैं उसे छिपाने के लिए केवल अधिक आडंबरपूर्ण शब्दों का प्रयोग कर रहा था ।

इस बात का सबसे बड़ा उदाहरण यह है कि मैं अब ब्रोकर की सलाह को किसी टिप के रूप में नहीं, बल्कि केवल एक जानकारी के रूप में ही देखता था । जहाँ तक मेरा सवाल था । मैंने टिप सुनना बिल्कुल छोड़ दिया था और इसके बजाय आर्थिक साक्ष्यों के आधार पर प्रमाणित समाचार प्राप्त कर रहा था । अब मेरी नाव बेहद सरलता के साथ अपनी राह पर निकल पड़ी थी ।

अप्रैल और मई 1954 के कुछ ट्रांजैक्शन की सूची -

	खरीद	बेचा
नेशनल कंटेनर	11	$12\frac{3}{8}$
ट्राई - कांटीनेंटल वारंटस	$5\frac{1}{8}$	6
एलिस - चाल्मर्स	$50\frac{3}{4}$	$54\frac{7}{8}$
बसीरस एरी	$24\frac{3}{4}$	$26\frac{3}{4}$
जनरल डायनामिक्स	$43\frac{1}{2}$	$47\frac{1}{4}$
मेस्टा मशीन	32	34
यूनिवर्स पिक्चर्स	$19\frac{5}{8}$	$22\frac{3}{4}$

लाभ, लाभ और केवल लाभ अब मेरा आत्मविश्वास अपनी ऊंचाइयों पर था । सच कहूँ तो मेरा अब कनाडा वाला हाल नहीं था । यहाँ मैंने जिस स्टॉक को छूआ । वह सोना बन गया और मई के अंत तक मेरे पास 10,000 डॉलर से बढ़कर 14,600 डॉलर हो गए थे ।

अब कभी- कभी की हानियाँ मुझे परेशान नहीं करती थी । मैं इन्हें अपनी समृद्धि के रास्ते में ऊपर चढ़ते हुए थोड़े-बहुत अनिवार्य से उतर-चढ़ाव समझता था । इतना ही नहीं जब कोई ट्रेड सफल हो जाता तो मैं स्वयं की प्रशंसा भी करता था और जब कोई नुकसान होता तो मैं उसका सारा का सारा दोष ब्रोकर के ऊपर डाल देता था ।

मैंने लगातार ट्रेडिंग करना जारी रखा। मैं अपने ब्रोकर्स को कभी-कभी दिन में 20 बार फोन कर देता था। यदि मैं एक दिन में कम से कम एक ट्रांजैक्शन नहीं कर लेता, तब तक मुझे मार्केट में अपनी कोई भूमिका नजर नहीं आती थी। यदि मैं कोई नया स्टॉक, मार्केट में देख लेता तो उसे हासिल करने के लिए जैसे कोई छोटा बच्चा अपने नए खिलौने को लेने के लिए परेशान हो जाता है ठीक वैसे ही परेशान होता था।

यह वह सभी ट्रांजैक्शन है, जिनमें मैं जुलाई 1954 के आसपास वॉल स्ट्रीट में शामिल था। यह सूची बताती है कि मैंने किस प्रकार बहुत थोड़े लाभ के लिए अपनी ऊर्जा को खर्च किया।

200 अमेरिकन ब्रॉडकास्टिंग-पैरामाउंट			
खरीदा	$16\frac{7}{8}$	पर (1,709.38 डॉलर)	
	$17\frac{1}{2}$	पर (1,772.50 डॉलर)	
बेचा	$17\frac{7}{8}$	(3,523.06 डॉलर)	
लाभ			41.18 डॉलर
100 न्यूयॉर्क सेंट्रल			
खरीदा	$21\frac{1}{2}$	(2,213.70 डॉलर)	
बेचा	$22\frac{1}{2}$	(2,213.70 डॉलर)	
लाभ			37.95 डॉलर
100 जनरल रिफ्राक्टरीज			
खरीदा	$24\frac{3}{4}$	(2,502.38 डॉलर)	
बेचा	$24\frac{3}{4}$	(2,442.97 डॉलर)	
हानि			(- 59.41) डॉलर
100 अमेरिकन एयरलाइंस			
खरीदा	$14\frac{3}{4}$	(1,494.75 डॉलर)	
बेचा	15	(1,476.92 डॉलर)	
हानि			17.83 डॉलर
कुल लाभ			79.13 डॉलर
कुल हानि			77.24 डॉलर

इस लेन- देन में मेरा कुल लाभ 1.89 डॉलर था लेकिन इससे सबसे ज्यादा खुश यदि कोई व्यक्ति था तो वह था तो वह था मेरा ब्रोकर, क्योंकि न्यूयॉर्क स्टॉक एक्सचेंज के नियमों के अनुसार इन 10 ट्रांजेक्शन के ऊपर उसका कमीशन 236.65 डॉलर बन गया था। इन सब में सबसे बुरी बात यह थी कि मेरे इस 1.89 डॉलर के लाभ के अंदर मेरी टेलीफोन कॉल का खर्चा शामिल नहीं है।

इन सब चीजों के अतिरिक्त केवल एक चीज ने ही मुझे सचमुच परेशान किया वह थे वो शब्द जो मेरा ब्रोकर स्टॉक मार्केट के विषय में बोलता था, क्योंकि वो मुझे बिल्कुल भी समझ नहीं आते थे। मैं अपनी इस अज्ञानता को उसके सामने दिखाना नहीं चाहता था, इसलिए मैंने इस विषय पर पढ़ने का निर्णय लिया। न्यूयॉर्क के दैनिक समाचार पत्रों के वित्तीय कॉलम के अलावा मैंने शेयर बाजार के विषय में किताबो को पढ़ना भी शुरू कर दिया ताकि मैं उसके स्तर पर आकर उससे बात कर सकू।

देखते ही देखते मैं उन सभी नए शब्दों की एक श्रंखला से परिचित होने लगा और हमेशा उन्हें प्रयोग में लाने का प्रयास करने लगा। मैं कमाई, डिविडेंड और कैपिटलाइजेशन जैसे शब्दों से आकर्षित होता रहता था। मैंने सीखा की प्रति शेयर लाभ का क्या अर्थ है - "आउटस्टैंडिंग शेयर की संख्या को कंपनी के शुद्ध लाभ से भाग देना और लिस्टेड का अर्थ है, वह स्टॉक्स की सूची जो न्यूयॉर्क और अमेरिकन स्टॉक एक्सचेंज में शामिल है।

मैंने स्टॉक, ब्रांड, संपत्ति, लाभ, यील्डस की परिभाषाओं को समझ में बहुत मेहनत की थी। मेरे पास पढ़ने के लिए बहुत कुछ था, क्योंकि शेयर मार्केट के विषय में ऐसी अनेकों पुस्तकें छापी जा चुकी हैं, जिनसे आप स्टॉक मार्केट के विषय में सीख सकते हैं। सच कहूँ तो सांस्कृतिक विषयों से यदि तुलना की जाए तो स्टॉक मार्केट के विषय में आपको ज्यादा पुस्तकें मिलेंगी।

मैंने इस दौरान जिन पुस्तकों का अध्ययन और विश्लेषण किया वह इस प्रकार हैं -

आर. सी. एफिंगर	ए बी सी ऑफ इन्वेस्टमेंट
डाइस एंड एटमैन	द सिक्योरिटीज मार्केट
बी. ई. शुल्ट्ज	द सिक्योरिटीज मार्केट : एंड हाऊ इट वर्क
लियो बार्नेस	योर इन्वेस्टमेंट्स

एच. एम. गार्टेले	*प्रॉफिट इन द स्टॉक मार्केट*
कार्टीस डाल्ह	*कंसिस्टेंट प्रॉफिट्स इन दी स्टॉक मार्केट*
ई. जे. मान्न	*यू कैन मेक मनी इन दी स्टॉक मार्केट*

अपनी नई शब्दावली के ज्ञान से सुसज्जित होकर मैं और अधिक महत्वकांक्षी हो गया था। मुझे लगने लगा था कि एक दूसरे ब्राइलंड को ढूंढने का अब समय आ चुका था। मैं यह जानता था कि वॉल स्ट्रीट में कोई ना कोई अच्छा स्टॉक जरूर होना चाहिए, जो मेरे लिए भी लाभदायक हो। मैं लिटिल पेनी स्टॉक को इसी प्रकार का एक बढ़िया स्टॉक आज भी समझता हूँ।

मैंने मूडिस, फिच, स्टैंडर्ड एंड पुअर्स जैसी स्टॉक मार्केट की सेवाओं की सदस्यता को लेना शुरू कर दिया था। जिस कारण मुझे महत्त्वपूर्ण जानकारियाँ मिलने लगी ये दूसरी बात है कि वह मुझे समझ नहीं आती थीं।

उसके कई हिस्सों में कुछ इस प्रकार से लिखा होता था -

उत्पादन क्षमता में सुधार की वजह से कंपनियों की आय और डिविडेंड में बढ़ोतरी की उम्मीद है, क्योंकि आने वाले समय में उपभोक्ता के ड्यूरेबल माल, नॉनड्यूरेबल और वस्तुओं पर खर्च करने के कारण और साथ ही उत्पादन क्षमता में सुधार के कारण ऐसा होगा। हमें पूरी उम्मीद है कि यह अनियमितता और अस्थाई इसी रूप से बनी रहेगी, जब तक नई स्थिति मार्केट में नहीं बनती।

वे अत्यंत प्रभावशाली और आकर्षक होते थे और मुझे वह सब कुछ बताते थे, जो मैं उस समय जाना चाहता था। केवल इसके सिवाय कि कौन सा स्टॉक ब्राइलंड की तरह ऊपर जा सकता है। जिज्ञासा पूरी तरह से मुझ पर हावी रहती थी। मैं हमेशा यही देखना चाहता था कि और दूसरे स्टॉक मार्केट की सेवाएँ क्या कर रही हैं? मैंने देखा कि कनाडा की तरह ही 1 डॉलर में, मैं कुछ समाचार पत्रों की सेवाओं के लिए 4 सप्ताह की ट्रायल सदस्यता ले सकता हूँ, जो कि स्टॉक मार्केट के स्टॉक्स का विज्ञापन करती थीं।

मैं दैनिक समाचार पत्र, आर्थिक कॉलम, बुक जैकेट्स में से कॉलम काट कर रखता था, जब भी मैं कोई नहीं वित्त सेवा का विज्ञापन देखता था, तुरंत ही अपना 1 डॉलर उसे खरीदने में लगा देता था।

मेरे पास जब भी वित्तीय सेवाओं के प्रति आती थी तो मुझे यह देख कर हैरानी होती थी कि यह आपस में विरोधाभास रखती हैं, एक ही स्टॉक के लिए जहाँ

एक सेवा हमें खरीदने की सलाह देती थी तो वहीं दूसरी सेवा हमें वही स्टॉक बेचने की सलाह देती थी। मैंने यह देखा कि यह सलाह हमेशा ही गैर जिम्मेदाराना तरीके की होती थी, क्योंकि यह सलाहें हमेशा कोई भी वादा करने से बचती थीं। वह 'प्रतिक्रियाओं पर खरीदें' या 'डिप पर खरीदें' जैसे शब्दों का हमेशा प्रयोग करते थे, लेकिन किसी ने मुझे यह नहीं बताया कि मैं 'प्रतिक्रिया' या 'डिप' किसको समझूँ।

उन सभी स्टॉक्स को मैंने नजरअंदाज कर दिया और पूरी निष्ठा के साथ जो स्टॉक्स केवल ऊपर जा सकते हैं, उनके रहस्य का उद्घाटन करने के लिए आगे बढ़ता रहा।

एक सलाहकार सेवा ने जो साल में केवल 5 या 6 बार ही जानकारी देने के लिए स्वयं पर गर्व करती थी। एमर्सन रेडियो की जानकारी देते हुए एक बहुत ही बढ़िया विज्ञापन, जो केवल विज्ञापन नहीं था पूरी की पूरी किताब थी को प्रकाशित कर डाला और इतना ही नहीं उस सलाहकार सेवा ने एमर्सन कंपनी की तुलना एक बहुत ही विशाल आर. सी. ए. कंपनी से कर डाली थी। उन्होंने एमर्सन की पूंजी की नीति, सेल्स वैल्यू, टैक्स से पहले और बाद के लाभ का प्रतिशत, प्रत्येक लाभ, प्राइस अरनिंग रेशों के विषय में बहुत ही विस्तार से चर्चा की थी।

विज्ञापन के विषय में मुझे बहुत ज्यादा कुछ समझ नहीं आया, किंतु उसके शब्दों और विश्लेषणात्मक तुलना से मैं अत्यंत प्रभावित हुआ था। उस सलाहकार सेवा ने यह साबित कर दिया कि एमर्सन स्टॉक, जो 12 के भाव पर बिक रहा था। आगे चलकर भविष्य में आर. सी. ए. की तुलना में 30 से 35 तक हो जाएगा।

एमर्सन को मैंने 12½ पर खरीदा था और जिस प्रकार उस सलाहकार सेवा में बहुत ही आकर्षक ढंग से इसकी कीमत 35 तक बढ़ने की बताई थी। उस हिसाब से मुझे यह बहुत ही फायदे का सौदा लगा, लेकिन हुआ क्या यह आग की तरह ऊपर बढ़ने वाला स्टॉक अचानक से लगातार नीचे गिरने लगा और मैंने परेशान होकर इसे तुरंत ही बेच दिया।

अब मैं निश्चित तौर पर कह सकता हूँ कि वह गंभीर विश्लेषण करने वाली सलाहकार सेवा, जो वॉल स्ट्रीट के विश्लेषक थे, जिन्होंने यह विज्ञापन दिया उसकी नियत में खोट था, सच्चाई तो यह थी कि वह स्टॉक 1956 के अंत में केवल 5¾ ही सिमट गया था।

जो कहावत वॉल स्ट्रीट में सदियों से लोग एक दूसरे को कहते थे वह कहावत आज मैंने सुनी, भले ही वह मेरे लिए नई थी - *"आप लाभ काटने पर कभी दिवालिया नहीं हो सकते"* मैं इस कहावत से अत्यंत प्रभावित हुआ और इसे पूरी

तरह से आजमाने के लिए बेचैनी महसूस करने लगा और मैंने यह इस प्रकार से किया -

फरवरी, 1955 की शुरुआत में "केसर एलुमिनियम" उत्कर्ष स्टॉक में से एक था।

अपने ब्रोकर के कहने पर मैंने 6,378.84 डॉलर देकर 63⅜ हिसाब से 100 शेयर खरीद लिए और देखते ही देखते वह इतना तेजी से बढ़ा कि मैंने उसे 75 का होने पर तुरंत बेच दिया। इस स्टॉक ने मुझे 7,453.29 डॉलर का लाभ दिया। इस स्टॉक ने मुझे एक ही महीने के भीतर 1,074.10 का लाभ पहुँचाया था।

मैंने एक और दूसरे लाभ की उम्मीद में 83 पर 100 बोइंग खरीद लिए और इनको खरीदने के लिए मुझे 8,343.30 डॉलर का भुगतान करना पड़ा। किंतु यह स्टॉक पिछले स्टॉक की तरहा नहीं था, यह तुरंत ही नीचे गिरने लगा और मैंने 4 दिन के अंदर 79⅞ पर उन्हें 7,940.05 डॉलर में बेच दिया। बोइंग के सौदे पर मेरा नुकसान 403.25 डॉलर का हुआ था।

मैंने इस नुकसान की भरपाई को करने के लिए अप्रैल के पहले सप्ताह में मैग्मा कॉपर को खरीद लिया, जो 89¾ के हिसाब से बिक रहा था। मैंने 9,018.89 डॉलर्स मे 100 शेयर खरीदे, लेकिन यहाँ भी ठीक मेरी सोच के विपरीत ही हुआ। जैसे ही मैंने शेयर्स को खरीदा इनमें भी गिरावट आनी शुरू हो गई और 2 सप्ताह के बाद मैंने इन्हें 80½ पर 8,002.18 डॉलर में बेच दिया था, जिससे मुझे 1,016.80 डॉलर की हानि हुई।

इस समय तक आते-आते केसर एलुमिनियम, जिसे मैंने मार्च के पहले सप्ताह में ही बाहर निकाल दिया था। अब 82 का हो गया था। एक सलाहकार सेवा में इसे दोबारा खरीदने की सलाह मुझे दी। इसलिए मैं एक बार फिर इसकी तरफ अपना ध्यान केंद्रित किया और इससे 8,243.20 डॉलर का भुगतान करके 100 शेयर दोबारा से खरीद लिए।

सच कहूँ तो मुझे यह देखकर बेहद दुख हुआ कि यह शेयर फिर 5 मिनट के बाद ही दोबारा गिरने लगा। मैं फिर से इतना नुकसान नहीं उठाना चाहता था। इसलिए मैंने उसे 81¾ पर ही बेच दिया। मुझे 8,127.59 डॉलर मिले। जिसका साफ तौर पर यह अर्थ था कि मैंने 5 मिनट के अंदर 115.61 नुकसान उठाया था इसमें कमीशन भी शामिल था।

केसर एलुमिनियम के पहले सौदे में मैंने 1,074.45 का लाभ उठाया था, किंतु दूसरे शेयर्स को बेचने के बाद अंदर-बाहर होने वाले नुकसान का मूल्य

1,535.66 था। यदि मैं इस पूरे सर्कल के लेन-देन को ध्यान से देखूँ तो केसर एलुमिनियम से शुरुआत और इसी पर अंत हुआ जिस कारण मुझे कुल मिलाकर 461.21 डॉलर का नुकसान हुआ था।

यदि मैं केसर एलुमिनियम को आखिरी में $81\frac{3}{4}$ पर बेचने की बजाय $63^{2/8}$ पर अंतिम बिक्री में बेचता तो मुझे 461.21 के नुकसान की बजाए 1,748.75 डॉलर्स का लाभ हुआ होता।

यहाँ एक दूसरा उदाहरण भी आपको देखना चाहिए। नवंबर, 1954 से मार्च 1955 तक के अंतराल में मैंने लगातार एक स्टॉक रियोनियर का लेन-देन किया जो 8 महीने की अवधि में ऊपर चढ़कर 50 से 100 तक हो गया है। रियोनीयर को लेकर मेरे द्वारा किए गए लेन-देन इस प्रकार थे। एक समय में, मैं 100 शेयर्स का लेन-देन करता था -

नवंबर - दिसंबर 1954			
खरीदा	53	पर (5,340.30 डॉलर्स)	
बेचा	$58\frac{1}{4}$	पर (5,779.99 डॉलर्स)	
लाभ			439.69 डॉलर्स
फरवरी - मार्च 1955			
खरीदा	$6\frac{7}{8}$	पर (6,428.89 डॉलर्स)	
बेचा	$71\frac{5}{8}$	पर (7,116.13 डॉलर्स)	
लाभ			687.24 डॉलर्स
मार्च 1955			
खरीदा	72	पर (7,242.20 डॉलर्स)	
बेचा	74	पर (7,353.39 डॉलर्स)	
लाभ			111.19 डॉलर्स
कुल लाभ			1,238.12 डॉलर्स

लेन - देन की इस श्रृंखला से मुझे जो लाभ हुआ, वह 1,238.12 डॉलर्स का था, लेकिन एक बार फिर नुकसान का वही पुराना चक्र दोबारा शुरू हुआ।

अप्रैल, 1955 में मैंने 'मनाती शुगर' को अपना निशाना बनाया और 8⅜ पर 1,000 शेयर खरीद डालें, जिसके लिए मैंने 8,508.80 डॉलर्स का भुगतान किया, लेकिन मेरे खरीदने के तुरंत बाद ही वह नीचे गिरने लगे और मैंने अपने शेयर्स को 7¾ , 7⅝ और 7½ की अलग-अलग कीमतों पर इसे बेच दिया। मुझे 1, डॉलर के नुकसान के बाद 7,465.70 डॉलर वापस मिले। रियोनियर और मनाती यदि दोनों का विश्लेषण करें तो इसमें मैंने 195.02 डॉलर्स का लाभ मिला।

हालांकि यदि मैं लगातार लाभ लेने की अपनी इस कोशिश को छोड़कर नवंबर में की गई रियोनियर की अपनी पहली खरीद पर रुका रहता और अप्रैल में इसे 80 पर बेच देता तो मुझे 195.02 डॉलर्स के बजाय 2,612.48 का लाभ हुआ होता।

इन सब का क्या अर्थ है, मैंने उस समय नहीं समझा, लेकिन यह उस परंपरागत बात का विरोध करती है जो यह कहती है कि - "आप लाभ मे बेचते हुए कंगाल नहीं हो सकते।" बेशक आप हो सकते हैं।

और यही कहावत स्टॉक मार्केट कि ओर मुझे आकर्षित करती है। सस्ता खरीदो महंगा भेजो यह सुनने में जितना अच्छा लगता है। उतना ही वास्तविकता से दूर है। मैं सस्ता कहां से खरीद लूं? जब भी मैं किसी सस्ते स्टॉक की तलाश में रहता हूँ तब ही मुझे ओवर-द-काउंटर मार्केट के बारे में पता चलता है। यह मार्केट ऑन स्टॉक्स का होता है जो एक्सचेंज में लिस्टेड नहीं है मैं शेयर मार्केट की पुस्तकों को पढ़ने के बाद यह जान गया कि स्टॉक एक्सचेंज में अपने स्टॉक को लिस्टेड कराने के लिए किसी कंपनी को बहुत ही सख्त आर्थिक नियमों का पालन करना पड़ता है। मैंने यह भी पढ़ा कि यह नियम ओवर-द-काउंटर स्टॉक पर लागू नहीं होते।

जिस कारण यह मार्केट मुझे लेन- देन के लिए एक उचित जगह लगा। मेरा यह मानना था कि यह स्टॉक सूचीबद्ध नहीं थे, इसलिए बहुत कम लोग इनके बारे में जानते थे और मैं उन्हें रास्ते में खरीद सकता था। मैंने जल्दबाजी में "ओवर-द-काउंटर सिक्योरिटीज रिव्यू " एक मासिक पत्रिका की सदस्यता ली और नए स्टॉक्स की अपनी खोज शुरू कर दी।

मैंने उस पत्रिका में दिए गए हजारों नामों में से अपने लिए कोई एक अच्छा सौदा ढूंढने की बहुत कोशिश की। मैंने पैसिफिक एयर मोटिव, कोलिंस रेडियो, गल्फ सल्फर, डोमन हेलीकॉप्टर केन्नामेटल, टेकोएल कॉर्पोरेशन जैसे इसी प्रकार के और कुछ गुमनाम स्टॉक भी खरीदें, लेकिन जब मैंने उन्हें बेचने की कोशिश की तो इनमे से कुछ मेरी उंगलियों में गोंद की तरह चिपक गए। इनसे पीछा छुड़ाना मेरे

लिए अत्यंत कठिन हो गया था। सच कहूँ तो जिस मूल्य पर मैंने इन्हें खरीदा था। उस मूल्य पर यह कभी बिकने वाले नहीं थे, क्योंकि यहाँ सूचीबद्ध शेयरों की सुरक्षा नीति की तरह कोई भी सख्त मूल्य अनुशासन नहीं थे। यहाँ मार्केट को सुचारू और बिना रुके चलाने के लिए कोई विशेषज्ञ या व्यवसाय नहीं थे। यहाँ किसी लेन -देन के मूल्य को देखने के लिए कोई रिपोर्ट तैयार नहीं की जाती थी। इसमें केवल खरीदने और बेचने के मूल्य के सिवा और कुछ नहीं होता था। मैंने पाया कि यह सभी मेरी पहुँच से बहुत बाहर होते जा रहे हैं और जब मैं बेचने के लिए दिए गए मूल्य 42 पर इसे बेचना चाहता था, तब मुझे बेचने के लिए मूल्य 38 पर खरीदने वाले लोग ही मिलते थे। कभी-कभी मैंने 40 पर भी बेचा, लेकिन यह भी हमेशा नहीं होता था।

ओवर द काउंटर में जब मैं लगातार केवल भटक ही रहा था तो तब मैं यह सब कुछ समझ गया कि यह क्षेत्र एक विशेषज्ञता से भरा क्षेत्र है और यह केवल उन विशेषज्ञों के लिए लाभदायक है, जो सचमुच किसी विशिष्ट कंपनी के व्यापार के बारे में समझते हैं। मैंने इसे छोड़ने का निर्णय किया और लिस्टेड सिक्योरिटीज की ओर मुड़ गया।

सच कहूँ तो इस बार मैंने एक भी बार वॉलस्ट्रीट की अफवाह की सच्चाई पर बिल्कुल भी संदेह नहीं किया। कैनेडियन या अन्य बाजारों की अफवाओं और इस तरह की अन्य बातों जानने के लिए मेरे पास कोई भी मार्ग नहीं था। मेरे लिए यह सभी जानकारियाँ बेहद आकर्षक होती थीं, जो वॉल स्ट्रीट से सीधे तौर पर जुड़ी होती थी। इन सूचनाओं को जल्दी पचाने और उनके अनुसार आगे बढ़ने के, मैं यहाँ दो और उदाहरण देना चाहता हूँ।

एक दिन सबको हिला देने वाली एक जबरदस्त खबर मार्केट में फैल गई की रेलरोड बनाने वाली कंपनी बाल्डविन -लीमा- हैमिल्टन को एक परमाणु ट्रेन बनाने का अवसर मिला है। वॉल स्ट्रीट में इस खबर से चारों ओर हलचल मच गई और इस हलचल के कारण कंपनी के स्टॉक 12 से बढ़कर 20 हो गए।

यह खबर बेहद चौंकाने वाली थी, किंतु जब तक यह मुझ तक पहुँची। तब तक उस स्टॉक का मूल्य इतना बढ़ चुका था कि जिसे हम उसका अधिकतम मूल्य कह सकते थे। मैंने 24½ पर 200 शेयर्स 4,954.50 की लागत पर खरीद लिए। वैसे तो मैंने इस स्टॉक को अपने पास 2 सप्ताह तक रखा, किंतु मुझे इस स्टॉक पर विश्वास नहीं था। फिर भी मैं इसको देखता रहा यह शेयर्स गिरकर वापस 19¼ पर पहुँच गया। यही वह क्षण था, जिस क्षण मुझे लगा कि शायद कहीं कोई गड़बड़ हो

गई है और मैंने इसे तुरंत ही 1,160.38 डॉलर के नुकसान पर बेच दिया। सच्चाई तो यह है कि अपने स्टॉक को नीचे आता हुआ देखकर मैं घबराहट में एक अच्छा काम कर गया, यदि मैं इसके साथ बना रहता तो मुझे अच्छा खासा नुकसान होता, क्योंकि यह लगातार गिरता रहा और 12¼ तक नीचे आ गया।

मेरे ब्रोकर ने मुझे दूसरी बार फोन किया और कहा - "इस साल के अंत तक स्टर्लिंग प्रेसिशन के स्टॉक्स 40 तक पहुँच जाने की उम्मीद है।" अपने ब्रो कर के कहने पर मैंने स्टॉक को देखा, जो कि उस समय 8 था। उसने इस स्टॉक के ऊपर जाना है का कारण मुझे बताया- यह कंपनी कुछ छोटी समृद्ध कंपनियों को खरीद रही है और यह थोड़े ही समय में यह काफी बड़ी कंपनी हो जाएगी। इसके साथ ही उसने यह बताया कि यह बिल्कुल ताजी जानकारी है।

यह जानकारी मेरे लिए काफी थी, आखिर क्यों ना होती। वॉल स्ट्रीट ब्रोकर जो मेरी दृष्टि में कभी भी गलत नहीं हो सकता था, ने मुझे ऐसी प्रमाणित खबर दी थी। वह भी केवल मेरे लाभ के लिए। मैं अपनी खरीद का आर्डर जल्द ही नहीं दे पाया। सूचना के स्रोत के आधार पर मैंने यह निर्णय लिया कि अबकी बार बहुत बड़ा हाथ मारा जाए। मैंने 7⅞ के भाव से स्टर्लिंग प्रेसिशन के 1,000 स्टॉक 8,023.10 डॉलर में खरीद लिए और निश्चिंत होकर इसके 40 होने का इंतजार करने लगा। सच्चाई तो यह है कि यह स्टॉक आसमान को छूना तो बहुत दूर की बात रही यह तो जितना था उतने पर भी बना नहीं रह सका और लगातार नीचे गिरने लगा। मुझे लगने लगा कि शायद मैंने इसे लेकर गलती की है और यह अब यह 7 से नीचे भी चला जाएगा। तब हताश हो मैंने 7⅛ के भाव पर इसे 6,967.45 डॉलर में इसे बेच दिया। इस खबर ने मुझे 1,055.65 डॉलर की हानि पहुँचाई थी और यह स्टॉक गिरते-गिरते 4⅛ तक पहुँच गया था।

सच्चाई तो यह है कि वॉल स्ट्रीट का एक हिस्सा होना, जो मेरे लिए गर्व की बात थी उसको देखते हुए यह हानि मेरे सामने कुछ महत्व नहीं रखती थी। इसलिए मैं स्टॉक मार्केट में लगातार पैसा बनाने के तरीकों की खोज करता रहा। एक दिन वॉल स्ट्रीटजर्नल पढ़ते हुए मेरी नजर एक कॉलम पर गई, जिसमें लिखा था लिस्टेड सूचीबद्ध कंपनी के अफसर और डायरेक्टर स्टॉक ट्रांजैक्शन कर रहे हैं। जब मैंने इसमें आगे देखा तो मुझे पता लगा कि शायद षड्यंत्रों को रोकने के लिए "द सिक्योरिटीज एंड एक्सचेंज कमिशन" ने यह प्रावधान किया है कि जब कंपनी के डायरेक्टर और अफसर अपनी ही कंपनी के स्टॉक खरीदे या बेचे तो कमिशन को इसकी पूरी रिपोर्ट करें। यह पढ़कर मुझे सच में अच्छा लगा। इस बात से मुझे अब

यह पता चल पाएगा कि वास्तविक तौर पर अंदर के लोग क्या कर रहे हैं। मुझे तो केवल उनका अनुसरण करना था। यदि वे खरीदते हैं तो मैं भी उन्हीं स्टॉक्स को खरीद लूँगा और यदि वह लोग बेचेंगे तो मैं भी उन्हीं स्टॉक्स को बेच दूँगा।

और मैंने ऐसे ही करने की पूरी कोशिश की लेकिन इससे भी कोई बात नहीं बनी। जब तक मुझे अंदर की जानकारी मिलती तब तक बहुत देर हो चुकी होती थी। इसके अतिरिक्त मैंने देखा कि अंदर के लोग भी आम आदमी की तरह ही गलतियाँ करते हैं, वह दूसरों की तरह ही खरीदने में देरी और बेचने में बहुत जल्दी कर देते हैं। इसके अलावा मैंने एक और खोज की, कि उनको अपनी कंपनी के विषय में तो सब कुछ पता होता था, लेकिन जिस मार्केट में उन्हें स्टॉक बेचना होता था, उसके व्यवहार का उन्हें जरा भी पता नहीं होता था।

ऐसे ही करते-करते मुझे बहुत सारे अनुभव हुए, जिनसे मैंने कुछ निष्कर्ष भी निकला। जिस प्रकार बच्चा एक ही शब्द को बार बार सुनने के बाद उसे सीख जाता है। उसी तरह से मैं भी अपने ट्रेडिंग अनुभव से धीरे-धीरे कुछ ऐसे नियमों की रूपरेखा को समझने लगा, जिन्हें मैं प्रयोग में ला सकता था और वे इस प्रकार हैं -

1. किसी प्रकार भी की वित्तीय सेवाओं का अनुसरण नहीं करना, क्योंकि वह विश्वसनीय नहीं होती चाहे फिर वह कनाडा की हो या वॉल स्ट्रीट की ही क्यों ना हो।

2. अपने ब्रोकर की सलाह पर भी सावधान रहने की आवश्यकता है, क्योंकि वह भी गलत हो सकते हैं।

3. मुझे किसी भी पुरानी कहावत या मान्यता पर ध्यान नहीं देना चाहे वह वॉलस्ट्रीट की ही क्यों ना हो।

4. ओवर द काउंटर ट्रेड से बचना है। केवल सूचीबद्ध स्टॉक में ही ट्रेड करना है ताकि जब भी मैं अपने स्टाफ को बेचूँ मुझे खरीदने वाले मिल जाएँ।

5. किसी भी प्रकार की अफवाहों पर ध्यान नहीं देना चाहे वह कितनी ही प्रमाणित क्यों ना लगती हो।

6. हमेशा बुनियादी पकड़ मेरे लिए अच्छी है, बजाएँ जुआ खेलने के और इसके लिए मुझे इसी का अध्ययन करना चाहिए।

इस प्रकार मैंने अपने लिए इन नियमों को लिख लिया और इनके अनुसार ही आगे बढ़ने लगा। मैंने अपने ब्रोकरेज का हिसाब-किताब देखा और इसी क्षण मुझे स्टॉक

मार्केट के सातवाँ नियम समझ आया, क्योंकि मैंने पाया कि मेरे पास एक ऐसा स्टॉक भी है, जिसका मुझे कुछ पता ही नहीं है।

यह स्टॉक वर्जिनियस रेलवे का था और मैंने इसे अगस्त, 1954 में 29¾ डॉलर प्रति शेयर के भाव से 3,004.88 डॉलर के 100 शेयर खरीदे थे। सच्चाई तो यह है कि मैं इन्हें खरीद कर भूल गया था, क्योंकि मैं फोन पर कई और स्टॉक को खरीदने बेचने में ही लगा रहता था। इनमें से कुछ में मैंने सिर्फ 75 सेंट्स ही कमाए थे, जबकि कई बार तो किसी गिरते हुए स्टॉक के और गिरने से पहले ही उसे बेचने के लिए अपने ब्रोकर को फोन लगाए थे।

वर्जिनियस रेलवे को लेकर मुझे किसी प्रकार की कोई जल्दबाजी नहीं थी, इसलिए मैंने इसे खरीद कर छोड़ दिया था। यह ठीक वैसा था, जैसे किसी शांत बच्चे को कोने में बिठाकर चुपचाप खेलते रहने दिया जाए और उसी समय आप दूसरे अशांत बच्चों को संभालने में लगे रहें। इस स्टॉक को 11 महीने तक अपने पास रखे रहने के बाद मैंने देखा तो देखता ही रह गया, क्योंकि जिस समय मैंने इसे खरीदा था उस समय यह बिल्कुल सुस्त पड़ा था। जिस कारण मुझे यह याद भी नहीं रहा। उसको देखते ही मैंने तुरंत अपने स्टॉक टेबल को देखा। यह अभी 43½ पर था, यह बिल्कुल भूला हुआ, शांत बच्चा धीरे-धीरे आगे बढ़ रहा था। मैंने इसे जल्द ही बेच दिया और मुझे 4,308.56 डॉलर का लाभ हुआ और इसी स्टॉक ने मुझे 1,303.68 डॉलर दिए और साथ ही यह सच्चाई बताई जो मेरे जीवन में सातवाँ नियम बन गई -

7. दर्जनभर स्टॉक्स को कम समय के लिए इधर-उधर करने की बजाय, एक बढ़ते हुए स्टॉक को लंबे समय तक पकड़कर रखना चाहिए।

अगला सवाल मेरे सामने यह था कि कौन सा स्टॉक बढ़ेगा? यह मैं अपने आप किस प्रकार पता कर सकता हूँ?

वर्जिनियस रेलवे के स्टॉक्स को दोबारा देखने का निर्णय मैंने लिया, क्योंकि जिस समय दूसरे स्टॉप ऊपर नीचे हो रहे थे, तो उस समय यह धीरे-धीरे अपनी स्थिरता बनाए हुए आगे बढ़ रहा था। मैंने अपने ब्रोकर को फोन लगाया ताकि इसके विषय में जानकारी हासिल कर सकूँ। मेरे ब्रोकर ने इस स्टॉक के विषय में बताया कि यह बहुत अच्छा स्टॉक है, इसने अच्छे लाभ देने का रिकॉर्ड बनाया है, क्योंकि इस की आर्थिक स्थिति बहुत मजबूत है। फिर कहीं जा कर मुझे इसके

लगातार बढ़ने का कारण समझ में आया। जिस कारण मैं अपनी बुनियादी पकड़ को एक सही दिशा देने के लिए समझ पाया।

फिर क्या था मैंने अपनी इसी बुनियादी पकड़ को बनाए रखने के लिए अपने दिल और दिमाग दोनों को तैयार किया और फिर पढ़ने, समझने और विश्लेषण करने के अपने कार्य में लग गया और एक आदर्श स्टॉक को खोजने के लिए आगे बढ़ता गया।

मैंने निर्णय लिया कि यदि मैं किसी भी कंपनी की रिपोर्ट को अच्छे से पढ़ूं और उसे समझूँ तो किसी भी स्टॉक के विषय में एक सही निर्णय पर पहुँच सकता हूँ।

मैंने बैलेंस शीट और इनकम अकाउंट्स के विषय में सीखना शुरू किया। संपत्ति, लायबिलिटीज, कैपिटलाइजेशन और राइट ऑफ्स जैसे शब्द अब मेरे लिए अनजाने नहीं थे।

ऐसा करते-करते मुझे कई महीने बीत गए। मैं हर रात घंटों हजारों कंपनियों के स्टेटमेंट्स को पढ़ने में खोया रहता था और उनके एसेट, उनकी लायबिलिटीज, कैपिटलाइजेशन और उनके प्राइस-अर्निंग राशियों की तुलना करता रहता था। मैंने अपनी उंगलियों पर स्टॉक्स की सूची तैयार कर ली थी।

- उच्च श्रेणी के स्टॉक्स
- विशेषज्ञों के सबसे प्रिय स्टॉक्स
- बुकिंग रेट के नीचे बिकने वाले स्टॉक्स
- मजबूत कैश की स्थिति वाले स्टॉक्स
- ऐसे स्टॉक्स, जिन्होंने कभी अपना डिविडेंड कम ना किया हो।

हालांकि मेरे सामने वही समस्याएँ बार-बार आती थीं कि जब चीजें कागज पर सही दिखती थीं, बैलेंस शीट पर सही लगती थीं, संभावनाएँ उज्जवल लगती थीं तो भी स्टॉक मार्केट कभी मेरे अनुसार क्यों नहीं चला।

उदाहरण के तौर पर मान लीजिए, जब मैंने बहुत सारी कंपनियों की आर्थिक स्थिति का पूरी सावधानी के साथ विश्लेषण किया और उसके बाद यह निर्णय निकाला कि अमेरिकन विसकोस और स्टीवेनस की बैलेंस शीट सबसे अच्छी है। तभी मुझे यह समझ नहीं आया कि इन दोनों कंपनियों के स्टॉक आगे बढ़ने की बजाय एक दूसरी ही कंपनी टेक्स्ट्रॉन के स्टॉक ऊपर कैसे बढ़ गए। इसी तरह का उदाहरण मुझे दूसरे उद्योगों में भी मिला।

यह सब देखकर मैं चकित रह गया और परेशान भी हुआ। मैं सोचने लगा कि क्या किसी कंपनी की श्रेष्ठता को जाँचने के लिए क्या किसी हायर अथॉरिटी के फैसले को मान लेने में ज्यादा समझदारी है। ऐसे किसी और पार्टी के विषय में मैंने अपने ब्रोकर से पूछा और मेरे ब्रोकर ने व्यापक रूप से प्रयोग में आने वाली एक गंभीर और विश्वसनीय मासिक पत्रिका के विषय में मुझे बताया, जो कि कई हजार स्टॉक्स पर समृद्ध डाटा उपलब्य कराती थी। यह सेवा स्टॉक की व्यापक प्रकृति लगभग 20 सालों में उनकी मूल्य सीमा, उनकी डिविडेंड की राशि, उनके आर्थिक गठन और प्री शेयर्स, वार्षिक आय के विषय में बताती थी। यह सेवा हर स्टॉक को उसकी सुरक्षा और महत्व के अनुसार वर्गीकृत किया करती थी और उनकी इसी बात ने मुझे अपनी और आकृष्ट किया।

उच्च श्रेणी के स्टॉक्स, जिनका डिविडेंड पूरी तरह निश्चित था। उन्हें इस प्रकार से वर्गीकृत किया जाता था -

ए ए ए - पूरी तरह सुरक्षित स्टॉक्स

ए ए - सुरक्षित स्टॉक्स

ए -   ठीक-ठाक स्टॉक्स

निवेश के लिए अच्छे स्टॉक्स जो ज्यादातर डिविडेंड देते हैं -

बी बी बी - इस समूह में सबसे अच्छे स्टॉक्स

बी बी - अच्छे स्टॉक्स

बी - ठीक-ठाक स्टॉक्स

निम्न श्रेणी के स्टॉक्स जो अच्छे डिविडेंड तो देते हैं, लेकिन जिनका भविष्य पता नहीं होता -

सी सी सी - इस समूह के सबसे अच्छे स्टॉक्स

सी सी - इसमें ठीक-ठाक डिविडेंड मिलने की संभावनाएँ होती हैं।

सी - इसमें डिविडेंड कम मिलने की संभावनाएँ होती हैं।

निम्नतम श्रेणी के स्टॉक्स -

डी डी डी - इनमें कोई डिविडेंड की संभावनाएँ नहीं होती।

डी डी - इनमें थोड़ी सी गुणवत्ता होती है

डी - इनमें कोई गुणवत्ता नहीं दिखती।

मैंने इन सभी वर्गीकरणों को ध्यानपूर्वक पढ़ा। यह बहुत सरल लग रहा था। अब मेरे लिए बैलेंस शीट और इनकम अकाउंट्स का विश्लेषण करने की कोई जरूरत नहीं थी, क्योंकि यह सब अब मेरे सामने था। मुझे केवल तुलना करनी थी ए, बी से बेहतर है और सी, डी से है।

मैं अपने इस नए दृष्टिकोण के साथ खुश था। मेरे लिए इसमें विज्ञान जैसा आकर्षण था। अब मैं हर परेशानी बढ़ाने और चिंतित करने वाली अफवाहों के हाथों का खिलौना नहीं रह गया था, क्योंकि अब मैं एक शांत असंबद्ध निवेशक बनता जा रहा था।

मुझे इस बात पर पूरा विश्वास था कि मैं अपने भविष्य का निर्माण करने जा रहा हूँ। मैं आत्मविश्वासी और प्रतियोगी बन गया था। जिस कारण अब मैं किसी और की नहीं सुनता था ना ही किसी से किसी प्रकार की सलाह मांगता था, क्योंकि अब मुझे पूरी तरह से समझ आ गया था कि मैंने पहले जो भी किया, वह मेरे कैनेडियन सट्टेबाजी दौर की तरह ही खुशियों को समाप्त करने वाला था। अब मुझे लगने लगा था कि मुझे सफलता पाने के लिए अपने स्वयं के तुलनात्मक चार्ट तैयार करने की आवश्यकता है और मैंने अपना बहुत सा समय ऐसा ही करने में व्यतीत किया।

3

मेरी पहली परेशानी

मैंने जितना भी पढ़ा था, उससे मुझे मालूम हो गया था कि स्टॉक्स जिस उद्योग का प्रतिनिधित्व करते हैं उसके अनुसार पशुओं के झुण्ड की तरह एक समूह-सा बना लेते हैं। ये समान उद्योग वाले स्टॉक्स मार्केट में एक साथ ऊपर नीचे गिरने की प्रवृत्ति रखते हैं।

मुझे यही तर्कसंगत लगा कि मुझे बुनियादी विश्लेषण से निम्नलिखित बातें पता करने की कोशिश जरूर करनी चाहिए -

1. सबसे सशक्त उद्योग समूह
2. उस उद्योग समूह के भीतर सबसे शक्तिशाली कंपनी

फिर इसके बाद मुझे उस कंपनी का स्टॉक खरीद कर उसके साथ बने रहना चाहिए, क्योंकि ऐसा आदर्श स्टॉक ज़रूर आगे बढ़ता है।

मैंने स्टॉक्स के व्यक्तित्व का अध्ययन उनके उद्योग समूह से संबंध को देखते हुए करना शुरू कर दिया। जब मैंने जनरल मोटर्स के कोटेशन को देखा, तो मुझे क्रिसलर, स्टूडबेकर और अमेरिकन मोटर्स के मूल्य भी समझ में आ गए और जैसे ही मैंने केसर एल्यूमीनियम को देखा तो मेरी निगाहें स्वतः ही रेनॉल्ड्स मेटल, एल्कोआ और एल्यूमीनियम लिमिटेड पर चली गईं। स्टॉक टेबल्स को ए...बी... सी... के क्रम के बजाय मैं हमेशा उनके उद्योग समूहों से उन्हें देखता था।

जब भी कोई स्टॉक मुझे मार्केट से अच्छा करता हुआ दिखता था तो मैं उसी के दूसरे साथी यानी दूसरे स्टॉक्स को देखना शुरू कर देता। जब मैंने देखा कि

उसके साथी भी अच्छी चाल चल रहे हैं, तो मैंने उस परिवार (यानी उद्योग समूह) के मुखिया को देखा, जो कि सबसे अच्छा चल रहा था। मैंने यह बात अच्छे से समझ ली की यदि मैं लीडर स्टॉक से धन नहीं कमा पाता, तो मैं अन्य से भी धन नहीं कमा पाऊँगा।

मैं यह सब करते हुए स्वयं को बहुत महत्त्वपूर्ण और उत्साहित महसूस कर रहा था। यह गंभीर, वैज्ञानिक तरीका मुझे वित्त में जल्दी ही स्नातक करने वाला था। इसके अतिरिक्त, ऐसा भी लग रहा था कि यह केवल सिद्धांतों से ज़्यादा और भी कुछ है, क्योंकि मैं इन सब सिद्धांतों को प्रयोग में लाकर बहुत सारा धन कमाने वाला था।

आखिरकार मैंने तेल, मोटर, एयरक्राफ्ट और स्टील जैसे उद्योग समूहों की आय को संकलित करना शुरू किया। मैंने उनकी वर्तमान आय और अतीत की आय का तुलनात्मक अध्ययन किया। फिर मैंने उनकी और दूसरे उद्योग समूहों की आय की भी तुलना की। मैंने सावधानी से उनके लाभ-मार्जिन, प्राइज़ अर्निंग रेशियो और कैपिटलाइज़ेशन का अध्ययन और विश्लेषण किया।

अंत में पूरी जाँच-पड़ताल करने और दिमाग़ लगाने के बाद मैंने निष्कर्ष निकाला कि स्टील उद्योग ही वह गाड़ी है, जो मुझे अमीर बना सकती है।

यह निष्कर्ष लेने के बाद मैंने उद्योग की बारीकियों को देखा। एक बार फिर से मैंने अपने वर्गीकरण की छानबीन शुरू कर दी।

मैं सुरक्षित खेलने को दृढ़ संकल्पित था, इसलिए मैंने खरीदने के लिए ऐसे स्टॉक्स की खोज की जो 'ए' वर्ग में आने के साथ ही अच्छा डिवीडेंड भी देते थे, लेकिन मुझे एक हैरान करने वाली बात पता चली। मैंने देखा कि 'ए' रेटिंग दुर्लभ थी और कुछ खास स्टॉक्स को ही दी गई थी। ये स्टॉक अपेक्षाकृत स्थाई थे और कभी-कभी ही बढ़ते थे, साफ था की ये स्टॉक मेरे लिए नहीं बने थे। फिर मैंने 'बी' वर्ग की तरफ देखने का मन बनाया। यहाँ स्टॉक ठीक लग रहे थे और संख्या में भी काफी थे। मैंने उनमें से पाँच सबसे अच्छे स्टॉक पसंद किए और उनका आपस में तुलनात्मक अध्ययन करने लगा और वो भी पूरे विस्तार के साथ।

मैंने अपना तुलना चार्ट इस प्रकार से बनाया :

कंपनी	रेटिंग	मूल्य जून 1955 के मूल्य अंक तक	मूल्य आय तक अनुपात	प्रति शेयर लाभ			अनुमानित	
				1952	1953	1954	आय	डिवीडेंड
बेथलेहम स्टील	बीबी	$142\frac{3}{8}$	7.9	8.80	13.30	13.18	18.00	7.25
इनलैण्ड स्टील	बीबी	$79\frac{3}{8}$	8.3	4.85	6.90	7.92	9.50	4.25
यू.एस. स्टील	बीबी	$54\frac{3}{8}$	8.4	2.27	3.78	3.23	6.50	2.15
जोन्स एण्ड लॉलिन	बीबी	$41\frac{1}{2}$	5.4	2.91	4.77	3.80	7.75	2.25
रिपब्लिक स्टील	बीबी	$47\frac{1}{4}$	8.5	3.61	4.63	3.55	5.50	2.50

मैंने जिस टेबल को बनाया था उसे देखते ही, मेरे भीतर उत्साह की एक लहर दौड़ गई। मेरा टेबल स्केल के प्वॉइंटर की तरह स्पष्ट रूप से एक स्टॉक की तरफ इशारा कर रहा था और वो था - 'जोन्स एण्ड लॉलिन'। मुझे एक बात समझ नहीं आई कि आखिर किसी ने इसकी ओर ध्यान क्यों नहीं दिया। उसके बारे में सब कुछ बिल्कुल सटीक था।

- यह एक मज़बूत उद्योग समूह का भाग लग रहा था।
- उसकी अच्छी 'बी' रेटिंग भी थी।
- यह लगभग 6% डिवीडेंट देता था।

इस समूह के सभी स्टॉक्स से इसका प्राइज़ अर्निंग रेशियो अच्छा था।

मेरे भीतर बहुत उत्साह का संचार हो गया। बिना किसी शक के यह एक सुनहरा अवसर था। मुझे ऐसा लगा जैसे सौभाग्य के रूप में मेरे हाथ कोई फल आ गया है। यह एक ऐसा स्टीक स्टॉक था, जो मुझे धनवान बना सकता था। यह तो ब्राइलंड की तरह ही नए और बड़े रूप में सुनहरी वैज्ञानिक निश्चितता थी। अब किसी भी क्षण इसमें 20 से 30 अंक तक उछाल निश्चित था।

मुझे सिर्फ एक बात की चिंता थी कि दूसरों की पहुँच से पहले मुझे इसे बड़ी संख्या में खरीद लेना चाहिए। अपने विस्तृत अध्ययन के बाद मैं अपने निर्णय के प्रति इतना निश्चित था कि मैंने हर संभव तरीके से पैसा इकट्ठा करने का निर्णय कर लिया।

मेरे पास लॉस वेगास में कुछ संपत्ति थी। जिसे मैंने डांसर के रूप में कई सालों में कमाई थी। मैंने उसे गिरवी रख दिया और अपनी जीवन बीमा पॉलिसी पर भी लोन ले लिया। 'न्यूयॉर्क के लैटिन क्वार्टर' से मेरा लंबे समय के लिए अनुबंध था। उनसे भी मैंने 'एडवांस' ले लिया और यह सब करने में, मैं एक क्षण भी नहीं झिझका। मुझे कोई संदेह नहीं था। मेरी नितांत वैज्ञानिक और सावधानी भरी खोजों के अनुसार कुछ भी गलत नहीं हो सकता था।

23 सितंबर, 1955 को मैंने मार्जिन पर, जो उस समय 70% था। जोन्स एण्ड लॉलिन के 1000 शेयर 52¼ के हिसाब से खरीद लिए। उनकी कीमत 52,652.30 डॉलर थी और मुझे मुद्रा में 36,856.61 डॉलर देने थे। इस रकम को जुटाने के लिए मुझे अपनी सारी संपत्ति को गारंटी के तौर पर रखना पड़ा।

यह सब मैंने बहुत ही आत्मविश्वास के साथ किया था। अब बस मुझे केवल इंतज़ार करना था। अपने फुल-प्रूफ सिद्धांत की फसल के कटने का।

लेकिन 26 दिसंबर, 1955 को मुझ पर बिजली गिरी। जोन्स और लॉलिन नीचे गिरने लगा।

मुझे अपनी आँखों पर विश्वास ही नहीं हुआ। यह कैसे हो सकता था? यह तो दूसरा ब्राइलण्ड था। यह तो मेरा भाग्य चमकाने वाला था। यह कोई जुआ नहीं था, बल्कि यह तो कभी गलत न होने वाले आँकड़ों पर आधारित पूर्णतः अलग कदम था, लेकिन फिर भी स्टॉक गिरता ही जा रहा था।

मैं इस वास्तविकता को स्वीकार नहीं कर पा रहा था कि मेरे द्वारा खरीदा गया स्टॉक गिरता ही जा रहा है, मुझे ऐसा लगने लगा जैसे मुझे लकवा मार गया हो, क्योंकि मुझे आगे क्या करना है, इसका कुछ नहीं पता था। क्या मुझे इसे बेच देना चाहिए? मैं यह कैसे कर सकता हूँ? मेरे थका देने वाले अध्ययन से यही दिखाई दे रहा था कि जोन्स एण्ड लॉलिन का प्रत्येक शेयर कम से कम 75 डॉलर का हो जाना चाहिए। मैंने अपने आपसे कहा कि यह थोड़े समय की गिरावट है। गिरावट का कोई कारण नहीं है। यह एक अच्छा मजबूत स्टॉक है। यह फिर से बढ़ेगा। मुझे इंतजार करना चाहिए और मैं उसे अपने पास रखे रहा।

दिन बीतते गए और उसको देखने में भी मुझे घबराहट होने लगी। ब्रोकर को फोन करते हुए मैं डरता था। अपने अखबार को देखते हुए भी मुझे डर लगता था। जब तीन प्वॉइंट गिरने के बाद यह स्टॉक आधा प्वॉइंट चढ़ा, तो फिर से मेरी उम्मीदें भी बढ़ने लगीं। मैंने अपने आपसे कहा कि अब सुधार की उम्मीद है। कुछ समय के लिए मेरा भय शांत हो गया। अगले दिन स्टॉक फिर से गिरावट की तरफ चला गया। 10 अक्टूबर को जब यह 44 पर आ गया, तो मैं एक अनजाने भय से घिर गया और अपने आप से सवाल पूछने लगा, अब यह और कितना गिरेगा? मुझे क्या करना चाहिए? मेरी लकवाग्रस्त स्थिति भयग्रस्त हो गई। इस स्टॉक के हर प्वॉइंट गिरने के साथ मुझे 1,000 डॉलर का नुकसान होगा, यह मैं अच्छे से जानता था। मेरी सहनशक्ति अपने शिखर पर थी। आखिरकार मैंने इसे बेचने का निर्णय लिया। अब मेरा खाता घटकर 43,583.12 डॉलर रह गया। मुझे कुल 9,069.18 डॉलर का नुकसान हुआ था।

मैं बहुत ज्यादा परेशान था।

वैज्ञानिक वॉल स्ट्रीट ऑपरेटर बनने की आत्म-संतुष्टि वाले मेरे विचार बिखर गए थे। सारा विज्ञान कहाँ गया? मेरी सारी खोजों का क्या हुआ? मेरे सारे आँकड़ों का क्या हुआ? मुझे कुछ समझ नहीं आ रहा था।

इस प्रकार की परिस्थित के असर को झेलना किसी के लिए भी मुश्किल हो सकता है। यदि मैं बिना कुछ देखे खेलने वाला एक जुआरी होता तो मैं अपनी ऐसी स्थिति को फिर भी स्वीकार कर सकता था, लेकिन ऐसा भी नहीं था। मैंने लंबे समय तक कड़ी मेहनत की थी। मैंने गलतियाँ न करने की हर संभव कोशिश की थी। मैंने खोज, विश्लेषण और तुलनात्मक अध्ययन सभी कुछ किया था। मैंने सबसे ज़्यादा विश्वसनीय और बुनियादी सूचना पर अपने निर्णय लेने की कोशिश की थी। फिर भी इसका नतीजा यही हुआ कि मैं 9,000 डॉलर से भी नीचे आ गया था।

जब मुझे लगने लगा कि शायद मुझे अपनी लॉस वेगास की संपत्ति से भी हाथ धोना पड़ेगा, तब मैं गहरी निराशा से भर गया। दिवालिया होने का भाव मेरे चेहरे पर उभर आया। ब्राइलण्ड की मेरी पहली सफलता थी और इस बुल मार्केट से अर्जित किया हुआ मेरा आत्म-विश्वास अब समाप्त हो गया था। सब कुछ गलत साबित हो रहा था। स्टॉक मार्केट में सफल होने के लिए जुआ खेलना, सूचनाएँ, जानकारियाँ, खोज, शोध सभी तरीकों पर मैं चला था, किसी ने भी मेरा साथ नहीं दिया। मैं बिल्कुल निराश हो गया था, अब मुझे कुछ समझ नहीं आ रहा था कि क्या करना चाहिए। मुझे लगने लगा कि अब मैं फिर से खड़ा भी नहीं हो पाऊँगा।

फिर भी मैं दोबारा खड़ा हुआ और आगे बढ़ा, क्योंकि मेरे पास कोई दूसरा चारा नहीं था। मुझे अपनी संपत्ति को भी बचाना था और अपने नुकसान की भरपाई भी करनी थी।

मैं कोई रास्ता ढूँढ़ने के लिए हर दिन घंटों तक स्टॉक्स की तालिका का अध्ययन करता रहता था। मैं किसी जेल में बंद अपराधी की तरह स्टॉक्स को देखता रहता था कि शायद किसी से कोई रास्ता बाहर की ओर निकले ताकि सब दोबारा से ठीक हो जाए।

आखिरकार कई दिनों के बाद मैंने कुछ देखा। यह टेक्सास गल्फ प्रॉड्यूसिंग नामक वह स्टॉक था, जिसके विषय में मैंने कभी नहीं सुना था। यह बढ़ता हुआ दिखाई दे रहा था। मुझे इसकी बुनियादी प्रवृत्तियों के बारे में कुछ पता नहीं था और इसके बारे में कोई अफवाह भी नहीं सुनी थी। मुझे सिर्फ यही पता था कि यह लगातार दृढ़ता के साथ आगे बढ़ रहा है। क्या यह मेरे लिए मोक्ष का द्वार साबित होगा? मुझे इस बात का कोई अंदाजा नहीं था, लेकिन मुझे कोशिश तो करनी ही थी। उम्मीद कम और निराशा से ज़्यादा भरे हुए मैंने अपने नुकसान की भरपाई करने के लिए एक आखिरी चाल चली और 1,000 शेयर खरीदने का ऑर्डर अपने

ब्रोकर को दे दिया। इसका मूल्य 37⅛ और 37½ के बीच में था। इसकी कुल कीमत 37,586.26 डॉलर थी।

मैं चुप चाप अपनी साँस थामे हुए, परेशान सा इसको लगातार बढ़ता हुआ देख रहा था। जब इसने 40 को पार किया तो मुझे इसे बेचने की बहुत इच्छा हुई, लेकिन मैंने इसे नही बेचा। अपने स्टॉक मार्केट के कॅरियर में पहली बार मैं जल्दी लाभ नहीं लेना चाहता था। दरअसल, मैं इसकी हिम्मत नहीं कर पा रहा था, क्योंकि मुझे 9,000 डॉलर के नुकसान की भरपाई जो करनी थी।

मैं अपने ब्रोकर को प्रत्येक घंटे, कभी-कभी तो पन्द्रह मिनट के अंदर ही फोन कर रहा था, सच्चाई तो यह है थी कि मेरी सांसें अपने स्टॉक के साथ ही चल रहा थीं। मैं उसकी हर चाल पर अपनी नजर गड़ाए हुए था, जैसे कि माता-पिता अपने छोटे बच्चे को देखते रहते हैं।

पाँच सप्ताह तक इन स्टॉक्स को अपने पास रखने के बाद रात और दिन परेशान होते हुए उस पर लगातार नजर बनाए हुए एक दिन, जब यह 43¼ पर पहुँच गया तब मैंने अपने भाग्य को आज़माने का विचार छोड़ दिया और उस स्टॉक को 42,840.43 डॉलर में बेच दिया। मुझे मेरे 9,000 डॉलर तो वापस नहीं मिले, लेकिन मैंने आधे से ज़्यादा की भरपाई कर ली थी।

जब मैंने टेक्सास गल्फ प्रोड्यूसिंग को बेचा तो मुझे लगा, जैसे मैंने एक लंबी गंभीर बीमारी से आए संकट को पार कर लिया है। मैं टूटा हुआ, खाली और खत्म सा महसूस कर रहा था। फिर भी कुछ ऐसा था, जो अपनी चमक चारो ओर बिखेर रहा था। यह एक प्रश्न के रूप में मेरे सामने लगातार आ रहा था।

कंपनी रिपोर्ट्स का आकलन, उद्योगों की स्थिति का अध्ययन, वर्गीकरण या प्राइज़ अर्निंग रेशियो को जाँचने-परखने का क्या लाभ हुआ? और जिस स्टॉक ने मुझे पार लगाया मैं उसके विषय में कुछ नहीं जानता था। मैंने इस स्टॉक को सिर्फ एक कारण से चुना, क्योंकि यह लगातार आगे बढ़ रहा था।

क्या यही मेरी खोज थी, क्या यही मेरे प्रश्न का उत्तर था? शायद हाँ। जोन्स एण्ड लॉलिन के स्टॉक के साथ अतीत के खराब समय के अनुभव का अपना महत्व था, जिस कारण में यह समझ पाया? यह सब व्यर्थ नहीं गया था, क्योंकि यह मुझे मेरे सिद्धांत के लिए एक अस्पष्ट रास्ता दिखा रहा था।

टेक्नीशियन

4

बॉक्स सिद्धांत की उत्पत्ति

मैं उस समय अपनी स्थिति पर विचार करने के लिए बैठा, जब मुझे जोन्स एण्ड लॉलिन स्टॉक के डरावने और टेक्सास गल्फ प्रोड्यूसिंग स्टॉक के सुखद अनुभव हुए। अब तक मुझे मार्केट बहुत डरा चुका था और मैं कई बार धोखा भी खा चुका था। अब मुझे समझ आ गया था कि मुझे स्टॉक मार्केट के इस रहस्य को किसी पैसे निकालने की मशीन की तरह नहीं समझना चाहिए, जिसमें से यदि मैं भाग्यशाली होता तो जैकपॉट निकलता और मैं माला - माल हो जाता। मुझे समझ आ रहा था कि यद्यपि ज़िंदगी के हर क्षेत्र में सौभाग्य काम कर जाता है, फिर भी मैं भाग्य पर निर्भर रह कर अपना काम नहीं कर सकता। मैं एक या दो बार भाग्य से कमा सकता हूँ, लेकिन हर बार ऐसा नहीं हो सकता।

यह सब मेरे लिए नहीं है। मुझे अपने ज्ञान पर ही भरोसा करना होगा और इस मार्केट में काम करना सीखना ही होगा। क्या मैं नियम जाने बिना ताश या शतरंज के खेल की तरह अपने विरोधी की चालों का जवाब दे सकता हूँ या उनकी चालों को सीखे बिना जीत हासिल कर सकता हूँ? इसी तरह से ट्रेड करना सीखे बिना मैं मार्केट में कैसे सफलता प्राप्त कर सकता हूँ। मैं पैसे के लिए खेल रहा था और मार्केट का यह खेल वहाँ के पैने विशेषज्ञों के विरोध में खेलना था। इस खेल के तौर-तरीके सीखे बिना मैं यह खेल न तो खेल सकता था और न ही जीत जा सकता था।

मैंने अपनी शुरुआत कर दी। सबसे पहले मैंने अपने पिछले अनुभवों को देखा। एक तरफ बुनियादी तरीकों के इस्तेमाल पर मैं गलत था, तो वहीं दूसरी तरफ तकनीकी तरीकों में मैं सही था। सबसे अच्छा तरीका तो उसी सफल तरीके को दोहराना था, जिसे मैंने टेक्सास गल्फ प्रोड्यूसिंग के लिए प्रयोग किया था।

51

मेरे लिए यह बहुत आसान सफर नहीं था। इसी तरह के किसी अन्य स्टॉक की तलाश में, मैं हर रोज घंटों अपने स्टॉक टेबल्स के सामने बैठा रहता था। फिर एक दिन मैंने 'एम एण्ड एम वुड वर्किंग' नामक स्टॉक पर मेरी नजर गई। कोई भी वित्तीय सूचना, सेवाएँ मुझे इस स्टॉक के विषय में ज़्यादा कुछ नहीं बता पा रही थी। मेरे ब्रोकर ने भी इसके बारे में कुछ नहीं सुना और ना ही मुझे ठीक से बताया था। फिर भी मुझे इसको लेने के लिए एक धुन-सी सवार हो गई थी, क्योंकि इसकी प्रतिदिन की प्रगति टेक्सास गल्फ प्रोड्यूसिंग की याद मुझे दिला रही थी। मैंने इस स्टॉक पर अपना ध्यान केंद्रित करना शुरू कर दिया।

यह स्टॉक दिसंबर, 1955 में बढ़कर साल के अंत तक 15 से 23⅝ हो गया। पाँच सप्ताह तक स्थिर रहने के बाद इसका ट्रेडिंग वॉल्यूम बढ़ा और इसकी कीमत लगातार बढ़ने लगी। 26⅝ के भाव पर मैंने 500 शेयर खरीद लिए और देखते ही देखते यह शेयर बढ़ने लगा अब मैं इसके बढ़ने को देखते हुए इसे अपने पास रखे रहा। यह लगातार बढ़ता रहा और इसकी ट्रेडिंग का वॉल्यूम लगातार उठता गया। जब यह 33 पर आ गया तो मैंने इसे बेच दिया और मुझे 2,866.62 डॉलर का फायदा हुआ।

सच कहूँ तो मैं बहुत खुश और उत्साहित था। केवल पैसे के लिए नहीं, बल्कि इसलिए क्योंकि जिस तरह मैंने टेक्सास गल्फ प्रोड्यूसिंग को केवल उसके मार्केट में एक्शन की वजह से खरीदा था, उसी तरह से मैंने एम एण्ड एम वर्किंग को भी खरीदा। मैं इसके विषय में कुछ नहीं जानता था और न ही ज़्यादा कुछ पता कर पाया था। फिर भी इसके लगातार बढ़ने और उच्च वॉल्यूम से मैं यह मानकर चल रहा था कि कुछ लोगों को इस स्टॉक के विषय में मुझसे ज्यादा जानकारी होगी।

मेरी सोच सही साबित हुई। जिस समय मैंने इसे बेचा उस समय मुझे समाचार-पत्रों से पता लगा कि इसके लगातार बढ़ने का कारण कोई समन्वय था, जो कि गोपनीय रूप से किया जा रहा था। इस बात का भी खुलासा हुआ कि दूसरी कंपनी ने एम एण्ड एम वड वर्किंग को 35 डॉलर प्रति शेयर पर खरीदने को मंजूरी दी थी। इससे यह भी समझ आया कि भले ही मैं इस गुप्त समझौते से पूरी तरह अनभिज्ञ था, फिर भी मैंने यह शेयर इस उच्चतम मूल्य से सिर्फ दो पॉइंट कम में ही बेचा है। मैं बहुत खुश था कि केवल स्टॉक के व्यवहार को देखते हुए जो खरीद मैंने की उसने मुझे ऐसे प्रस्तावित समन्वय से लाभ दिलवा दिया, जिसके विषय में मुझे कुछ भी पता नहीं था। मैं एक आंतरिक व्यक्ति न होते हुए भी कहीं न कहीं आंतरिक हो गया था।

इस अनुभव से मुझे यह स्पष्ट हो गया कि मार्केट के प्रति मेरी पूर्णत: तकनीकी पहुँच सही है। इसका मतलब यह है कि यदि मैं सारे पक्षों को छोड़कर प्राइस एक्शन और वॉल्यूम के बारे में पढ़ता रहूँ, तो मुझे सकारात्मक परिणाम मिलेंगे।

अब मैं इस नजरिए से काम करने की कोशिश करने लगा और मूल्य व वॉल्यूम के सूक्ष्म अध्ययन पर ध्यान लगाने लगा और टिप्स या बुनियादी सूचनाओं से जुड़ी सभी अफवाहों को अनदेखा करने लगा। मैंने सोच लिया कि अब मुझे किसी स्टॉक के बढ़ने का कारण जानने से कोई मतलब नहीं रखना है। मैंने यह देखा कि यदि किसी कंपनी के जीवन में उसकी बेहतरी के लिए कोई बुनियादी परिवर्तन होता है, तो यह तुरंत ही उसके स्टॉक के मूल्य और वॉल्यूम में बढ़त दिखाता है, क्योंकि बहुत से लोग इसे खरीदने के इच्छुक रहते हैं। यदि मैं स्टॉक के ऊपर बढ़ने वाले परिवर्तन को शुरुआती दौर में ही पकड़ने के लिए अपनी आँखों को अभ्यस्त कर लूँ, जैसा कि मैंने एम एण्ड एम वुड वर्किंग के विषय में किया था, तो मैं स्टॉक के बढ़ने का कारण जाने बिना ही उसकी बढ़त में शामिल हो कर लाभ कमा सकता हूँ।

अब समस्या मेरे सामने यह थी : इस परिवर्तन का पता कैसे लगाया जा सकता है? काफी सोच-विचार के बाद मुझे एक मापदण्ड समझ में आया - वह यह कि स्टॉक्स की तुलना लोगों से की जाए। इसे मैंने इस तरह देखना शुरू किया :

अगर कोई मनमोहक सुंदरी टेबल पर उछलकर चढ़ जाए और एक उत्तेजक नृत्य करे, तो कोई भी हैरान नहीं होगा। यह तो उसका चरित्रगत व्यवहार होगा और लोगों ने उससे ऐसा ही करने की उम्मीद रखी होगी, परंतु अगर कोई प्रतिष्ठित प्रौढ़ स्त्री इसी प्रकार की हरकत करे तो यह अस्वाभाविक होगा और लोग तुरंत ही कह उठेंगे, "यहाँ कुछ अलग हो रहा है - जरूर कुछ तो हो गया है।"

इसी प्रकार से मैंने यह तय कर लिया कि यदि एक सामान्यतः निष्क्रिय रहने वाला स्टॉक अचानक सक्रिय हो जाता है तो मैं इसे असाधारण मानूँगा और अगर यह मूल्य में भी बढ़ रहा है तो मैं इसे खरीद लूँगा। मैं ऐसा मानकर चलूँगा कि इस स्टॉक की असाधारण चाल के पीछे जरूर कोई समूह है, जिसके पास मेरे लिए कोई अच्छी खबर है और इस प्रकार मैं उस स्टॉक को खरीदकर उसके गुप्त रहस्य का साझेदार बन जाऊँगा।

इस तरह मैंने इस तकनीक को अपनाया। कभी सफल रहा, कभी नहीं, लेकिन जो मैंने महसूस नहीं किया वह यह कि मैं अभी पूरी तरह से इस क्षेत्र में शिक्षित नहीं हुआ हूँ। सच्चाई तो यह है की अब मैं, अपने सिद्धांत पर काम करने

के लिए पूरी तरह आत्मविश्वास से भर गया था, लेकिन उसी समय मुझे नींद से जगा दिया गया। मई, 1956 में मैंने पिट्सबर्ग मेटालर्जिकल नामक स्टॉक पर जो कि उस समय 67 पर चल रहा था। यह बहुत तेजी से चलने वाला स्टॉक था और मैंने सोचा कि यह और तेज़ी से ऊपर जरूर जाएगा और जब मैंने उसकी बढ़ती हुई गतिविधि को देखा, तो तुरंत ही 13,483.40 डॉलर के कुल मूल्य पर 200 शेयर खरीद डाले।

इस स्टॉक को खरीदते समय मैं अपने फैसले के प्रति इतना आश्वस्त था कि सारी सावधानी को भूल गया। जब यह स्टॉक मेरी अपेक्षा के विपरीत नीचे गिरने लगा, तो मैंने सोचा कि यह एक छोटे से रिएक्शन जैसा है। मुझे अपने आप पर और अपने सिद्धांत दोनों पर पूरा विश्वास था। मुझे लगा थोड़ा सा नीचे गिरने के बाद था यह काफी आगे जाएगा, ऐसा हुआ जरूर किंतु विपरीत दिशा में। दस दिन के बाद पिट्सबर्ग मैटालर्जिकल 57¾ पर आ गया। मैंने इसे जल्द ही बेच दिया। मुझे कुल 2,023.32 डॉलर का नुकसान हुआ था।

मेरे साथ कुछ तो गलत हो रहा था, क्योंकि सभी स्थितियाँ स्पष्ट रूप से बता रही थीं कि उस समय मार्केट में यह स्टॉक सबसे बढ़िया है और काफी आगे जाएगा। फिर भी जैसे ही मैंने इसे खरीदा वैसे ही यह नीचे गिरने लगा और सबसे बुरी बात तो यह थी की जैसे ही मैंने इस स्टॉक को बेचा यह फिर से ऊपर जाने लगा।

मैं लगातार इसके पहले गिरने और बाद में फिर ऊपर जाने का कारण खोज रहा था। और मैं इस निष्कर्ष पर पहुँचा कि मैंने उसे 18 पॉइंट उसके उच्च बिंदु पर उसे खरीदा था। उस समय के हिसाब से वह स्टॉक का सर्वोच्च बिन्दु था। उस समय के हिसाब से यह स्टॉक उसी बिन्दु तक आ सकता था और उसी बिन्दु पर जब मैंने पैसा लगाया, तो वह गिरना शुरू हो गया। यह इस बात का गवाह था कि मैंने एक सही स्टॉक पर गलत समय पर पैसा लगाया था।

पीछे देखने पर मुझे सब स्पष्ट रूप से समझ आ गया। मैं समझ सकता था कि स्टॉक ने उस समय, मतलब बाद में ऐसा व्यवहार क्यों किया। अब प्रश्न यह था कि किसी स्टॉक के मूवमेंट को सही समय पर कैसे समझा जाए?

यह प्रश्न बहुत सरल और समस्या बहुत स्पष्ट थी, लेकिन व्यापक रूप से देखने पर यह कठिन थी। मुझे पहले ही पता था कि इस विषय पर मुझे बुक से कोई मदद नहीं मिल सकती, बैलेंस शीट्स भी बेकार हैं, सूचनाएँ परेशान करने वाली और बेबुनियादी हैं। एक छोटे से तिनके के सहारे मैंने अलग-अलग शेयर्स के मूवमेंट का

गहराई से अध्ययन करने का निर्णय लिया। स्टॉक्स कैसा व्यवहार करते हैं? उनके व्यवहार की प्रकृति कैसी है? क्या इनके ऊपर-नीचे होने का कोई खास कारण है?

मैंने पुस्तकें पढ़ीं, मैंने स्टॉक टेबल्स को देखा, मैंने हज़ारों चार्ट्स का अवलोकन किया। जैसे-जैसे मैं उन्हें पढ़ता गया मुझे स्टॉक्स के मूवमेंट के बारे में ऐसी बातें समझ में आईं, जो मैंने पहले नहीं समझी थीं। मैंने महसूस किया कि स्टॉक मूवमेंट पूरी तरह से अव्यवस्थित नहीं है। गुब्बारों की भांति स्टॉक किसी भी दिशा में नहीं उड़ते। उनकी ऊपर या नीचे जाने को प्रवृत्ति चुंबक के आकर्षण की तरह स्पष्ट होती है, जो एक बार बन जाने के बाद उसी को जारी रखती है। इस प्रवृत्ति में स्टॉक एक 'बॉक्सेस' में चलते हैं।

ये लगातार बीच में झूलते रहते थे। इनका एक दायरा होता, जिसमें ये उच्च और निम्न बिन्दु में घूमते रहते थे, उसी बॉक्स या फ्रेम का प्रतिनिधित्व करते थे। ये बॉक्सेस स्पष्ट तौर पर मेरे लिए मायने रखने लगे थे।

मेरे लिए बॉक्स सिद्धांत का यह शुरुआती बिंदु था, जिसके जरिये मेरे किस्मत के दरवाजे खुल गए।

इस प्रकार मैंने अपने बॉक्स सिद्धांत पर काम करना शुरू किया। जब मेरी रुचि वाले स्टॉक के बॉक्स, पिरामिड की तरह एक-दूसरे के ऊपर रहते थे और मेरा स्टॉक सबसे ऊँचे बॉक्स में होता था, तो मैं उस को लगातार देखता रहता था। वह बॉक्स ऊपर और नीचे दोनों ओर उछल-कूद कर सकता था और मैं पूरी तरह संतुष्ट था। जब मैंने एक बार बाक्स के आयाम निश्चित कर दिए तब स्टॉक उस फ्रेम के अंदर जो चाहे कर सकता था, मुझे चिंता तो जब होती थी, जब वह बॉक्स के अंदर ऊपर-नीचे नहीं होते थे।

जिसका साफ तौर पर मतलब था कि वह स्टॉक अब सजीव नहीं है। यदि यह स्टॉक सजीव नहीं है, तो मेरी इसमें रुचि नहीं होती थी, क्योंकि इसका मतलब था कि यह शायद शक्तिशाली रूप में अब आगे नहीं बढ़ेगा।

45 से 50 के बॉक्स के अंदर के एक स्टॉक को ले लीजिए। यह इन आँकड़ों के बीच में जितनी चाहे उतनी उछल-कूद कर सकता था और तब भी मैं इसे खरीदने के बारे में सोच सकता था। अगर किसी भी तरह यह तक गिर जाए तो मैं इसे अपनी लिस्ट से हटा देता था, क्योंकि 45 के नीचे जाने का अर्थ था कि यह स्टॉक निचले बॉक्स में जा रहा है और यह सही नहीं था - मैं इसे तभी पसंद करता था, जब वह ऊपर के बॉक्स की तरफ बढ़ रहा हो।

ध्यान से देखने पर मैंने पाया कि कुछ स्टॉक्स एक ही बॉक्स में कुछ सप्ताह के लिए ठहरे रहते थे। मैं इस बात की परवाह नहीं करता था कि वह एक ही बॉक्स में कितने भी लंबे समय तक रुके रहें - बशर्ते कि वे नीचे न गिरे जैसे मैंने देखा कि जब एक स्टॉक 45/50 के बॉक्स में था,

तो इसे ऐसे पढ़ा जा सकता था :

45 - 47 - 49 - 50 - 45 - 47

इसका मतलब था कि 50 के ऊपरी बिंदु को छूने के बाद यह 45 तक नीचे जा सकता है और फिर रोज़ 46 या 47 पर बंद होता है। इससे मैं बहुत खुश था। यह अभी भी बॉक्स के अंदर ही था, किन्तु मैं जिस मूवमेंट को देखने के लिए लगातार नज़र रखे था, वह झटके के साथ ऊपर जाकर अगले बॉक्स में जाने की ओर था। यदि ऐसा होता तो मैं स्टॉक खरीद लेता था।

यह कैसे होता है? इसके लिए कोई नियम नहीं था। इसे सिर्फ ध्यान से देखने और उस पर तुरंत काम करने की ज़रूरत थी। कुछ स्टॉक्स बहुत उतावले होते थे, जिस कारण कुछ ही घंटों में वह दूसरे बॉक्स में चले जाते थे, लेकिन कुछ को कई दिन लग जाते थे। अगर स्टॉक सही चलता रहता था तो 45/50 के बॉक्स से अगले ऊपरी बॉक्स में जल्द ही आगे बढ़ जाता था। इसके बाद इसका मूवमेंट इस तरह का होता था :

48 - 52 - 50 - 55 - 51 - 50 - 53 - 52

स्पष्ट रूप से यह अब अगले बॉक्स 50/55 में स्थान बना रहा था।

मुझे गलत मत समझिए, क्योंकि ये केवल उदाहरण हैं। मुझे तो केवल बॉक्स के एक सिरे से दूसरे सिरे की दूरी का निर्णय लेना होता था। अलग-अलग स्टॉक्स के साथ यह अलग-अलग थी। जैसे कुछ स्टॉक दोनों तरफ सिर्फ 10% के एक छोटे फ्रेम में चलते थे। दूसरे दूर-दूर तक आगे-पीछे घूमने वाले स्टॉक 15% और 20% के फ्रेम के बीच में चलते थे। सही फ्रेम को स्पष्ट करना ही सबसे कठिन काम होता था और साथ ही यह निश्चित करना भी कि स्टॉक बॉक्स के निचले तल से और नीचे न जाए। यदि वह नीचे जाता था, तो मैं उसे तुरंत बेच देता था, क्योंकि वह सही नहीं चल रहा होता था।

जब तक वह अपने बॉक्स में रुकता था, मैं उसके 55 से 50 तक की प्रतिक्रिया को सामान्य बात मानता था। मेरे लिए इसका मतलब यह नहीं था कि स्टॉक वापस गिरने वाला है, बल्कि ठीक इसका उल्टा था।

एक डांसर हवा में उछलने से पहले अपने शरीर की एक अलग मुद्रा बना लेता है ताकि स्प्रिंग जैसा प्रभाव पैदा कर सके। मैंने देखा कि स्टॉक्स के साथ भी ऐसा ही है। ये सामान्यतः एकदम से 50 से 70 तक एक दम ऊँचे नहीं उठते हैं। दूसरे शब्दों में मैंने यह मान लिया कि बढ़ता हुआ एक स्टॉक, जो 50 पर जाने के बाद 45 पर आ गया है, उस डांसर की तरह ही है, जो उछलने से पहले कुछ झुककर बैठता है।

बाद में जब मुझे इनके बारे में अधिक अनुभव हो गया, तो मैंने यह भी सीखा कि 50 के उच्च पॉइंट तक जाकर वापस 45 की स्थिति पर आने वाले स्टॉक का एक अन्य महत्त्वपूर्ण फायदा भी है। यह ऐसे कमज़ोर और भयभीत शेयर होल्डर्स को हिला देता है, जो इस रिएक्शन को गिरावट मान लेते हैं। यह स्टॉक को तेजी से आगे बढ़ने में मदद करता है।

जब एक स्टॉक निश्चित रूप से ऊपर की तरफ बढ़ने की कला रखता है, तब उसके बढ़ने का एक अनुपात होता है। मैंने यह महसूस किया, जब वह स्टॉक अपने सफर में बढ़ता आगे है, उदाहरण के लिए 50 से 70 होता है तो कभी-कभी वापस गिरता भी है, यह ग्राफ उसकी सही लय का ही एक हिस्स होता है। यह ऐसे गया होगा :

50 - 52 - 57 - 58 - 60 - 55 - 52 - 56

इसका मतलब यह स्टॉक 52/60 के बॉक्स में था। इसके बाद ऊपर की ओर उछलते हुए यह ऐसे गया होगा :

58 - 61 - 66 - 70 - 66 - 63 - 66

इसका मतलब यह 63/70 के बॉक्स के अंदर रहा होगा। मैंने इस विषय में भी विचार किया कि यह अभी भी धीरे-धीरे अपनी ऊँचाई की ओर बढ़ रहा था।

किंतु स्टॉक्स को खरीदने का सही समय क्या होना चाहिए, यह मुख्य समस्या अभी भी बनी हुई थी। तार्किक रूप से वह क्षण उसके नए उच्च बॉक्स के प्रवेश का समय था। यह देखने में बड़ा ही सरल लगता था, लेकिन 'लुइसियाना लैंड एण्ड एक्सप्लोरेशन' के केस में यह गलत साबित हो गया।

कई सप्ताहों तक मैं इस स्टॉक के व्यवहार पर नज़र रखे रहा और इसे पिरामिड बॉक्स के माध्यम से देखता रहा। जब इसके आखिरी बॉक्स का ऊपरी फ्रेम 59¾ था, तब मुझे लगा कि मैंने ठीक अनुमान लगाया है। मैंने ब्रोकर को कह दिया कि इसके 61 तक पहुँचने पर (जिसे मैंने इसके नए बॉक्स का रास्ता मान रखा था) मुझे फोन कर दे। उसने वैसा ही किया, लेकिन उस समय मैं अपने होटल

के कमरे में नहीं था। उसे मुझ तक पहुँचने में दो घंटे लग गए। जब तक वह पहुँचा, तब तक स्टॉक 63 पर आ चुका था। मैं निराश हो गया था। मुझे लगा की मैंने एक अच्छा अवसर हाथ से जाने दिया।

उस स्टॉक के इस तरह मेरे पास से 61 पर निकल जाने से मैं निराश था और जब वह इतने कम समय में 63 पर चला गया तो मुझे निश्चित हो गया कि मैंने कोई बहुत अच्छी चीज़ खो दी है। अपने इस उत्साह के कारण मैंने अपनी सोचने समझने की क्षमता खो दी थी और अपने उत्साह में मैं इस स्टॉक का कुछ भी मूल्य दे सकता था। मुझे बस केवल ऐसा स्टॉक चाहिए था, जो मेरे हिसाब से बहुत अच्छे मूल्य का होने वाला था।

63½ - 64½ - 65 पर वह स्टॉक ऊपर चढ़ता गया। मैं बिलकुल सही था। मैंने इस स्टॉक को सही समझा था, लेकिन मौका मेरे हाथों से निकल गया था। मैं और अधिक इंतज़ार नहीं कर सकता था। मैंने 65 के भाव पर 100 शेयर खरीद लिए। उसके नए बॉक्स के ऊपरी बिन्दु पर क्योंकि मैं निचले स्तर पर उसे छोड़ चुका था।

भले ही मैं अपनी पसंद और तरीके में सुधार करता जा रहा था, लेकिन अब भी मैं वॉल स्ट्रीट के महारथियों के सामने बच्चा ही था, इसलिए मैंने अपनी समस्या ब्रोकर के सामने रखी। हमने 61 पॉइंट वाली फोन कॉल के बारे में बातचीत की, जो कि दुर्भाग्यवश मुझे नहीं मिल पाई थी। उसने मुझे बताया कि खरीदने के लिए ऑर्डर पर मुझे ऑटोमैटिक ऑन स्टॉप लगाना था। इसका मतलब है कि स्टॉक उस समय खरीद लिया गया होता, जब वह 61 तक बढ़ा था। उसने मुझे सलाह दी कि जब भी मैं किसी स्टॉक के विषय में निर्णय लेता हूँ, तो मुझे उसे अपनी बताई हुई कीमतों के 'बाए' (Buy) ऑर्डर में रख देना चाहिए। इसके बाद जैसे ही मार्केट इस अंक पर पहुँचता है, आगे बिना किसी सलाह के यह स्टॉक मेरे लिए खरीद लिया जाएगा। यह सुनते ही मैं तैयार हो गया। मेरे विचार से जो सही समय था, उस पर ऑटोमैटिक खरीद की समस्या हल हो गई थी।

इस समय तक मेरी बॉक्स थ्योरी और उसे लागू करने के तरीके मेरे दिमाग में दृढ़ता से अपनी छवि बना चुके थे और ऐसे तीन मौके थे, जिन पर मैंने इसका सफलतापूर्वक उपयोग किया था।

मैंने 'एलीघेनी लडलम' स्टील खरीदा। यह मुझे 45/50 के बॉक्स में जाता हुआ लगा, मैंने 45¾ के हिसाब से 200 शेयर खरीद लिए और उन्हें तीन सप्ताह के बाद 51 के भाव पर बेच दिया।

मैंने 'ड्रेसर इंडस्ट्रीज़' के 300 शेयर भी खरीदे जब वे मुझे 84/92 के बॉक्स में प्रवेश करते हुए लगे। मैंने ये शेयर 84 पर खरीदे, लेकिन जब ये मुझे पूरे बॉक्स में अधिक प्रगति करते हुए नहीं दिखे तो मैंने इन्हें 86½ पर बेच दिया।

इसके बाद मैंने 'कूपर-बेसेमर' के 300 शेयर तब खरीदे जब वे 40-45 के निचले सिरे पर थे। मैंने ये 40¾ पर खरीदे और 45⅛ पर बेच दिए।

इन तीनों ट्रांजेक्शन्स में मेरा लाभ 2,442.36 डॉलर का रहा।

इससे मेरा आत्मविश्वास काफी बढ़ गया, लेकिन फिर मेरे मुँह पर तमाचा पड़ा, जिसने यह साबित कर दिया कि मुझे एक से ज्यादा थ्योरियों की ज़रूरत है।

अगस्त में मैंने 'नार्थ अमेरिकन एविएशन' के 500 शेयर 94⅜ पर खरीदे, क्योंकि मुझे पूरा विश्वास था कि यह नए बॉक्स में 100 के ऊपर जाने वाला है, लेकिन ऐसा नहीं हुआ। मैं उसे तभी बेच सकता था, जब वह एक पॉइंट गिरा। लेकिन मैंने ऐसा नहीं किया और ज़िद में इसे रखे रहा। मेरी थ्योरी दाँव पर लगी हुई थी। मैं बस यही कहता रहा कि यह स्टॉक और नीचे नहीं गिर सकता है, लेकिन मेरे कहने से क्या होता है। मैंने बाद में जो सीखा वह पहले मुझे पता नहीं था कि मार्केट में "ऐसा नहीं हो सकता" जैसी कोई चीज़ नहीं होती। कोई भी स्टॉक कुछ भी कर सकता है। अगले सप्ताह के अंत तक पूर्व में किए हुए मेरे तीन सौदों का लाभ खत्म हो गया था। मैं वहीं पर आ गया था, जहाँ से शुरुआत की थी।

यह अनुभव, जैसा कि मैं देख सकता हूँ, मेरे स्टॉक मार्केट के कॅरिअर में महत्त्वपूर्ण मोड़ था।

यही वह बिन्दु था, जब अंततः मुझे महसूस हुआ कि :

1. मार्केट में निश्चित जैसा कुछ नहीं होता। आधे समय में तो मैं गलत सिद्ध होने पर मजबूर हो गया।

2. मुझे इस सच्चाई को स्वीकार करना होगा और उसी तरह से अपने आपको फिर से ठीक करना होगा। अपने अभिमान और अहंकार को फिर से जीतने की ज़रूरत थी।

3. मुझे एक निष्पक्ष जाँचकर्ता बनना पड़ेगा, जो अपने स्टॉक या सिद्धांत के साथ अपनी प्रतिष्ठा को नहीं जोड़े।

4. मैं जोखिम के आधार पर कोई काम नहीं कर सकता। सबसे पहले मुझे हर संभव तरीके से अपने खतरे कम करने पड़ेंगे।

इस दिशा में यह मेरा पहला कदम था - मेरा अल्प नुकसान का हथियार। मुझे पहले से पता था कि आधे समय मैं गलत हो सकता हूँ। तो आखिर क्यों न अपनी गलतियों की वास्तविकता को स्वीकार करूँ और थोड़े नुकसान पर ही स्टॉक को तुरंत बेच दूँ। अगर मैं 25 पर कोई स्टॉक खरीदता हूँ और यदि वह स्टॉक 24 से नीचे चला जाता है तो क्यों न उसी समय मैं इसे बेचने को कह दूँ।

मैंने खास अंक पर स्टॉक को खरीदने के लिए 'ऑन-स्टॉप' के साथ स्टॉक के नीचे जाने की स्थिति में ऑटोमैटिक 'स्टॉप-लॉस' का ऑर्डर दे दिया। इस प्रकार से मैंने अंकित कर लिया कि मैं नुकसान के साथ कभी नहीं सोऊँगा।

यदि मेरा कोई भी स्टॉक उस कीमत से नीचे चला जाता है, जिसके नीचे मेरे अनुसार उन्हें नहीं जाना चाहिए था तो उस रात सोने से पहले ही मैं उस स्टॉक से छुटकारा पा लूँगा। कई बार मुझे यह भी पता होता था कि मैं 'स्टॉक आउट' हो जाऊँगा और उसके बाद मात्र एक पॉइंट की वजह से अपने स्टॉक को उसके तुरंत बाद बढ़ते हुए देखने से वंचित रह जाऊँगा, लेकिन मैंने महसूस किया कि यह इतना जरूरी भी नहीं था, जितना कि बड़े नुकसानों से बचना। इसके अतिरिक्त मैं हमेशा स्टॉक को दोबारा खरीद सकता था, एक बढ़ी हुई कीमत देकर जो की अच्छी बात थी।

इसके उपरांत मैंने दूसरा महत्त्वपूर्ण कदम उठाया। मैं जानता था कि आधे समय सही होने से मैं सफलता का जवाब नहीं दे सकता। मुझे समझ में आने लगा कि लाभ की स्थिति होने पर भी मैं कंगाल किस तरह हो सकता हूँ। यदि मैंने 10,000 डॉलर का निवेश किया और मैंने कम मूल्य वाले स्टॉक में संचालन किया तो प्रत्येक सौदे में मुझे कमीशन के लगभग 125 डॉलर के हिसाब से हर बार शेयर खरीदने और बेचने पर 125 डॉलर खर्च करने होंगे।

मान लेते हैं कि मेरा समय सही था और एक सौदे में 250 डॉलर के हिसाब से मुझे केवल 40 बार सही मायनों में नुकसान हुए बिना ट्रेड करना पड़ा, जिसमें मैंने अपनी पूंजी खो दी, क्योंकि मेरी पूंजी कमीशन में ही खत्म हो जाएगी। इसी प्रकार कमीशन के चूहे प्रत्येक ऑपरेशन में कितने का काम करेंगे और अंत में मेरे सारे पैसे किसी जाल की तरह कुतर जाएँगे।

खरीदे	20 डॉलर पर 500 शेयर	
निवेश (कमीशन के साथ)		10,125.00 डॉलर
बेचे	20 डॉलर पर 500 शेयर	
वापस मिले (कमीशन घटाकर)		9,875.00 डॉलर
घाटा		250.00 डॉलर
250 डॉलर पर 40 ट्रांजेक्शन		

इस खतरे का मेरे पास एक ही उत्तर था और वह था लाभ हानि पर भारी पड़े।

मैंने अपने अनुभवों से सीख लिया था कि मेरी सबसे बड़ी समस्या थी खुद को एक चढ़ते हुए स्टॉक को बहुत जल्दी में ना बेचने से रोकना है। मैं हमेशा बहुत जल्दी में स्टॉक्स को बेच देता था, क्योंकि मैं हमेशा डरा हुआ रहता था। जब भी मैं 25 पर एक शेयर खरीदता और वह 30 तक चल जाता तो मैं यह सोचकर इतना चिंतित हो जाता था कि कहीं यह फिर से नीचे न चला जाए, इसी डर के कारण मैं उसे जल्दबाजी में बेच देता था। मैं जानता था कि क्या करना मेरे लिए सही होगा, लेकिन मैं ठीक उसका विपरीत करता था।

मैंने फैसला किया की चूंकि मैं स्वयं को हर बार प्रशिक्षित नहीं कर सकता इसलिए कोई और रास्ता अपनाना ज्यादा अच्छा होगा। वह रास्ता था। एक बढ़ते हुए स्टॉक को रखे रहने का, लेकिन उसके बढ़ने के साथ-साथ अपने 'स्टॉप-लॉस' ऑर्डर को भी बढ़ाते जाना है। मैं इसे इतने अंतर पर रखूँगा कि यदि मूल्य में बिना किसी कारण उतार-चढ़ाव आए, तो उससे मुझे कोई फर्क ही न पड़े। फिर भी यदि स्टॉक पलटकर गिरने लगे, तो यह तुरंत ही बेच दिया जाएगा। इस प्रकार से मार्केट मेरे लाभ का एक हिस्सा ही ले पाएगी, यह तो नहीं परेशानी मेरे सामने यह भी थी कि मुझे यह नहीं पता था कि आखिर लाभ कब लेना है?

मैंने इस बात को सबसे पहले समझा कि एकदम ऊँचाई पर जाकर मेरे लिए बेचना संभव नहीं है। जो कोई भी लगातार ऐसा दावा करता है, वह झूठ बोल रहा है। बढ़ते हुए स्टॉक को अगर मैं बेचता हूँ, तो यह पूरी तरह से अनुमान होगा, क्योंकि मुझे यह मालूम नहीं हो सकता कि वह कितना और बढ़ेगा या कितना और नीचे जा सकता है।

यह तो ठीक ऐसा है, जैसे 'माई फेयर लेडी' से यह उम्मीद करना कि वह अपने 200 प्रदर्शन के बाद ही थकेगी, कोई समझदारी नहीं है। आप यह भी अंदाजा लगा सकते हैं कि यह 300 या 400 प्रदर्शनों के बाद नीचे आएगी, लेकिन वह इन अंकों पर क्यों नहीं पहुँची? क्योंकि हर रात थिएटर की पूरी सीटें भरी देखकर भी निर्माता का इस शो को बंद करना मुर्खता से कम नहीं था। यह तभी ठीक कहा जा सकता था, जब वह खाली सीटों को देखकर शो बंद करने का निर्णय लेता।

मैं बेचने की समस्या के लिए मोटे तौर पर किए जाने वाले तुलनात्मक अध्यन को लेकर चला। एक बढ़ते हुए स्टॉक को अगर मैं बेचता हूँ, तो यह मूर्खता होगी यह बिल्कुल स्पष्ट बात है। तो फिर आखिर का कब बेचना चाहिए। जब बॉक्स उल्टे चलने शुरू हो जाएँ। जब पिरामिड सिर के बल नीचे गिरने लगे। यही वह समय होगा जब शो को बंद करना और स्टॉक को बेच देना चाहिए। मेरा लगाया हुआ स्टॉप लॉस, जो मैं स्टॉक के बढ़ते मूल्य के पीछे घसीटता जाता हूँ, अपने आप इस बात का ख्याल रखेगा।

अपने सभी निर्णय लेने के बाद मैं बैठ गया और स्टॉक मार्केट में अपने उद्देश्यों को फिर से स्पष्ट करने लगा :

1. सही स्टॉक
2. सही समय
3. काम नुकसान
4. ज्यादा लाभ

मैंने अपने हथियारों को देखा :

1. मूल्य और माला
2. बॉक्स का सिद्धांत
3. ऑटोमैटिक खरीदने का ऑर्डर
4. हानि से बचने के लिए ऑर्डर

अपनी मूल रणनीति के संबंध में मैंने फैसला किया कि मैं हमेशा ऊपर जाते हुए ट्रेन्ड के साथ अपनी हानि से बचने वाले बीमा को पीछे घसीटते हुए धीरे-धीरे दौड़ूंगा। जब तक यह ट्रेन्ड चलेगा, मैं और खरीदूँगा। जब ट्रेन्ड उल्टा चलेगा, मैं एक चोर की तरह रण छोड़ दूँगा।

मैंने महसूस किया कि वहाँ और भी कई बाधाएँ थीं। अभी इस कार्यवाही में काफी सारे अनुमान लगाने की ज़रूरत थी। आधे समय सही होने के बारे में मेरा अनुमान आशावादी हो सकता था, लेकिन आखिरकार मुझे अपनी समस्या पहले से ज्यादा स्पष्ट दिखाई देने लगी। मुझे पता था कि मुझे स्टॉक्स के प्रति एक ठंडा, उदासीन रुख रखना होगा, जिससे कि मैं उनके बढ़ने पर उनके प्यार में न पड़ू और गिरने पर उन पर गुस्सा न होऊँ, क्योंकि सच्चाई तो यह है की कोई भी शेयर अच्छा या बुरा शेयर नहीं था बस स्टॉक्स ही ऊपर और नीचे होते रहते हैं मुझे केवल बढ़ते हुए स्टॉक्स को पकड़े रखना और गिरते हुए को बेचना है।

ऐसा करने के लिए मुझे पता था कोई ऐसी बड़ी उपलब्धि हासिल करनी है, जो पहले से मेरे पास नहीं थी। मुझे अपनी भावनाओं, डर, आशा, ज्यादा का लालच जैसी चीजों पर अपना काबू रखना है। मुझे इसमें कोई शक नहीं था कि इसके लिए बड़ी मात्रा में अनुशासन की ज़रूरत होगी, इस समय मैं उस व्यक्ति की तरह महसूस कर रहा था, जो यह तो जानता है कि कमरे में प्रकाश की जरूरत है और इसे कैसे किया जा सकता है, किंतु वह स्विच को ढूँढ़ने का नाटक कर रहा है।

5

सारी दुनिया में टेलीग्राम

जिस समय मैं अपने दिमाग़ में स्टॉक मार्केट के लिए नए सिद्धांतों के साथ काम करने की शुरुआत कर रहा था, उसी समय मैंने अपने डांस के कार्यक्रम के लिए दो साल के विश्व दौरे के कागज पर हस्ताक्षर भी किए।

इसके बाद मुझे कई समस्याओं का सामना करना पड़ा। कैसे? क्या मैं विश्व के किसी भी कोने में बैठकर अपना ट्रेड कर सकता हूँ? और ठीक उसी समय मेरे दिमाग में वह बात उभर आई, जब मेरे ब्रोकर का फोन मुझे नहीं मिल पाया था। यदि यह न्यूयॉर्क में हो सकता है, तो मैं हज़ारों मील दूर बैठे हुए इस मुसीबत से कैसे पार पा पाऊँगा? मैंने इस विषय पर अपने ब्रोकर से बातचीत की और हम इस निष्कर्ष पर पहुँचे कि हम तार के जरिए एक-दूसरे से संपर्क में रह सकते हैं।

इसके अतिरिक्त हमने और एक साधन तय किया और वह था - साप्ताहिक आर्थिक प्रकाशन 'बैरन्स'। हमने इसके प्रकाशित होने के साथ ही इसके मुझ तक एयरमेल से पहुँचने की व्यवस्था भी कर ली थी। यह मुझे बढ़ते हुए स्टॉक्स की जानकारी देता रहता। इतना ही नहीं मेरे खरीदे हुए स्टॉक्स की जानकारी रोज़ का एक तार दे देता था। भले ही मैं कश्मीर और नेपाल जैसे दूरवर्ती क्षेत्रों में भी रहा, जहाँ मैंने यात्रा के दौरान प्रदर्शन किया, वहाँ भी सही समय पर रोज़ तार पहुँचता रहा। यह मेरे स्टॉक्स के वॉल स्ट्रीट में बंद होने वाले मूल्य बताता था।

मैंने और मेरे ब्रोकर ने मिलकर मेरे साथ कुछ विशिष्ट कोड बना लिए जिससे हमारी समय और धन की बचत हो सके। मेरे तार में अक्षरों की एक लड़ी होती थी,

जो स्टॉक के विषय में सूचित करती थी। उस लड़ी के पीछे कुछ निरर्थक नंबरों की कड़ी होती थी। यह कुछ इस प्रकार लगते थे :

"बी 32½ एल 57 यू 89½ ए 120¼ एफ 132¼"

कुछ ही समय में मुझे यह समझ में आने लगा कि स्टॉक्स की चाल का ठीक से अनुसरण करने के लिए ये कोटेशन काफी नहीं थे। स्टॉक्स के ऊपर और नीचे की सीमाओं के विषय मैं जाने बिना मैं बॉक्सेस नहीं बना सकता था। मैंने न्यूयॉर्क फोन किया और अपने ब्रोकर से कहा कि वह मटो हर क्लोसिंग मूल्य के साथ स्टॉक के हर दिन के मूल्य के उतार-चढ़ाव की पूरी जानकारी भी मुझे दे। इसमें स्टॉक के उस दिन के सर्वोच्च और निम्नतम मूल्य भी होते थे। अब मेरे टेलीग्राम इस तरह के दिखते थे :

"बी 32½ (34½-32⅜) एल 57 (58⅝-57) यू 89½ (91½-89) ए 120¼ (12½-120¼) एफ 132¼ (134⅞-132¼)"

मैंने ज्यादा मात्रा में कोट्स भेजने के लिए नहीं कहा, क्योंकि मुझे डर था कि बहुत ज़्यादा अंक मेरे तार में भीड़ न बढ़ा दें। मेरे पसंद के स्टॉक्स ऊंची मात्रा वाले स्टॉक थे और मैंने सोचा कि यदि स्टॉक्स की मात्रा कम होगी तो मुझे कुछ दिनों के बाद 'बैरन्स' से पता चल ही जाएगा।

हालांकि मेरे ब्रोकर और मुझे, हम दोनों को यह पता था कि हम कौन-से स्टॉक्स को कोट कर रहे हैं, इसलिए हम मेरे खरीदे हुए स्टॉक्स का केवल पहला अक्षर ही प्रयोग करते थे, परंतु ये संक्षिप्त रूप पूरे विश्व में स्टॉक मार्केट के लिए प्रयुक्त होने वाले संक्षिप्त रूपों से बिल्कुल अलग था, इसलिए ये लगातार रहस्यमयी अक्षर और अंक वाले तार लगभग हर जगह के डाकघर के कर्मचारियों को परेशान करते थे। अपना पहला तार लेने से पहले मुझे उसमें दी गई जानकारियों के बारे में उन्हें विस्तार से समझाना पड़ता था।

वे स्वाभाविक रूप से सोचते थे कि मैं ज़रूर कोई जासूस था। मुझे लगातार इस शक का सामना करना पड़ा, खासकर सुदूर पूर्व के देश जापान में, क्योंकि वहां की स्थिति सबसे ज्यादा खराब थी। अन्य जगहों की अपेक्षा जापान के टेलीग्राफ अधिकारी सबसे ज्यादा शक करते थे। शायद जापान के नौकरशाहा अभी भी युद्ध-पूर्व की जासूसी सनक से मक्त नहीं हो पाए थे। जब भी मैं क्योटो, नागोया और ओसाका जैसे शहरों में जब भी मैं गया, वहाँ के तार अधिकारी मुझे संदेह की नजरों से देखा करते थे।

मुझे जापानी बोलनी नहीं आती थी, जिस कारण मुझे हर बार उन्हें विस्तृत विवरण देना पड़ता था। मेरे लिए यह अक्सर जटिल काम हो जाता था, लेकिन जैसे ही मैंने अपने तार के विषय को बताने वाला एक पेपर हस्ताक्षर करके उन्हें दिया वे तुरंत खुश हो गए। उनके दिमाग़ में यह नहीं आया कि मैं मूर्ख बनाने के लिए भी तो लिखकर भी तो दे सकता हूँ। उन्हें केवल यही चाहिए था, इसके बिना वे मेरे तार भेजने से इंकार कर रहे थे।

जापान में मैं छह महीने रहा, लेकिन उनका दिमाग़ बदलने में मुझे बहुत समय लगा। इस दौरान मैं ज़्यादातर बड़े शहरों के तार घरों का मैं जाना-पहचाना चेहरा हो गया था। अब वे लोग बिना किसी परेशानी के भी मेरे हस्ताक्षर के बिना भी खुशी से मेरे तार लेते थे। जापानियों में यह बात प्रचलित हो गई थी कि मैं पागल तो हूँ, लेकिन किसी को हानि नहीं पहुँचाऊंगा। ऐसा यूरोपवासी हूँ, जो रोज़ वित्तीय कूड़ा तारों के ज़रिए भेजता और लेता रहता है।

मेरी यात्राओं के दौरान मैं हाँगकाँग से इस्ताम्बुल, रंगून, मनीला, सिंगापुर, स्टॉकहोम, फार्मोसा, कोलकाता, जापान और अन्य कई जगहों पर गया। तार भेजने और ग्रहण करने के लिए स्वाभाविक रूप से मुझे अन्य कई परेशानियों का सामना करना पड़ा। यात्रा के दौरान एक मुख्य समस्या यह होती थी कि मुझे अपने तार पाने के लिए सावधान रहना पड़ता था, जिससे वे खो न जाए। इसलिए जब मैं यात्रा में होता था, तो वे कई बार दो या तीन प्रतिलिपि में आ जाते थे। एक ही तार के लिए सामान्य-सी बात थी कि वह वॉल स्ट्रीट से पैनेम फ्लाइट-2 हाँगकाँग एयरपोर्ट, फिर टोक्यो एयरपोर्ट और निकत्सू होटल, टोक्यो पहुँचता था। यदि मैं उड़ान के दौरान तार न ले सकूँ तो इस व्यवस्था से वह हवाईअड्डे पर उतरते के ही मुझे मिल जाता था।

लाओस के विएनटिएन से वॉल स्ट्रीट में काम करने में मुझे बड़ी-बड़ी समस्याएँ आईं। इनमें पहली वहाँ टेलीफोन सेवा का न होना था। वहाँ को स्थानीय टेलीफोन सेवा केवल अमेरिकन मिलिट्री मिशन और अमेरिकन दूतावास के बीच थी। जो मेरे किसी काम की नहीं थी।

मुझे किसी भी संदेश को लेने या देने के लिए एक रिक्शा लेकर डाकघर तक जाना पडता था, जो दिन में केवल आठ घंटे खुलता था और हमेशा आखरी समय में एक दम से बंद हो जाया करता था, चूंकि वहाँ के स्थानीय समय और न्यूयॉर्क के समय में आठ घंटे का फर्क था और वॉल स्ट्रीट खुलने व बंद होने के दौरान डाकघर

बंद रहता था, जिस कारण स्टॉक मार्केट की महत्त्वपूर्ण खबरें लगातार अटकी हुई रहती थी, इसके चलते मैं बहुत परेशान रहता था।

एक दिन जब मैं डाकघर पहुँचा तो मुझे एक टेलीग्राम मिला, जो सायगोन से हाँगकाँग और फिर हाँगकाँग से विएनटिएन भेजा गया था। मैंने उसे डरते हुए खोला, क्योंकि मुझे लग रहा था कि देरी की वजह से जरूर कोई घोर संकट आया होगा। लेकिन मुझे इस बात की खुशी है की उसमें ऐसी कोई सूचना नहीं थी, जिस पर काम करने के लिए मुझे मजबूर होना पड़ता।

केवल लाओस ही एक ऐसी जगह नहीं थी, जहाँ मुझे मुश्किलों का सामना करना पड़ा था। हिमालय की गोद में बसे नेपाल की राजधानी काठमांडू में टेलीग्राफ सेवा ही उपलब्ध नहीं थी। वहाँ के भारतीय दूतावास में ही केवल टेलीग्राफ कार्यालय था और दुनिया भर से जो भी तार से संपर्क होते थे, वे सब उसी के माध्यम से आते थे।

दूतावास के अधिकारी एक आम आदमी के लिए आए निजी तार को लेना अपनी प्रतिष्ठा के खिलाफ समझते थे। मेरे लिए जब वहाँ तार आते थे, तो वे मुझे नहीं भेजते थे और मुझे अपने लिए आए संदेश को जानने के लिए बार-बार दूतावास को फोन करना पड़ता था। कई बार मुझे दस बार फोन करना पड़ता था। इसके बाद वे मुझे अपना तार ले जाने के लिए कहते थे। इतना ही नहीं वे हाथ से भी लिखे होते थे और ज्यादातर पढ़ने में नहीं आते थे।

मेरे कार्य की आधारभूत तकनीक यह थी : बैरन्स, जो सोमवार को बोस्टन में प्रकाशित होता था, यदि मैं ऑस्ट्रेलिया और भारत में हूँ और विश्व के किसी सुदूरवर्ती स्थान पर नहीं हूँ, तो मेरे पास सामान्यत: बृहस्पतिवार तक पहुँच जाता था। इसका अर्थ यह था कि मैं वॉल स्ट्रीट में होने वाली हलचलों से बस पाँच दिन दूर था। किसी प्रकार जब मैंने बैरन्स में एक स्टॉक को अपने सिद्धांतों के अनुकूल व्यवहार करते पाया, तो मैंने अपने ब्रोकर को उस स्टॉक का सोमवार से बृहस्पतिवार तक की गतिविधि से जुड़ा तार भेजने को कहा, जैसे : "क्रिसलर, इस सप्ताह के रेंज और समाप्ति का तार मुझे भेजो।"

मान लें, यदि मेरे दृष्टिकोण में कोई स्टॉक 60/65 के बॉक्स में ठीक से व्यवहार कर रहा है, तो मैं थोड़ा इंतजार करता था कि न्यूयॉर्क से आने वाला चार दिन का कोटेशन भी क्या यही दिखा रहा है। यदि तार से आया हुआ कोटेशन भी स्टॉक को उसी बॉक्स में दिखा रहा है तो उस पर मैं निगरानी रखने का निर्णय लेता था और अपने ब्रोकर से इसको प्रतिदिन कोट करने के लिए कहता था, जिससे मैं

देख सकूँ कि क्या यह ऊपर के बॉक्स की ओर बढ़ रहा है। मैं जो देखता था, यदि मैं उससे संतुष्ट होता था, तो मैं न्यूयॉर्क में 'ऑन-स्टॉप' खरीद के लिए तार भेज देता था, जिसके लिए मेरे ब्रोकर को निर्देश था कि अगले निर्देश या रद्द किए जाने तक इसे ठीक-ठाक समझा जाए। इसके साथ हमेशा ही ऑटोमैटिक स्टॉप-लॉस ऑर्डर दिया जाता था, जिससे यदि मेरे खरीदने के बाद यदि स्टॉक गिर जाए, तो उसे बेचा जा सके। एक प्रतीकात्मक केबल इस तरह का होता था : "क्रिसलर, 200 खरीदो ऑन स्टॉप 67 स्टॉप लॉस 65।"

दूसरी तरफ मेरे ब्रोकर का केबल दिखा रहा था कि यह 60/65 के बॉक्स से बाहर निकल चुका था। मुझे इस पर गौर करने में देर हो चुकी थी, इसलिए मैंने इसे भूल जाना ही ठीक समझा। अब मुझे किसी दूसरे अच्छे अवसर का इंतज़ार करना था।

स्वाभाविक रूप से मुझे अपने ऑपरेशन्स को कुछ ही स्टॉक्स तक सीमित करना पड़ा। इसका एकमात्र कारण आर्थिक था। यदि मैं प्रतिदिन स्टाक कोटेशन के लिए एक तार करने में 12 से 15 डॉलर खर्च करता तो जब तक मैं ज्यादा लाभ नहीं कमाता यह ऑपरेशन मुझे महँगा पड़ता था।

शुरुआत दौर में मैं बहुत डरा हुआ था। इसलिए नहीं कि पहले न्यूयॉर्क में रहने से कुछ सहायता मिली थी, बल्कि इसलिए कि वॉल स्ट्रीट से टेलीफोन से बातचीत होते रहने की वजह से सुरक्षा की एक गलत भावना भर गई थी।

मैं कुछ समय के लिए इसका अभाव महसूस करता रहा। बाद में जैसे-जैसे क्रमश: मुझे तार के माध्यम से ट्रेडिंग का अनुभव होता रहा। मैं इसके लाभ से भी अंजान नहीं रहा। न कोई फोन कॉल, न कोई परेशानी न परस्पर विरोधी अफवाहें। यह सारे तत्व मिलकर मुझे विरक्ति की ओर लेजा रहे थे।

क्योंकि मैं एक समय में पाँच से आठ स्टॉक ही संभाल रहा था, मैं अपने आप को हज़ारों स्टॉक्स के उलझे हुए जंगल जैसे रास्तों से बिल्कुल अलग कर सकता था। मैं अपने स्टॉक्स की और किसी चीज़ से नहीं केवल उसके मूल्य से प्रभावित था।

सच्चाई तो यह है की मैं यह नहीं सुन सकता था कि लोग क्या कहते हैं, लेकिन यह देख सकता था कि वे क्या करते हैं। यह उस 'पोकर' खेल की तरह था जिसमें मैं लगते हुए दाँव नहीं सुन सकता था, लेकिन पत्ते जरूर देख सकता था।

उस समय वह मुझे ज्यादा समझ में नहीं आया, किंतु बाद में जब मैं मार्केट में थोड़ा अनुभवी हो गया, तब मैंने महसूस किया कि यह मेरे लिए कितना महत्त्वपूर्ण

था। चाहे ये पोकर के खिलाड़ी अपने शब्दों से मुझे भटकाने की कोशिश करेंगे और अपने पत्ते भी मुझे नहीं दिखाएँगे, किंतु यदि मैं इनके शब्दों को न सुनूँ और लगातार इनके पत्तों पर निगरानी रखूँ, तो मैं अच्छे से यह अंदाजा लगा सकता हूँ कि ये क्या कर रहे थे और आगे क्या करेंगे।

शुरुआती दौर में मैंने धन निवेश किए बगैर केवल कागज़ पर अभ्यास करने की कोशिश की, किंतु जल्दी ही मैंने यह महसूस किया कि कागज़ पर काम करना और निवेश करना दोनों एक दूसरे से बिल्कुल अलग है। यह तो बिना पैसे के ताश खेलने जैसा है। इसमें कोई मज़ा नहीं आता।

क्योंकि कागज़ पर सब कुछ बहुत आसान लगता था, जब तक पैसा दाँव पर न लगा हो, किंतु जैसे ही मैंने एक स्टॉक पर 10,000 डॉलर लगाए, सब कुछ बिल्कुल अलग दिखने लगता है। बिना धन निवेश किए तो फिर भी मैं अपनी भावनाओं पर काबू रख सकता था, लेकिन जैसे ही मैंने पैसे किसी एक स्टॉक में लगाए, वैसे ही मेरी भावनाएँ बाहर आ गई। जैसे-जैसे मेरे तार दिन-प्रतिदिन पहुँचते गए, मैं धीरे-धीरे इस नए तरह की कार्यप्रणाली का आदि सा होता गया और ज्यादा से ज्यादा आत्मविश्वासी भी होता गया।

सिर्फ एक बात मुझे परेशान कर रही थी की कभी-कभी मेरे कुछ स्टॉक ऐसी अजीब सी चालें चलते थे, जिनका उनके पूर्व व्यवहार से कोई भी संबंध नहीं होता था।

इससे मुझे चक्कर ही आ जाते थे।

जब मैं किसी स्पष्टीकरण के लिए स्टॉक्स को देख रहा था, उसी समय मैंने एक और खोज की। मैंने यह महसूस किया कि मैं अपने आप पर ही निर्भर हूँ। मुझे पूर्ण विश्वास था कि मैं किताबों से और अधिक नहीं सीख सकता और ना ही कोई मेरा मार्गदर्शन कर सकता। मैं अपने दैनिक तार और बैरन्स की साप्ताहिक प्रति के साथ बिल्कुल अकेला हूँ। हजारों मील दूर पड़े वॉल स्ट्रीट से संपर्क के साधन केवल यही थे। अगर मुझे कोई स्पष्टीकरण चाहिए, तो मैं केवल इन्हें ही देख सकता था।

मैं और ज्यादा जानने के लिए बैरन्स को पढ़ने लगा और उसके पन्ने तब तक पलटता रहा, जब तक कि उसके पन्नों के टुकड़े-टुकड़े नहीं हो गए। अंततः मैंने यह खोजा की मेरे स्टॉक ऊपर-नीचे होते थे, जिसका कारण मुझे समझ में नहीं आता था। वे स्टॉक मार्केट में किसी उथल-पुथल की वजह से ही ऊपर-नीचे होते थे। चूँकि मुझे केवल अपने स्टॉक्स के ही कोट्स मिल रहे थे, इसलिए मैं उन स्टॉक्स पर पड़ने वाले सामान्य मार्केट के प्रभाव की ओर बिल्कुल ध्यान नहीं दे रहा था।

यह युद्धपोत के केवल एक भाग को देखकर युद्ध का मार्गदर्शन करने की कोशिश से कुछ ज़्यादा नहीं था।

मेरे लिए यह खोज अधिक महत्व थी, इसलिए मैंने तुरंत ही उस पर काम शुरू कर दिया। मैंने अपने ब्रोकर से 'डाऊ-जोन्स इंडस्ट्रीज़ एवरेज' का क्लोसिंग मूल्य मेरे तार के अंत में जोड़ने को कह दिया। अब मेरे टेलीग्राफ इस तरह पढ़े जा सकते थे -

"बी 32½ (34½-32⅜) एल 57 (58⅝-57) यू 89½ (91½- 89) ए 120¼ (121½-120¼) एफ 132¼(134⅞-132¼) 482.31"

जब मुझे नई सूचना से जुड़ा पहला तार मिला, तो मैं उस बच्चे की तरह व्यवहार कर रहा था, जिसे नया खिलौना मिला हो। मुझे लगा कि मुझे कोई नया सिद्धांत मिल गया हो। जब मैंने डाऊ-जोन्स इंडस्ट्रीयल एवरेज के मूवमेंट्स को अपने स्टॉक्स से जोड़कर देखने की कोशिश की तो मुझे समझ आ गया कि यदि एवरेज ऊपर जा रहा है, तो मेरे स्टॉक्स भी ऊपर जरूर जाएँगे।

बहुत ही कम समय में मुझे पता चल गया कि यह सही नहीं है। मार्केट को एक ही साँचे में ढालने की कोशिश करना बिल्कुल गलत है। ऐसा करना बिल्कुल असंभव सा लग रहा था। हर स्टॉक एक अलग ही चाल चल रहा था।

इसमे मैकेनिकल पैटर्न जैसी कोई बात नहीं थी। एवरेज को छोड़ने से पहले मैंने कई बार गलती की। यह शायद तब हुआ, जब मैंने डाऊ-जोन्स कंपनी के एवरेज प्रकाशन की खोज़ नहीं की थी। यह रोज़ 30 शेयर्स के घटने-बढ़ने का ब्यौरा प्रस्तुत करता था। दूसरे स्टॉक्स भी इससे प्रभावित थे, लेकिन इसके पैटर्न का अनुसरण नहीं करते थे।

मैं भी डाऊ-जोन्स कंपनी की इस बात के लिए उसकी प्रशंसा करने लगा कि यह कोई भविष्यवक्ता संस्था नहीं है। यह किसी खास स्टॉक के बढ़ने और घटने के विषय में बताने की कोशिश नहीं करती थी। मुझे धीरे-धीरे समझ में आ गया कि मैं एवरेज और किसी खास स्टॉक के मैकेनिकल स्टैण्डर्ड के बीच संबंध नहीं लगा सकता हूँ।

इस का संबंध कला के जैसा था। सच कहूँ तो यह चित्रकला जैसा था, क्योंकि जैसे एक कलाकार कुछ मूल सिद्धांतों का पालन करते हुए एक कैनवास पर रंग भरता जाता है, लेकिन इसको समझाना उसके लिए संभव नहीं होता जो केवल दर्शक है उसी तरह से मैंने पाया कि एवरेज और मेरे निजी स्टॉक का संबंध कुछ सिद्धांतों के साथ एक सीमा के अंदर है, लेकिन उन्हें सही-सही नापा नहीं जा

सकता। तभी से मैंने यह निर्णय लिया कि मैं 'डो जोन्स' के औद्योगिक एवरेज पर नज़र रखूँगा, सिर्फ यह निश्चित करने के लिए कि मैं एक मज़बूत मार्केट में हूँ या कमजोर मार्केट में। ऐसा मैंने इसलिए किया, क्योंकि मैंने महसूस किया था कि सामान्य मार्केट चक्र का प्रभाव लगभग हर स्टॉक पर होता है। ज्यादातर केस में बियर या बुल मार्केट का चक्र साथ होता था।

आखिरकार अब जब मैं अपनी थ्योरी के अंतिम पड़ाव के बेहद निकट था, मुझे पहले से ज्यादा आत्मविश्वास महसूस हो रहा था। मुझे लग रहा था कि अब मैं बिजली के कुछ स्विचों को छूना शुरू कर दिया है, जिसके कारण कमरे में प्रकाश फैल जाएगा।

अब मैंने यह खोज निकाला था कि मैं कैसे अपने सामने पड़े टेलीग्राम्स से स्टॉक्स के विषय में एक दृष्टिकोण बना सकता हूँ। ये मेरे लिए किसी एक्स-रे से कम नहीं था। किसी अनजान के लिए ये एक्स-रे बेकार हो सकता हैं, लेकिन चिकित्सक को वह सारी जानकारी देने में सक्षम होता है, जिसे वह जानना चाहता है। वह उसकी सहायता से किसी भी बीमारी के विषय और प्रकृति के बारे में समझ लेता है, इतना ही नहीं वह रोगी की उम्र को भी जान लेता है और तब जाकर वह किसी निष्कर्ष पर पहुँचता है।

मेरे ब्रोकर के द्वारा भेजे गए अपने तारों को देखते हुए मैंने भी ठीक वैसा ही किया। मैंने अपने स्टॉक्स के मूल्यों का पहले एक-दूसरे से तुलनात्मक अध्ययन किया और फिर डाऊ-जोन्स के एवरेज से इसकी तुलना की। फिर जब मैंने उनकी ट्रेडिंग रेंज का वज़न आँक लिया तब कहीं जा कर मैंने मूल्यांकन किया कि मुझे इसे खरीदना, बेचना या रखना है।

यह सब मैंने किसी गहरे विश्लेषण के बिना अपने आप ही किया था। मैं यह सब स्वयं को तब तक नहीं समझा पाया जब तक कि मैंने यह महसूस नहीं किया कि मैं अक्षरों को केवल बोलने की कोशिश नहीं कर रहा हूँ, बल्कि आराम से उन्हें पढ़ रहा हूँ। सच्चाई तो यह है कि मैं वह सब कर रहा था, जो एक पढ़ा-लिखा व्यक्ति करता है। किसी एक बच्चे की तरह अक्षरों को जोड़कर मुश्किल से पढ़ने की बजाय मैं अब एक ही नज़र में उस छपे हुए कागज़ को समझकर तुरंत निष्कर्ष निकाल सकने में अब सक्षम था। साथ ही साथ मैंने अपनी भावनाओं को भी नियंत्रण में करने की कोशिश की थी। मैंने इसे इस प्रकार किया था - जब भी मैंने कोई भी स्टॉक खरीदा उसे खरीदने के पीछे मेरा क्या कारण था, उसे लिखने की पूरी कोशिश की। बेचने के समय भी मैं यही किया करता था। जब भी किसी

सौदे का अंत नुकसान में हुआ, मैंने उसके कारणों को लिख लिया। अपनी गलतियों को केवल मैंने लिखा ही नहीं उन्हें दोबारा ना करने की पूरी कोशिश भी की। मेरे एक टेबल का नमूना आप यह देख सकते हैं -

कंपनी का नाम	खरीदा	बेचा	गलती का कारण
आइलैण्ड क्रीक कोल	46	43¼	देर से खरीदना
ज्वॉय मैन्यूफैक्चरिंग	62	60⅝	स्टॉप-लॉस बहुत नज़दीक होना
ईस्टर्न गैस एण्ड फ्यूल	27¾	25⅛	कमज़ोर जनरल मार्केट को अनदेखा करना
एल्कोआ	118	116½	गिरावट के समय खरीदना
कूपर-बिसमर	55⅜	54	गलत समय

इस टेबल के कारण जिसने मेरी गलतियों को मेरे सामने लाकर रख दिया था मुझे बहुत मदद मिली। मैं उन्हें एक के बाद एक क्रम में लगाता जाता था, जिस कारण मैं हर ट्रेडिंग से कुछ न कुछ जरूर सीखा करता था। मुझे यह समझ आने लगा था कि लोगों की ही तरह स्टॉक्स के भी अलग-अलग चरित्र होते हैं। यह कोई अतार्किक बात नहीं है, क्योंकि इनको खरीदने व बेचने वाले लोगों के चरित्र को ये बड़ी निष्ठा से हमें सामने लाकर रख देते हैं।

इंसानों की तरह ही स्टॉक्स भी अलग-अलग तरह से व्यवहार किया करते हैं। कुछ शांत, धीरे और रूढ़िवादी होते हैं, तो कुछ अस्थिर, आशंकित या परेशान होते हैं। कुछ स्टॉक्स के विषय में भविष्यवाणी करना मेरे लिए बेहद आसान था। ये अपनी चाल में नियमित और व्यवहार में तार्किक थे।

कुछ स्टॉक्स ऐसे भी थे, जिन्हें मैं संभाल नहीं पाता था। जब भी मैं उन्हें खरीदा, वह उन्होंने मुझे हानि पहुँचा देते थे। उनका व्यवहार कुछ हद तक इंसानों जैसा था। वे मुझसे दूर भागते थे। वे मुझे ऐसे इंसान की तरह लगते थे, जिससे आप दोस्ती करना चाहो और वह यह सोचे कि आपने उनका सम्मान नहीं किया, इस कारण वह आपको हानि पहुँचाए बिना नहीं मानते। आखिरकार मैंने यह निर्णय लिया कि यदि कोई भी स्टॉक मुझे दो बार हनी पहुँचाएगा तो मैं इन्हें कभी छुऊँगा भी नहीं। मैं बस उन स्टॉक्स को ही खरीदूँगा, जिन्हें मैं संभाल सकता हूँ।

लेकिन इसका मतलब यह नहीं था कि मुझसे अलग स्वभाव के व्यक्ति इनके साथ ठीक से तालमेल नहीं बिठा सकते थे। ठीक उसी प्रकार से जिस प्रकार के लोग अन्य लोगों का अपेक्षा कुछ अलग तरह के लोगों के साथ ज्यादा तालमेल बैठा सकते हैं।

मैंने अपनी 'गलती का कारण' बताने वाले टेबल से जो कुछ भी सीखा। वह किताबों से कभी नहीं सीख सकता था। मैं इसे कार चलाने की तरह लेने लगा था। किसी चालक को एक्सलरेटर, स्टीयरिंग व्हील और ब्रेक का किस प्रकार प्रयोग करे यह बताया जा सकता है, लेकिन फिर भी कार चलाने के लिए उसकी अपनी इच्छा का जाग्रत होना बेहद जरूरी है। वह सामने वाली कार के कितना करीब है या कब उसे रफ्तार कम करनी है, इसका फैसला करना उसे स्वयं करना होता है, यह उसे कोई नहीं सिखा सकता। यह सब वह अपने अनुभव से ही सीख सकता है।

दुनिया में घूमते हुए और तार के माध्यम से वॉल स्ट्रीट में काम करते-करते हुए। मुझे धीरे-धीरे यह पता लगने लगा कि यद्यपि मैं विश्लेषक तो बन रहा था लेकिन फिर भी भविष्यवक्ता नहीं बन सकता था। जब मैं एक स्टॉक का परीक्षण करता था और उसे मज़बूत स्थिति में पाता था, तब मैं केवल यही बता सकता था : वह आज इस समय इस घंटे ठीक रहेंगे। मैं इस बात को पक्के तौर पर नहीं ले सकता था कि कल उसे कुछ नहीं होगा। मेरा अच्छा खासा अंदाज़ा, चाहे वह कितनी भी सावधानी से लगाया गया हो, कभी-कभी गलत सिद्ध हो जाता था, किंतु इससे मैं अब परेशान नहीं होता था। आखिरकार, मैंने सोचा, मैं यह कहने वाला कौन हूँ कि एक स्टॉक को कैसा होना और कैसा नहीं होना चाहिए?

अब मेरी गलतियाँ मुझे परेशान नहीं करती थीं। यदि मैं सही होता तो मेरे लिए इससे अच्छा कुछ नहीं था और यदि मैं गलत होता- तो मैं इन्हें बेच कर आराम से बैठ जाता था। अगर स्टॉक चढ़ता तो न मैं खुशी के मारे झूम उठता और न इसके गिरने पर दुःखी होता था। मुझे पता चल गया कि 'वैल्यू' शब्द स्टॉक के संदर्भ में प्रयोग नहीं किया जा सकता।

किसी भी स्टॉक की वैल्य' उसका कोटेड मूल्य होता है बस। यह पूरी तरह से मांग और पूर्ति पर ही निर्भर करता है। अंततः मुझे यह समझ में आ गया कि 20 डालर का स्टॉक जैसी कोई चीज नहीं है। यदि कोई 50 डॉलर का स्टॉक 49 डॉलर पर आ जाए तो वह अब 49 डॉलर का स्टॉक ही है। वॉल स्ट्रीट से हज़ारों मील दूर मैं अपने हर स्टॉक से अपने आपको भावनात्मक रूप से अलग करने में सफलता प्राप्त कर ली थी।

मैंने यह निर्णय भी लिया कि अब मैं टैक्स की समस्या से प्रभावित नहीं होऊँगा। कई लोग दीर्घ अवधि लाभ अर्जित करने के लिए स्टॉक को छह महीने तक अपने पास रखे रहते थे, लेकिन मैं इसे बेहद खतरनाक समझता था। केवल टैक्स के कारण से गिरते हुए स्टॉक को इतने लंबे समय तक रखे रहने से मैं अपना सारा धन जो स्टॉक पर लगाया है, उसे खो सकता था।

आखिरकार मैंने निर्णय कर लिया कि मैं सही बात का सबसे पहले ध्यान रखकर ही सारा ट्रेड करूँगा - अर्थात स्टॉक के व्यवहार के प्रभाव का अनुसरण और बाद में टैक्स के विषय में विचार करूँगा ।

अब जब स्टॉक मेरी नई रणनीति की पुष्टि कर रहे थे, तब मैं अपने स्टॉक्स को कुछ समय के लिए सफलतापूर्वक अपने पास संभाल कर रख पाया और तब मुझे लगा कि मैं सही हूँ तो कही जा कर मैं उन्हे पूरे आत्मविश्वास के साथ खरीदा पाया, लेकिन मैं गलत सिद्ध हो गया तब बिना दु:ख और परेशानी के मैंने कम नुकसान को सहन किया।

कूपर बेस्मर की डील मेरे लिए बहुत ही सफल रही। मैंने इस स्टॉक को तीन बार खरीदा, हर बार 200 शेयर। इसमें दो सौदे घाटे के रहे, लेकिन तीसरे में मुझे काफी मुनाफा दिया। इसकी खरीद का विवरण इस प्रकार है -

नवम्बर, 1956			
खरीदा	46 के भाव से	9,276.00 डॉलर	
बेचा	45⅛ के भाव से	8,941.09 डॉलर	
			हानि - 334.91 डॉलर
दिसम्बर, 1956			
खरीदा	55⅜ के भाव से	11,156.08 डॉलर	
बेचा	54 के भाव से	10,710.38 डॉलर	
			हानि - 445.70 डॉलर
जनवरी-अप्रैल 1957			
खरीदा	57 के भाव से	11,481.40 डॉलर	
बेचा	70¾ के भाव से	14,056.95 डॉलर	
			लाभ - 2,575.55 डॉलर

अन्य स्टॉक्स, जैसे ड्रेसर इंडस्ट्रीज़ और रेनॉल्ड्स मैटल्स भी इतने ही अच्छे रहे और इनसे मुझे कभी लाभ भी हुआ, लेकिन जब मैं 1957 की गर्मियों में सिंगापुर में था, कुछ लगातार धक्का पहुँचाने वाली घटनाएँ घटित हुईं।

56¼ पर जब मैंने बाल्टीमोर एण्ड ओहियो रेलरोड खरीदा उस समय मैंने सोचा था कि अभी यह 56/61 के बॉक्स में है और यह लगातार आगे बढ़ेगा, किंतु यह नीचे जाने लगा और मैंने इसे 55 पर जल्द ही बेच दिया।

इसके बाद मैंने डोबैकमन खरीदा और अंदाज़ लगाया कि यह 44/49 के बॉक्स में है, इसलिए मैंने इसे 45 का होते ही खरीद लिया, किंतु यह भी नीचे आने लगा जिस कारण मैंने इसे 41 पर ही बेच दिया। मैंने 44 पर डेस्टोर्म खरीदा, क्योंकि मुझे लगा कि यह 45/50 के बॉक्स में बढ़ रहा है, लेकिन ऐसा नहीं हुआ और इसे भी मुझे 42¼ पर बेचना पड़ा।

फिर मैंने 61¾ पर फॉस्टर व्हीलर को खरीदा और सोचा कि यह 60/80 के बॉक्स में था। जब वह धीरे - धीरे मेरे विरोध में पलटा, तो मैंने 59½ पर इसे बेच दिया।

इस कड़ी में एयरोक्विप आखिरी स्टॉक था। मैंने इसे 23¼ से 27⅝ के बीच के मूल्य पर खरीदा था। मैं इसे 30 की तरफ ऊपर चढ़ता हुआ देखता रहा और 31/35 के बॉक्स पर इसके बढ़ने का इंतज़ार करता रहा, लेकिन जैसा मैंने सोचा था वैसा हुआ नहीं। मुझे 27½ पर ही इसे को छोड़ना पड़ा।

आखिरकार 26 अगस्त, 1957 को मेरे पास एक भी स्टॉक नहीं था। मेरे ऑटोमेटिक स्टॉप-लॉस ने मेरा सब कुछ बेच दिया था। दो महीनों के भीतर ही मेरे हर एक स्टॉक धीरे-धीरे पलट गए और एक के बाद एक अपने बॉक्स के निचले तल पर पहुँच गया था और भले ही सवाल आधे पॉइंट का रहा हो, लेकिन वे सब एक के बाद एक बिकते चले गए।

सच कहूँ तो मुझे यह सब अच्छा नहीं लगा, परंतु ऐसा कुछ नहीं था, जो मैं कर सकता था। मेरे सिद्धान्त के अनुसार मैं चुपचाप बैठकर तब तक इंतजार सकता था जब तक कि मेरे एक या ज्यादा स्टॉक, जिनसे मैं रोक दिया गया था, वे या अन्य कोई स्टॉक जिन पर मैं नज़र बनाए था, एक नए ऊँचाई वाले बॉक्स की ओर न बढ़ जाएँ। उत्सुकता और बेचैनी से भरा मैं, बिना एक भी डॉलर निवेश किए, किनारे से लगातार गिरते हुए अपने स्टॉक्स के मूल्यों को देख रहा था।

मुझे कोई भी मौका आता दिखाई नहीं दिया। मुझे यह नहीं पता था कि हम बड़े बुल मार्केट के एक चरण की समाप्ति पर खड़े हैं। ऐसा स्पष्ट होने के लिए पहले

ऐसा काफी महीने तक चलता रहा और इसे बियर मार्केट घोषित कर दिया गया। वॉल स्ट्रीट के आधे विश्लेषक आज भी इसकी बातें करते हैं। वे कहते हैं कि यह महज़ एक अल्पकालीन प्रतिक्रिया थी। संभवत: चढ़ते हुए मार्केट पर एक अस्थाई ठहराव। फिर भी सभी मानते हैं कि इससे मूल्य जमीन पर आ गिरे।

सभी बातें दूसरों के द्वारा तभी सामने आईं, जब बहुत देर हो चुकी थी। मार्केट से बाहर निकलने की सलाह तब उपलब्ध नहीं थी, जब इसकी बेहद ज़रूरत थी।

आज भी मुझे हिटलर का केस याद है, जब उसने स्टालिन-गार्ड पर हमला करने का मन बनाया था। उसके लिए तो यह बस अन्य रूसी शहरों की तरह ही एक और शहर को जीतने और उस पर अधिकार करने जैसा था। जब स्टालिन-गार्ड की लड़ाई चल रही थी तब यह किसी को भी पता नहीं था कि यह युद्ध का 'टर्निंग पॉइंट' हो सकता है। काफी समय तक लोग इसे समझ ही नहीं पाए। यहाँ तक कि जब जर्मन सेनाएँ आधे रास्ते तक पीछे हट चुकी थीं, इस एक रणनीति के तहत वापसी की तरह देखा गया, किंतु वास्तव में यह हिटलर का अंत था। नाजी युद्ध रूपी बुल मार्केट उसी दिन समाप्त हो गया था। जिस दिन हिटलर ने स्टालिन-गार्ड पर आक्रमण करने का मन बनाया था।

उसी प्रकार मैंने महसूस किया कि जब मार्केट में कुछ बड़े ऐतिहासिक मोड़ आते थे, तो शुरुआत में ही उनका अंदाजा लगाना मेरे लिए असंभव-सा था, किंतु वॉल स्ट्रीट पर लगातार गिरती हुई कीमतों को देखकर मुझे धीरे-धीरे इस बात की संतुष्टि होने लगी थी कि अपने स्टॉप लॉस वाले तरीके के चलते थोड़े-से नुकसान में बाहर निकल आने की वजह से मुझे ऐसे किसी अंदाज़े की ज़रूरत ही नहीं पड़ी।

मैं इस बात से बहुत खुश था कि मेरे सिद्धान्त ने मेरे सोचे हुए से भी ज्यादा अच्छी तरह काम किया। उसने मुझे आगे आने वाले बुरे समय से अपने आप ही बाहर निकाल लिया। मार्केट बदल चुका था, किंतु मैं उससे बाहर निकल गया था।

सबसे महत्त्वपूर्ण बात मेरे लिए यह थी कि मुझे मार्केट के गिरने की बिल्कुल भी खबर नहीं थी। आखिरकार मुझे पता भी कैसे चलता। मैं तो ज्यादातर समय बहुत दूर रहता था। मैंने न तो कोई भविष्यवाणी सुनी थी और न ही मूलभूत सिद्धांतों को ही पढ़ा था और न ही कोई अफवाह सुनी थी। सच तो यह है की मैं तो बस अपने स्टॉक्स के व्यवहार के कारण बाहर हो गया था।

मैंने बाद में जब उन स्टॉक्स का अध्ययन किया, जिन्हें मैंने अपने आप बेच दिया था, तो मैंने पाया कि वे सब दरअसल आर्थिक मंदी के दौर की वजह से काफी नीचे गिर चुके थे। आप इस टेबल को देखिए :

शेयर का नाम	1957 मैंने बेचा	1958 न्यूनतम मूल्य	1959 अधिकतम मूल्य
बाल्टीमोर एण्ड ओहियो	55	22⅝	45¼
डे स्ट्रॉम	42¼	30	39¾
फॉस्टर व्हीलर	59½	25⅛	39⅛
एयरोक्विप	27½	16⅞	25¾
एलीड कंट्रोल	48¼	33½	46½
ड्रेसर इंडस्ट्रीज़	54½	33	46⅝
ज्वॉय मैनुफैक्चरिंग	68	38	54½
एलेगेनी लडलम	56½	30⅛	49⅜

मैंने जब स्टॉक टेबल को देखा, तब मुझे समझ आया कि यदि मेरे इस स्टॉप-लॉस ने मुझे मार्केट से बाहर नहीं निकाला होता, तो मैं अपने लगाए गए पैसे का लगभग 50% खो चुका होता।

और मैं उस इंसान की तरह होता जिसे उसके पैसे के साथ पिंजरे में बंद कर दिया गया है और जो अपने भाग्य को बनाने का सुनहरा रास्ता खोता जा रहा है। जिस रास्ते से मैं बाहर निकल पाता, वह बुरी तरह तोड़ने वाला होता, जिसमें मैं 50 प्रतिशत की हानि के साथ अपने को बर्बाद करके और भविष्य के सौदों के लिए अपने आत्मविश्वास को बुरी तरह से तोड़ चुका होता।

सच तो यह है की मैं भी इन स्टॉक्स को खरीदकर भूल चुका होता। रूढ़िवादी निवेशक कहलाने वाले लोगों में यह आम समाधान है, लेकिन आज मैं इन्हें किसी जुआरी से कम नहीं मानता हूँ। उन्हें जुआरी क्यों नहीं माना जाए, जब वे गिरते हुए एक स्टॉक को भी पकड़ कर बैठे रहते हैं? जुआ नहीं खेलने वालों को उस समय बाहर निकल जाना चाहिए जब स्टॉक लगातार गिर रहे हों। उस समय भी वे एक जुआरी की भांति किसी भाग्यशाली पत्ते की चाह में रुके रहते हैं।

1929 में न्यूयॉर्क सेन्ट्रल के लिए 250 डॉलर जिन लोगों ने दिए थे, मैं उन लोगों के विषय में सोचता रहा। यदि वे अब भी इसे रखे हुए हैं, तो इसकी कीमत अब 27 के करीब हो चुकी थी। इसके अलावा यदि आप उन्हें जुआरी कहेंगे, तो वे गुस्सा होंगे।

इस जुआ न खेलने वाले इरादे में जब मुझे सितम्बर, 1957 के पहले सप्ताह में अपना मासिक स्टेटमेंट मिला और मैं अपने खातों को देखने लगा, तो मैंने पाया कि जोन्स और लॉलिन में गँवाई हुई रकम मुझे वापस मिल गई और मेरा 37,000 डॉलर का मूलधन सही-सलामत है।

ऐसे बहुत से सौदे हैं, जो मेरे सफल रहे हैं, लेकिन फिर भी कमीशन और टैक्स में मेरा काफी पैसा लग गया, किंतु जब मैंने अपने खातों की बारीकी से जाँच की तो मैंने पाया कि इतिहास के सबसे बड़े बुल मार्केट से अपने बहुत सारे अनुभव, ज्यादा ज्ञान में, अत्यधिक आत्मविश्वास और 889 डॉलर के कुल नुकसान के बावजूद मैं ईर्ष्यारहित स्टॉक मार्किट के जाल से बाहर निकल आया।

टेक्नो-फंडा

6

बेबी बियर मार्केट के समय

मैंने उस समय परिस्थितियों का सूक्ष्म निरीक्षण करने का फैसला किया, जब बेबी बियर मार्केट के दौरान मेरे पास एक भी शेयर नहीं था। इस परिस्थिति को सही रूप से समझने के लिए मैंने दो बाज़ारों का तुलनात्मक अध्ययन किया।

उस समय बुल मार्केट मुझे ऐसा लगा, जैसे आजीवन धावकों से भरा हुआ कोई ग्रीष्मकालीन कैंप हो, लेकिन मुझे इस बात का ध्यान रखना था कि कुछ स्टॉक्स दूसरों से ज्यादा मजबूत स्तिथि में होते हैं। बियर मार्केट अब ग्रीष्मकालीन कैंप से अस्पताल में बदल चुका था और इसमें ज़्यादातर स्टॉक्स बीमार थे, लेकिन कुछ दूसरों से भी ज्यादा बीमार थे। सच्चाई तो यह है की जब यह बाज़ार टूटा तो ज़्यादातर स्टॉक्स भी आहत होने से बच नहीं पाए। अब इस बात पर विचार करने की जरूरत थी कि स्टॉक्स कितने बीमार हैं और उनकी यह बीमारी कब तक चलने वाली है।

मैंने इसका हिसाब लगाया कि यदि एक स्टॉक 100 से 40 पर गिर जाता है, तो वह निश्चित ही फिर से उसी ऊँचाई पर अधिक लंबे समय तक नहीं जा सकता। उस स्टॉक की स्थिति उस धावक की तरह होगी, जो अपने बुरी तरह घायल पैर के साथ फिर पहले की तरह दौड़ने-कूदने से पहले ठीक होने के लिए एक लंबा समय लेता है। अब मेरे दिमाग में कोई संशय नहीं था कि किसी स्टॉक को खरीदकर उसके आगे बढ़ने की तथा बेचकर धन कमाने की उम्मीद मेरे लिए बेमानी सी थी, क्योंकि जोन्स एण्ड लॉलिन मुझे यह सबक दे चुका था। मुझे अच्छी तरह से याद है कि किस प्रकार मैं इस स्टॉक के ऊपर चढ़ने के लिए उत्सुक होता था।

यह एक बहुत ही सामान्य-सी मानवीय भावना थी, लेकिन इस भावना का इस स्टॉक के मार्केट पर उतना ही प्रभाव पड़ता था, जितना कि किसी घर पर उसे देखने वाले दर्शकों की भावनाओं का होता है। जिस घोड़े को जीतना है, वह जीतेगा ही..., चाहे हजारों दर्शक किसी दूसरे घोड़े के लिए प्रोत्साहित हों रहे हों।

अब वही हो रहा था। मुझे पता था कि यदि मैं कोई शेयर खरीदता हूँ और गलत साबित होता हूँ, तो दुनिया की सारी प्रसन्नता और जोर उसके मूल्य को आधा पॉइंट भी नहीं बदल सकते और ऐसी कोई बात कही नहीं जा रही थी कि मार्केट कितना गिर सकता है। मुझे यह ट्रेंड ज्यादा पसंद नहीं आया, लेकिन मैं यह भी जानता था कि इसके विपरीत चलना बेकार है।

ऐसी स्तिथि में मुझे जॉर्ज बर्नार्ड शॉ का वह कथन याद आया, जो उन्होंने अपने एक नाटक के उद्घाटन की रात को कहा था। जब पर्दा गिरा तो एक आदमी के अलावा सभी ने ताली बजाई और उनकी वाह-वाह की। बर्नार्ड शॉ उसके पास गए और पूछा, "क्या तुम्हें मेरा नाटक पसंद नहीं आया?"

उस व्यक्ति ने उत्तर दिया "नहीं, मुझे पसंद नहीं आया"। तब शॉ ने कहा - "मुझे भी नहीं आया, लेकिन इस भीड़ के विपरीत हम दो कर भी क्या सकते हैं?"

इसी कारण मैंने भी जो था वह स्वीकर कर लिया- वह नहीं जिसे मैं देखना चाहता था। मैं चुपचाप खड़ा होकर अच्छा समय आने का इंतजार करने लगा।

अपनी पूरी दृढ़ता के साथ मैंने ट्रेड करने से मना कर दिया और इतनी दृढ़ता से मना किया कि मेरे ब्रोकर ने मुझे लिखकर इसका कारण पूछा।

मैंने अपनी बात उसे समझाने की कोशिश की- "यह तो चिड़ियों का बाजार है। मुझे चिड़ियों के बाज़ार में रुकने की कोई वजह दिखाई नहीं देती।"

इस घटना के बाद जो समय निकला वह मैंने ठीक वैसे बिताया, जैसे कोई धावक अपने आप को किसी रेस के लिए तैयार करता है। दिन पर दिन बीतते गए और जब मेरे पास कोई स्टॉक नहीं था और मार्केट लगातार नीचे की ओर जा रहा था, उस समय मैंने 'बैरन्स' के एक कोटेशन्स का अनुसरण किया। मैंने उन स्टॉक्स को खोजने का कोशिश की जो गिरावट के समय स्थिर खड़े थे और मैंने यह हिसाब लगाया कि यदि यह बहाव के विपरीत तैर सकते हैं, तो ये बहाव के बदलने पर तो यह बहुत तेजी से आगे जाएँगे।

कुछ समय बीतने के बाद, जब मार्केट के शुरुआती दौर का प्रभाव खत्म हुआ उस समय मुझे मौका मिला और जो कुछ स्टॉक्स गिरावट के ट्रेंड से बिल्कुल अलग खड़े थे। वे भी गिरे, लेकिन जब ज़्यादातर स्टॉक्स सामान्य मार्केट के ट्रेंड का अनुसरण करके गिर रहे थे, ये स्टॉक्स इसके विपरीत खड़े थे। मैं इनके विरोध को समझ रहा था और नज़दीक से विश्लेषण करने पर मैंने पाया कि इनमें से ज्यादातर वे कंपनियाँ हैं, जिनकी कमाई का ट्रेंड बहुत तेज़ी से ऊपर की ओर है। निष्कर्ष बिल्कुल साफ था कि मार्केट की इतनी बुरी हालत होने के बावजूद भी इन स्टॉक्स में पूंजी प्रवाहित हो रही थी। यह पूँजी कमाई में बढ़ोतरी के पीछे ऐसे जा रही थी, जैसे कुत्ता किसी गंध का पीछा करता है। इस खोज ने मेरी आँखों के सामने एक बिल्कुल नया रास्ता खोल दिया था।

मैंने यह महसूस किया कि स्टॉक्स धन कमाने की शक्ति के गुलाम होते हैं। जिसके परिणामस्वरूप मैंने यह फैसला लिया कि स्टॉक्स की मूवमेंट के पीछे चाहे जितने भी कारण क्यों न हों, मैं केवल उन्हीं स्टॉक्स पर अपना ध्यान केंद्रित करूँगा जिनकी कमाई में लगातार बढ़ोत्तरी हो रही हो, या ऐसा होने की भविष्य में पूरी संभावनाएँ हो। ऐसा करने के लिए मैं अपनी फंडामेंटल तथा तकनीकी अप्रोचों का गठबंधन करने को बिल्कुल तैयार था। अब मैं अपनी तकनीकी पकड़ के आधार पर मार्केट से स्टॉक का चुनाव करूँगा, लेकिन मैं उन्हें तभी खरीदूँगा जब मैं ऐसा करने के लिए धन अर्जन में बढ़ोतरी को फंडामेंटल कारण की तरह ही पेश कर सकूँगा।

इस प्रकार मैं अपने टेक्नो-फंडामेंटलिस्ट सिद्धांत तक पहुँच पाया, जिसे मैं आज भी प्रयोग में ला रहा हूँ।

इस सिद्धांत को प्रयोग में लाने के लिए, मैंने 20 साल तक की दूरदृष्टि रखने का फैसला किया, लेकिन इसका अर्थ यह नहीं था कि मैं एक स्टॉक को 20 साल तक अपने पास रखूँगा। यह मेरे इरादों के ठीक उल्टा था। पर मैंने इन स्टॉक्स को ढूँढा जो भविष्य से जुड़े हुए थे और साथ ही मुझे यह पूरी आशा थी की कंपनी के नए क्रांतिकारी उत्पाद उस स्टॉक की आय को बहुत बढ़ा देंगे।

मुझे ऐसे उद्योग साफतौर पर दिखाई दे रहे थे, उद्धरण के लिए इलेक्ट्रॉनिक, मिसाइल, रॉकेट ईंधन। ये सभी बड़ी तेजी से आगे बढ़ रहे थे। ये उद्योग अभी लघु उद्योग थे और जब तक कुछ असंभावित नहीं घटता इनका विस्तार मार्केट में जल्दी ही प्रतिबिंबित होने वाला था। स्टॉक मार्केट में मेरे द्वारा किए गए शोधों से मुझे पता था कि मूलभूत सिद्धांतों से चलने वाले भविष्य के स्टॉक्स, वॉल स्ट्रीट

में हमेशा अच्छे रहते ही हैं। ऑटो-मोबाइल युग आने से पहले के सालों में स्मार्ट ऑपरेटर्स रेलरोड की ओर झुक गए थे, क्योंकि उन्हें पता था कि ये स्टेज कोच और कवर्ड वैगन से आगे निकल जाएँगे।

एक पीढ़ी के बाद बुद्धिमान निवेशक रेलरोड से बाहर निकलकर ऑटो-मोबाइल में आ गए। आगे बढ़कर विस्तार करने वाली कंपनियाँ जैसे जनरल मोटर्स और क्रिसलर उस समय तुलनात्मक रूप से लघु कंपनियाँ थीं। उस समय जिन लोगों ने इन्हें खरीदा और इनके विस्तार के दौरान इनके साथ स्थिरता के साथ खड़े रहे, उन्होंने बहुत अर्जित किया। अब ये अच्छी तरह से स्थापित स्टॉक हैं। ये आगे की ओर जाने वाले सट्टेबाज़ के लिए नहीं हैं।

ध्यान से देखने पर मैंने पाया कि आज भी वही सब है। अच्छे भविष्य के सामान्य सिद्धांत पर ऐसे स्टॉक्स जो भविष्य में प्रगतिशील विकास का वादा करते हैं, आगे चलकर ज़रूर दूसरों से बेहतर प्रदर्शन करेंगे। एक अच्छा स्टॉक जो जैट युग में कदम मिलाकर चल सकता है, आने वाले 20 सालों में 20 गुना बढ़ोतरी के बराबर जरूर होगा यानी ऊपर जाएगा।

मैं यह जानता था कि इस प्रकार के स्टॉक्स में एक निश्चित फैशन चलता है, ठीक वैसा ही जैसा महिलाओं के कपड़ों में चलता है और सफलता पाने के लिए मुझे फैशनेबल स्टॉक की खोज करना बेहद ज़रूरी था।

जैसे महिलाओं के फैशन बदलते हैं, वैसे ही स्टॉक्स के फैशन भी जल्दी-जल्दी बदलते हैं। महिलाएँ अपने कपड़ों की लंबाई को हर दो-तीन साल में घटा या बढ़ा लेती हैं।

स्टॉक्स के साथ भी ठीक ऐसा ही है। जब तक इनका फैशन रहता है, दूरदर्शी निवेशक उन्हें देखते हैं, फिर उन्हें लेते हैं और उनके साथ बने रहते हैं। फिर धीरे से फैशन चला जाता है और वे बाहर हो जाते हैं। वे अपना धन नए तरह के स्टॉक में लगा देते हैं। मुझे मालूम था कि मुझे फैशन के इन बदलावों को उत्सुकता से अभी देखना है, नहीं तो मैं पुराने स्टॉक्स के साथ ही फँसा रह जाऊँगा। जबकि नए स्टॉक्स परिवर्तन दिखा रहे होंगे। यदि मैं बहुत सतर्क नहीं रहता तो मैं किसी संवेदनशील युग से अछूता रह जाता।

यह बात कोई मज़ाक की बात नहीं है। मान लीजिए एक काल्पनिक उत्पाद है - कार जो उड़ भी सकती है और हर कोई उस कंपनी के स्टॉक के पीछे भाग रहा है। दूसरी तरफ ऑरिगन में दो व्यक्ति हैं, जो इससे भी बेहतर तकनीक पर लगे हुए हैं।

एक बार यह बेहतर तकनीक बाजार में आने के लिए तैयार हो जाएगी और उसे संभालने के लिए एक कंपनी बना जाएगी, तो निश्चित ही उड़ने वाली कार को वह पीछे छोड़ देगी और इसके शेयर बड़ी जल्दी नीचे गिरने लगेंगे। यह बिल्कुल सरल सा सिद्धांत है, और इसे केवल नज़रें जमाकर देखा समझा जा सकता है। इस साल के फैशन का क्रय कैसे किया जाए? मैं यह तभी कर सकता हूँ, जब मैं इसको पहचानने के लिए मार्केट पर नज़र रखता रहूँ। यदि मार्केट एक फैशन से हट रहा है तो उसकी जगह लेने के लिए कोई न कोई फैशनेबल स्टॉक ज़रूर तैयार होगा। अब मुझे ऐसे स्टॉक ढूँढ़ने थे, जो ऊपर उठने वाले हों, क्योंकि ये ही लोगों की सोच में हलचल पैदा करते हैं।

इस सोच के आधार पर मैं इस तेजी से बढ़ रहे युग के साथ कदम मिलाकर आगे बढ़ने वाले स्टॉक्स के स्टॉक मार्केट कोटेशन्स पर अच्छे से अपनी नज़र रखने लगा।

सच कहूँ तो मुझे कंपनी के व्यक्तिगत उत्पादों में कोई रुचि नहीं थी, चाहे वह रॉकेट के लिए धातु हो, ठोस ईंधन या अत्याधुनिक इलेक्ट्रॉनिक उपकरण हों। मैं तो यह भी नहीं जानना चाहता था कि वे क्या बनाते हैं। यह जानकारी मेरे लिए अवरोध उत्पन्न कर सकती थी। मुझे तो बस कंपनी के उत्पादों की बस उतनी ही परवाह थी, जितनी की बोर्ड चेयरमैन की पत्नी के सुन्दर होने की होती है, लेकिन मैं यह जरूर जानना चाहता था कि क्या कंपनी किसी उभरते हुए संभावनाशील उद्योग का हिस्सा थी और क्या वह मेरी अपेक्षाओं के अनुरूप मार्केट में चल रही है।

भले ही यह रूढ़िवादी वित्तीय लेखकों की सलाहों के बिलकुल उल्टा था, जो कई पीढ़ियों से अपने निवेशकों को सरेआम यह कहते आ रहे थे कि बुद्धिमत्तापूर्ण निवेश के लिए कंपनी की रिपोर्ट और बैलेंस शीट जरूर पढ़नी चाहिए और किसी स्टॉक की पृष्ठभूमि की जानकारी भी लेनी चाहिए।

मैंने यह फैसला किया कि यह सब मेरे लिए नहीं है। किसी कंपनी की रिपोर्ट और बैलेंस शीट उसके अतीत और वर्तमान के विषय में जरूर बता सकती है, लेकिन भविष्य के विषय में नहीं बता सकतीं। यही कारण है, जिस वजह से मुझे अपनी योजनाओं पर ही ध्यान देना था। मैंने स्थिरभाव से यह भी समझा कि अब यही मेरा उद्देश्य है। मैं तो लाभ कमाना चाहता था और डिवीडेंड की कमाई पर चलने वाली विधवा को दूसरी तरह से सोचना पड़ता है।

लगभग दुनिया भर में घूमने के दौरान मैं लगातार उन स्टॉक्स की खोज करता रहा जो ऊपर जाने की शक्ति रखते हों, क्योंकि उसमें भविष्य की संभावना

होती है। यह अवधारणा एक तरह से उसकी तैयारी थी, जिसे आप हाई-टैरिटेरी ट्रेडिंग कह सकते हैं।

मैं लगातार ऐसे स्टॉक्स की खोज करता रहा, जो मेरी समझ में नई ऊँचाइयों को छू सकते थे और मैं इस नतीजे पर पहुँचा कि जब ये लांचिंग पैड पर चढ़ चुके हों और उड़ान भरने के लिए तैयार हों, तभी मैं इन पर अपना पूरा ध्यान केंद्रित करूँगा। तब भले ही ये स्टॉक पहले से अधिक महँगे लगेंगे और शुरुआत करने वाले लोगों को तो यह काफी महँगे लगेंगे, लेकिन यह निश्चित है कि ये अभी और महँगे हो सकते हैं। मैंने अपने दिमाग को महँगा खरीदने और महँगा बेचने के लिए सबसे पहले तैयार किया।

जिस मेहनत से मैं अपनी सीख से महँगे, पर सस्ते, और तेज गति वाले स्टॉक्स को पूरी लगन से ढूँढ़ने के प्रयास में लग गया। मैंने इन्हें लगातार ढूंढा, क्योंकि मुझे पूरा विश्वास था कि ये मार्केट के सुधरते ही तेजी से ऊपर जाने वाले स्टॉक्स में सबसे आगे होंगे।

मैंने लगभग एक दर्जन स्टॉक्स पर अपना ध्यान केंद्रित कर रखा था। हर सप्ताह मैं उनके कोटेशन देखता और उनके व्यवहार का विश्लेषण करता था। ताकि कहीं कोई स्टॉक मजबूत दिखाई दे तो मैं उसे तुरन्त खरीद लूँ।

उनके मूल्यों की गतिविधि के साथ मैं उनके किसी भी असामान्य गतिविधि पर भी अपनी नजर बनाए रखता था। मैं 'वॉल्यूम' का महत्व बिल्कुल भूल गया था। मैंने स्वयं को उच्च-मूल्य स्टॉक्स में काम करने के लिए बिलकुल तैयार कर लिया, जिसका कारण ब्रोकरेज कमीशन था। जब मैंने कमीशन मूल्यों का परीक्षण किया, तो मैंने पाया कि 10 डॉलर के स्टॉक की अपेक्षा 100 डॉलर के स्टॉक में 10,000 डॉलर निवेश करना सस्ता है। ऐसा क्यों है? देखिए : मान लीजिए मैं एक स्टॉक में 10,000 डॉलर निवेश करना चाहता हूँ। मैं इसे कई तरह से कर सकता हूँ। उदाहरण के लिए मैं इस प्रकार खरीद सकता हूँ :

1. 10 डॉलर स्टॉक के 1,000 शेयर्स

या

2. 20 डॉलर स्टॉक के 500 शेयर्स

या

3. 100 डॉलर स्टॉक के 100 शेयर्स

न्यूयॉर्क स्टॉक एक्सचेंज की कमीशन दरें इस प्रकार हैं :

स्टॉक मूल्य	कमीशन प्रति 100 शेयर
01 डॉलर	6 डॉलर
05 डॉलर	10 डॉलर
10 डॉलर	15 डॉलर
20 डॉलर	25 डॉलर
30 डॉलर	30 डॉलर
40 डॉलर	35 डॉलर
50 डॉलर	40 डॉलर
100 डॉलर	45 डॉलर

और 10,000 डॉलर निवेश करने के लिए मुझे भुगतान करना पड़ेगा (खरीदने व बेचने के लिए) इतने डॉलर :

10 डॉलर स्टॉक के विषय में	300 डॉलर
20 डॉलर स्टॉक के विषय में	250 डॉलर
100 डॉलर स्टॉक के विषय में	90 डॉलर

यदि मेरा खरीदने का बिन्दु सही है, तो ब्रोकर का कमीशन कभी भी ज्यादा महत्व नहीं रखेगा। वह तो मेरे लाभ से वापस आ ही जाएगा, लेकिन यदि मेरा खरीदने का समय सही नहीं है तब मुझे बाहर ही रोक दिया गया जाएगा (स्टॉक आऊट), तो वह अलग मामला है। फिर दोनों कमीशन, (खरीदने और बेचने) मेरी हानि में सीधे तौर पर जुड़ जाएँगे। तो देखिए, मेरी गलतियाँ मेरे खरीदे हुए उच्च मूल्य के स्टॉक्स के कारण कम महँगी पड़ेगी।

उदाहरण के तौर पर मैं मार्केट को डूबते हुए देख रहा था, लेकिन मुझे पता था कि यह पूरी तरह से नहीं डूब सकता। कभी न कभी स्टॉक ऊपर चढ़ने ही लगेंगे। हमेशा से ऐसा ही होता आया है। बियर मार्केट ने हमेशा ही बुल मार्केट का अनुसरण किया है। शिक्षित कला तो यही थी कि प्रथम चिन्ह का ध्यान रखा जाए,

उनकी सच्चाई को परखा जाए और दूसरों के ध्यान देने से पहले और मूल्य बहुत ऊँचे होने से पहले ही उसे खरीद कर सुरक्षित कर लिया जाए।

मेरा दिमाग यकायक वाटरलू के युद्ध की ओर चला गया। इस प्रसिद्ध युद्ध में रोथशिल्ड एक एजेंट था, जो युद्ध में अपनी विजय निश्चित हो जाने पर लंदन के लिए निकल पड़ा। रोथशिल्ड के पास यह सूचना थी की रसद सामग्री निर्माण कंपनियों की माँग तेज होगी। रोथशिल्ड यह ख़बर किसी और तक पहुँचने से पहले ब्रिटिश सरकार के ज्यादा से ज्यादा शेयर को खरीदने में जुट गया। जब तक लोगों ने इसे खरीदा यह ऊँचाई पर पहुँच चुका था और रोथशिल्ड ने बहुत लाभ कमाया। आज भी वॉल स्ट्रीट में यही सिद्धांत काम करता है। सूचनाएँ आज तेजी से फैलती हैं, लेकिन पुरानी कला आज भी वही है कि दूसरे से अधिक तेज बन जाओ।

इस स्थिति में स्वयं को ढालने के लिए मैंने पाँच साल तक स्वयं को प्रशिक्षित किया। मुझे मालूम था कि मैं काफी सीख चुका हूँ। मेरे कनाडा काल की अवधि के दौरान ने मुझे सिखाया कि जुआ नहीं खेलना है : मेरे फंडामेंटलिस्ट काल ने मुझे उद्योग समूहों और उनकी आय के ट्रेंड्स के विषय में सिखाया और मेरे टेक्नीशियन काल ने मुझे बताया कि प्राइम-एक्शन और स्टॉक्स की तकनीकी स्थिति की किस तरह व्याख्या करते हैं। अब जाकर मैं इन टुकड़ों को आपस में जोड़कर स्वयं को शक्तिशाली बना पाया हूँ। यह जोड़-जोड़कर बनाए जाने वाले उस जिग्सॉ पज़ल की तरह हैं, जिसमें अंतत: सारे टुकड़े बहुत सुंदरता से अपनी जगह स्वयं ले लेते हैं। मुझे पूरा विश्वास था कि भविष्य में यह तरीका जरूर सफल सिद्ध होगा। मार्केट का रुख बदलने का इंतजार करने की अपेक्षा, मैं आत्म का रुख बदलने पर स्वयं में विश्वास और शांति महसूस कर रहा था।

लेकिन कुछ महीनों के बाद मैं जिस चीज़ का इंतज़ार कर रहा था, वह होनी शुरू हो गई। बैरन्स को पढ़कर मुझे पता चला कि जहाँ औसत स्टॉक्स कुछ महीनों से चली आ रही गिरावट अभी भी दिखा रहे थे, लेकिन कुछ अन्य स्टॉक्स ऊपर उठने शुरू हो गए थे। ये इतने छिपे हुए थे, जैसे किसी सर्दी की सुबह में एक गुलाब की कली होती है। मेरे दिमाग में यह प्रश्न अभी भी था कि ये कोमल नई कलियाँ यूं ही बनी रहेंगी या शीत ऋतु पड़ने वाले पाले की वजह से मर जाएँगी। लेकिन जब मैंने इस हल्की रोशनी को देखा, तो मुझे लगने लगा कि यह बेबी बियर मार्केट का अंत है, कुछ स्टॉक्स के लिए।

मुझे एक बात का संदेह था कि पहले के मार्केट के नेता स्टॉक कहीं फिर से आगे न बढ़ने लगें। सच कहूँ तो मुझे विश्वास हो गया था कि ये स्टॉक्स इतिहास में

अपनी जगह बना चुके हैं और अब ये कुछ समय के लिए अपनी पुरानी ऊँचाइयों को नहीं छू सकते, जिसमें इनके अनुसरण करने वाले निवेशकों को बहुत लाभ हुआ था। अब मुझे नए स्टॉक्स ढूँढ़ने थे, लेकिन बाद में यह सच साबित हुआ, क्योंकि इस समय मार्केट कोट्स में कुछ स्टॉक्स छिपे हुए थे। ये वही स्टॉक थे जिनमें लोगों को कोई खास रुचि नहीं थी। उस समय यानी नवम्बर, 1957 में वे मेरी रुचि के भी नहीं रहे और मैंने कभी उनके बारे में सुना भी नहीं। वे स्टॉक्स इस प्रकार थे :

यूनिवर्सल प्रॉडक्ट्स		20 पर
थियोकोल कैमिकल्स		64 पर
टेक्सास इंस्ट्रमेन्ट्स		23 पर
जेनिथ रेडियो		116 पर
फेयरचाइल्ड कैमरा		19 पर

यह सभी स्टॉक अभी मरे नहीं थे। ये केवल एक अजन्मे शिशु की भांति सो रहे थे, लेकिन एक दिन ये भी जागने वाले थे और मार्केट के नए नेतृत्व में उछाल मारने वाले थे। और इन्हीं से मुझे 20 लाख डॉलर मिलने वाले थे।

7

सिद्धांतों ने काम करना
शुरू कर दिया

जिस समय वॉल स्ट्रीट के ज्यादातर स्टॉक्स गिर रहे थे उस समय मैं विश्व में डांसिंग टूर कर रहा था। नवम्बर, 1957 में मैं सायगॉन के 'आर्क एन सिएल' में कार्यक्रम प्रस्तुत कर रहा था। उस समय मेरी नज़र बैरन्स में एक लॉरीलार्ड नाम के अनजाने स्टॉक पर पड़ी मुझे इस बात का पता नहीं था कि ये फिल्टर-टिप सिगरेट की किसी विशेष ब्रांड के निर्माता हैं। उस समय फिल्टर-टिप का पागलपन पूरे अमेरिका में छाया हुआ था। इस कारण उनका उत्पादन उछाल मारने वाला था। वहाँ सायगॉन में मुझे सिर्फ यह पता था कि डूबते हुए स्टॉक्स की दलदल में से लॉरीलार्ड पहाड़ की चोटी पर संकेत के लिए जलाई गई आग की तरह उभरकर आने वाला है। मार्केट के बुरे रुख के बावजूद यह 17 से ऊपर उठा और अक्टूबर के पहले सप्ताह में इसने 24/27 के बॉक्स में अपनी जगह बना ली। इस सप्ताह के लिए इसका वॉल्यूम 126, 700 शेयर था, जो कि साल के शुरुआत में इसके 10,000 शेयर्स से बिल्कुल विपरीत था।

ज्यादा वॉल्यूम और मूल्य में स्थिर बढ़ोतरी से मुझे इस बात पर पूरा भरोसा होने लगा था कि इस स्टॉक में लोगों की भारी रुचि है। जहाँ तक इसके आधार की बात थी, तो जैसे ही मैंने इस बात का पता लगाया कि इसके 'केंट' और 'ओल्ड गोल्ड' सिगरेट की व्यापक स्वीकृति है, मैं पूरी तरह से संतुष्ट हो गया और मैंने निर्णय लिया कि यदि यह 27 से ऊपर जाता हुआ दिखता है तो मैं इसे जरूर खरीद लूँगा।

मैंने तुरंत ही अपने ब्रोकर से दैनिक कोट्स तार करने को कहा ताकि सारी जानकारी मुझे समय पर मिलने लगे। जल्द ही यह पता लग गया कि मार्केट की सामान्य स्थिति के बावजूद कुछ जानकार लोग इस स्टॉक में दिलचस्पी ले रहे हैं। उस समय बहुत ही कम लोगों को इस बात की जानकारी थी कि लॉरीलार्ड अपेक्षाकृत बहुत ही कम समय में नई ऊँचाइयों को छूकर वॉल स्ट्रीट में हंगामा मचाने वाला है, जिसे देख कर वित्तीय समुदाय आश्चर्य से भर जाएगा।

अब हम सब बेबी बियर मार्केट की गहराई में पहुँच चुके थे, जिस कारण माहौल बहुत ही गमगीन हो चुका था, लेकिन इस सामान्य उदासी से दूर, लॉरीलार्ड तो अपने छोटे से बॉक्स में खुशी से उछलकूद कर रहा था।

नवम्बर, 1957 के मध्य तक यह और अधिक स्वतंत्र होकर था, जैसा कि मैंने सोचा था, यह 27/32 के बॉक्स की तरफ धीरे-धीरे बढ़ने लगा।

चारो ओर कमज़ोरी के इस दौर में, मैं एकांगी शक्ति से बहुत प्रभावित हुआ। मुझे लगा कि मेरे पास इसकी शक्ति के बहुत सारे प्रमाण हैं और मैंने बियर मार्केट में एक बुल बनने का फैसला लिया।

और इस प्रकार मैंने बैंकॉक से अपने ब्रोकर को यह तार भेजा कि : "27 ऑन स्टॉप और 26 स्टॉप लॉस पर 200 लॉरीलार्ड खरीद लो।"

आप देख सकते हैं कि मैं अपने मूलभूत और तकनीकी दृष्टिकोणों को मिलाकर अपने लिए निर्णय से काफी सुरक्षित था, लेकिन फिर भी एक क्षण के लिए भी मैंने अपने सुरक्षा हथियार-स्टॉपलॉस ऑर्डर को नहीं छोड़ा। आपका घर चाहे कितना ही अच्छा क्यों न बना हो, आप अग्नि बीमा कराना नहीं भूलते ठीक वैसे ही मैंने भी स्टॉपलॉस ऑर्डर का हाथ नहीं छोड़ा।

कुछ ही दिनों में यह पता चल गया कि मैंने 27½ के भाव पर लॉरीलार्ड के 200 शेयर खरीद लिए हैं। मैं अपने इस क्रय से बेहद खुश और संतुष्ट था। जिस कारण एक अच्छे उत्थान के लिए मैंने अपने आप को दृढ़ कर लिया।

यह सब हुआ भी, लेकिन उस तरह से नहीं जैसा मैंने सोचा था। मेरा पहला अनुभव बेहद खराब था। मंगलवार, 26 नवम्बर को यह स्टॉक गिरकर मेरे स्टॉप लॉस यानि 26 पर आ गया और बिक गया। मेरे जख्मों पर नमक छिड़कता हुआ, यह मेरे निकलने के कुछ सेकंड बाद ही बढ़ने लगा और 26¾ पर बंद हुआ।

भले ही यह प्रतिक्रिया बहुत ही कम समय के लिए थी और इसके बाद जो बढ़ोतरी हुई वह इतनी स्थिर थी कि मैंने एक बार फिर इस लेने का फैसला ले लिया।

उसी सप्ताह मैंने ये शेयर 28¾ के भाव पर फिर खरीद लिया और दोबारा मैंने अपना स्टॉप-लॉस 26 पर लगा दिया।

किंतु इस बार लॉरीलॉर्ड की चाल बिल्कुल सही दिशा में था। जैसे-जैसे दिन बीतते गए मैं यह देखकर संतुष्ट रहा कि इसके कोटेशन मेरे स्टॉप लॉस के कभी करीब आए ही नहीं। यही इस बात का प्रमाण था कि मैं और इस स्टॉक के लिए अपनाया हुआ मेरा सिद्धांत सही रास्ते पर चल रहा है।

मैं सही था। दिसंबर, 1957 में लॉरीलार्ड 30 के ऊपर चला गया और 31/35 का एक नया बॉक्स बना गया। ऐसे स्टॉक मूवमेंट का मेरा पहले का अनुभव मुझे बता रहा था कि इसको खरीद कर संचय किया जा सकता है। मुझे लगा कि मेरे पास सही स्टॉक है। अब मेरे सामने अगली चुनौती यह थी की सही समय पर इसमें कब अधिक धन लगाया जाए।

अब मेरा काम अपने दैनिक कोट्स को ध्यान से देखने का था। मैं सही समय की ऐसे प्रतीक्षा कर रहा था, जैसे कि कोई बॉक्सर अपना वार करने के लिए सही मौके का इंतजार करता है। जनवरी के अंत में एक गलत चाल के बाद जैसा मैंने इसका आगे बढ़ना सोचा था, वैसा ही होने लगा। अंतत: लॉरीलार्ड अपने बॉक्स से बाहर निकलने लगा।

यही उचित समय लग रहा था जब सब कुछ प्रोत्साहन देने वाला था- तकनीकी एक्शन, आधारभूत सिद्धांत, तरीका। न्यूयॉर्क स्टॉक एक्सचेंज ने अपनी मार्जिन रिक्वायरमेंट्स को घटाकर 70% से 50% कर दिया था। इसका अर्थ यह था कि मेरी सीमित पूँजी की क्रय शक्ति बढ़ गई थी। हर 1,000 डॉलर अब 2,000 डॉलर के स्टॉक खरीद सकते थे। यह मेरे लिए बहुत महत्त्वपूर्ण था, क्योंकि मुझे अपने फंड की ज़रूरत अन्य स्टॉक्स के लिए भी थी, जिन पर मैं उस समय नज़र रख रहा था। मैं बैंकॉक से जापान जा रहा था। वहाँ से मैंने अपनी होल्डिंग में 400 शेयर बढ़ाने का तार अपने ब्रोकर को भेजा। मेरे लिए यह 35 और 36½ पर खरीदे गए।

अगले कई सप्ताहों तक इस स्टॉक का व्यवहार लगातार अच्छा बना रहा। अपने सिद्धांत को प्रयोग में सही होता देखना मेरे लिए बहुत ही उत्साहवर्धक था। जब मैं विश्व में यात्रा करते हुए नाच रहा था, लॉरीलार्ड भी दृढ़ होकर अपने बॉक्स में बने हुए था। लेकिन यह स्थिरता थोड़े समय के लिए थी, क्योंकि वह बिना गलती के एक निर्धारित दबाव के साथ वह आगे के बॉक्स में बढ़ने वाला था। लॉरीलार्ड के बाक्स, एक सुंदर बने हुए पिरामिड की तरह एक-दूसरे के ऊपर चढ़ने लगे और

मैं मुग्ध होकर उन्हें देखता रहा। मैंने किसी स्टॉक को इतनी अच्छी तरह व्यवहार करते हुए अभी तक नहीं देखा था। यह ऐसा व्यवहार कर रहा था जैसे वह मेरे सिद्धांत पर चल रहा हो।

लॉरीलार्ड उछलकर 17 फरवरी, 1958 को 44⅜ पर आ गया। यह देख मैं अपने स्टॉक और अपने आपसे बहुत खुश था, लेकिन जब दो दिन बाद मुझे टोक्यो में ऐसा तार मिला, जिसने मुझे डरा दिया।

एक ही दिन में मेरा स्टॉक गिरकर 36¾ पर आ गया था और 37¾ पर बंद हुआ यह देख मेरे होश उड़ गए। मुझे नहीं मालूम था कि इसे कैसे समझाऊँ।

मैंने आओ देखा न ताओ एक तार न्यूयॉर्क भेजा और उस दिन के क्लोजिंग मूल्य से 2 पॉइंट नीचे अपने स्टॉप लॉस को 36 तक बढ़ा दिया। मुझे लगा कि यदि यह इस बिन्दु तक गिर भी गया, तो मेरे स्टॉक अपने आप बेच दिए जाएँगे और मैं अपनी पहली खरीद पर अच्छा खासा लाभ कमा लूँगा।

जब मैं टोक्यो में था, मुझे वॉल स्ट्रीट की उस अफवाह के विषय में पता नहीं लगा, जिसकी वजह से उस दिन यह स्टॉक नीचे आया था। मुझे बस इतना पता था कि इस स्टॉक ने एक बुरा मोड़ लिया है। बाद में मुझे मालूम हुआ कि ऐसी कोई रिपोर्ट आई है, जिसमें कहा गया है कि किए गए दावे के हिसाब से फिल्टर-टिप्स फेफड़ों के कैंसर के लिए अच्छी नहीं हैं। इससे डरकर बहुत से लोग इस स्टॉक से बाहर हो गए थे।

सौभाग्य से यह स्थिति बहुत कम समय के लिए रही और मेरा स्टॉप-लॉस छू ही नहीं पाया। इससे मुझे स्टॉक की शक्ति पर पूरा विश्वास हो गया और मैंने अतिरिक्त 400 शेयर लेने का निर्णय ले लिया। मैंने 38⅝ प्रति शेयर का भुगतान किया।

इसके ठीक बाद ही हमने इस मूल्य को बहुत पीछे छोड़ दिया और आगे निकल गए। इसके कोट्स इस प्रकार आए - 39¾, 40¼-42 ।

मेरी खुशी का ठिकाना नहीं रहा। मुझे लग रहा था कि मैं किसी नए बहुत बड़े विकास में सहभागीदार हूँ। सब कुछ मेरी योजना के अनुसार होता जा रहा था।

ठीक इसी समय मुझे किसी जानी-मानी सलाहकार सेवा के तीन सप्ताह के अंक अपने ब्रोकर से मिले। सप्ताह के बाद सप्ताह यह सेवा अपने ग्राहकों से यह अनुरोध करती आ रही थी कि लॉरीलार्ड को शॉर्ट सेल करें। उसकी तीसरी सिफारिश इस प्रकार की थी :

"लॉरीलार्ड 44 के आसपास डिस्ट्रिब्यूशन में था, जब पिछले सप्ताह आपको इसे शॉर्ट करने को कहा था।"

मुझे इस बात की खुशी है कि मैं बहुत पहले ही इस सलाहकार सेवा से अपना भ्रम तोड़ चुका था, इसलिए मैंने इस खबर पर कोई ध्यान नहीं दिया।

इसके अतिरिक्त जो भी अमेरिकन यात्री मुझसे स्टॉक मार्केट की बात करता, मैं उनसे लॉरीलार्ड की सिफारिश करनी शुरू कर देता। सच्चाई तो यह है कि मैं सचमुच सहायता करने की कोशिश करता था। एक दिन बैंकॉक के 'इरावन' होटल में जो हुआ उससे मेरे उत्साह का एक बेहतरीन उदाहरण देखने को मिलता है। एक दिन दोपहर के समय खाना खाते हुए मेरी मुलाकात एक बड़ी अमेरिकन शिपिंग कंपनी के अध्यक्ष से कराई गई। बातचीत के बीच उन्होंने बताया कि स्टॉक मार्केट में उनकी 30,00,000 डॉलर की राशि लगी हुई है, जो कि इस प्रकार देखी जा सकती है-

25,00,000 डॉलर मूल्य का स्टैण्डर्ड ऑयल (न्यू जर्सी)

5,00,000 डॉलर मूल्य का लॉरीलार्ड

उन्होंने पूछा - "इस विषय में आप क्या सोचते हैं ?"।

इस बारे में बताने के लिए मुझसे बेहतर व्यक्ति भला कौन हो सकता था!

तुरंत ही मैंने उन्हें जर्सी स्टैण्डर्ड की सारी होल्डिंग बेचने और उसे लॉरीलार्ड में लगाने के लिए उनसे कहा। मैंने उन्हें वही बताया जो मैं उनकी जगह होता तो करता।

ठीक एक साल बाद जब मैं न्यूयॉर्क की किसी पार्टी में उनसे मिला। उस समय लॉरीलार्ड 80 पर था। "आपकी ताजा स्टॉक मार्केट सलाह क्या है?"

मैंने उनसे कहा - "क्या बैंकाक में दी हुई 30,00,000 डॉलर मूल्य की सलाह आपके लिए काफी नहीं थी?"

उन्होंने कहा - "वह जरूर काफी रही होती, यदि मैंने उसे मान लिया होता।"

1958 में मार्च के तीसरे सप्ताह में लॉरीलॉर्ड ने एक और निश्चित बढ़त ले ली। वह एक सप्ताह में ही 4⅛ पाइंट ऊछल गया, उसका वॉल्यूम विस्मित करने वाले 3,16,000 तक आगे बढ़ गया और इसने अंत में 50/54 के बॉक्स में अपनी जगह निश्चित कर ली।

और देखते ही देखते अप्रैल के दूसरे सप्ताह में लॉरीलॉर्ड ने अपने बॉक्स को छोड़ दिया। यह 55¼ की नई ऊँचाइयों पर पहुँचा, लेकिन तुरंत ही नीचे गिरकर

अपने पुराने 50/54 में आ गया। चूँकि मैं आगे खरीदने की व्यवस्था नहीं कर पाया था। फिर भी इसने मुझे निराश नहीं होने दिया। हालाँकि मैंने बड़ी सतर्कता से अपना स्टॉप-लॉस बढ़ाकर 49 पर कर दिया।

जब इसे बेचने का समय आया तो मैं कुछ देर के लिए शांत हो गया था, लेकिन मैंने इसके विरुद्ध निर्णय लिया। अब तक मैंने अपने आपको धैर्य धरने के लिए प्रशिक्षित कर लिया था। यद्यपि मैं अपनी प्रारंभिक खरीद पर 20 डॉलर प्रति शेयर का लाभ ले सकता था, परंतु फिर मैं जल्द लाभ न लेने का निश्चय करके बैठ गया। लॉरीलॉर्ड खरीदने के मूल्य मेरे लिए यह थे :

28¾ पर 200 शेयर	5,808.76 डॉलर
35 पर 200 शेयर	7,065.00 डॉलर
36½ पर 200 शेयर	7,366.50 डॉलर
38⅝ पर 400 शेयर	15,587.24 डॉलर
कुल 1,000 शेयर	35,827.50 डॉलर

मैंने आखरी दिन खरीद 50% के अंतराल पर की। इसने मुझे अपनी बाकी की पूँजी को आगे के निवेश के योग्य बना दिया, जिसे मैंने डाइनर्स क्लब नामक स्टॉक में लगा दिया था। साल के अंत में लॉरीलॉर्ड से जूझते हुए मैं इस स्टॉक में रुचि लेने लगा, जब तक डाइनर्स क्लब दो भागों में बँट गया था और जनवरी, 1958 के अंतिम सप्ताह में इसका साप्ताहिक वॉल्यूम बढ़कर 23,400 हो गया, जिसे मैं इस स्टॉक के लिए बहुत ऊँचा मानता था। इसका वॉल्यूम बढ़ने के साथ ही मूल्य भी बढ़ने लगा, मैंने निर्णय लिया की मैं इस स्टॉक के फंडामेन्टल देखूंगा। वे सभी फिर से मुझे आश्वासन देने वाले थे। व्यापक होते क्षेत्र में इस कंपनी का लगभग एकाधिकार ही था। क्रेडिट कार्ड सिस्टम, जिसमें यह कंपनी अग्रणी थी, पूरी तरह से स्थापित हो चुकी थी। कंपनी की आय एक निश्चित बढ़ोत्तरी की ओर अग्रसर थी। इन सब बातों को ध्यान में रखते हुए, मैंने 24½ के भाव पर 500 शेयर खरीद लिए और अपना स्टॉप लॉस 21⅝ पर लगा दिया।

अब मेरे सामने सबसे बड़ा प्रश्न यह था कि स्टॉक आगे कैसा रुख अपनाते हैं, क्योंकि लॉरीलॉर्ड की मेरी पहली खरीद ने मुझे पहले ही लाभ दिलवा दिया था और मैंने हिसाब लगाया कि यदि यह बहुत बुरी स्थिति में भी आता है, तो मैं इसे डाइनर्स

क्लब में खो दूँगा, लेकिन ऐसा हुआ नहीं।

लॉरीलार्ड के स्टॉक खरीदने के कुछ दिनों के बाद ही यह बढ़ना शुरू हो गया। मेरी थ्योरी के अनुसार, मैंने तुरंत ही 26⅛ के भाव पर और 500 शेयर खरीद लिए। दोनों ही खरीद पर मुझे 50% के अंतराल से लाभ हुआ।

सच्चाई तो यह है की यह पैटर्न बहुत अच्छी तरह से विकसित होता गया- पहले 28/30 फिर 32/36 का बॉक्स। जो आखरी खरीदारी हुई, वह मैंने सप्ताह के लिए 52,600 शेयर के वॉल्यूम के साथ थी।

आज तक के इतिहास में यह विभाजित स्टॉक के किसी अंत सप्ताह के वॉल्यूम से ऊँचा था।

मेरे सामने लाभ का ढेर था, लेकिन मैं एक क्षण के लिए भी स्टॉक की बढ़ोतरी के साथ अपने स्टॉप-लॉस बीमा को आगे बड़ाना नहीं भूला। पहले मैंने इसे 27 फिर 31 तक आगे बढ़ा दिया था।

मार्च के चौथे सप्ताह में स्टॉक्स एक नए बॉक्स 36½/40 में चला गया और ऐसा लगने लगा कि यह अब इस बॉक्स से अब निकलेगा ही नहीं फिर मैंने डाइनर्स क्लब में अपनी स्थिति का हिसाब लगाया। मैंने खरीदे -

24½ के हिसाब से 500 शेयर	12,353.15 डॉलर
26⅛ के हिसाब से 500 शेयर	13,167.65 डॉलर
कुल 1000 शेयर	25,520.80 डॉलर में

मेरे सिद्धांत के अनुसार मुझे 10,000 डॉलर से ज्यादा का लाभ हो चुका था इसलिए अब मुझे रुकना चाहिए था, लेकिन स्टॉक ऐसे आगे बड़ रहा था जैसे वह और आगे जाएगा और हर संकेत इसी ओर इशारा कर रहा था।

किंतु तभी अनपेक्षित रूप से मेरे तार कुछ और ही दिखाने लगे थे। यह समझ नहीं आ रहा था कि ऐसा किस कारण से हो रहा है, लेकिन मुझे कुछ अजीब-सा लग रहा था। ऐसा लग रहा था, जैसे स्टॉक आगे बढ़ना ही नहीं चाह रहे हों। ऐसा लग रहा था, जैसे इसका आखरी पिरामिड छोर पर आकर वापस जाने में हिचक रहा हो। यह नीचे लिगरने को बिलकुल तैयार लग रहा था। इसलिए किसी गिरावट में न फँसने के लिए मैंने अपना स्टॉप लॉस 36⅜ के बहुत ही पास के अंतराल पर लगा दिया। अप्रैल के चौथे सप्ताह में जिस घटना के लिए मैंने अपना बीमा कराया

था, वह हो गया। डाइनर्स क्लब अपने बॉक्स की निचली सीमा से बाहर निकल गया और मेरा स्टॉक बिक गया। मुझे 35,848.85 डॉलर मिले। कुल मिलाकर मुझे 10,328.05 डॉलर का लाभ हुआ।

जब मैं टोक्यो के इंपीरियल होटल में पहली बार अपने कमरे में हाथ में 10,000 डॉलर का लाभ दिखाने वाला तार लिए बैठा था। उस समय मुझे लगा कि बीते वर्षों का मेरा अध्ययन और परेशानियों का आज अंत हो गया है और अब मैं सबसे ऊपर आने की तैयारी में जुट गया था।

अगले छह सप्ताह के बाद मुझे ऐसी खबर मिली, जिससे मैं 10,000 डॉलर से और अधिक उत्साहित महसूस कर रहा था, क्योंकि मेरी पद्धति के तकनीकी पक्ष की पूरी तरह से अब पुष्टि हो चुकी थी। आधिकारिक रूप से इस बात की घोषणा हो गई थी कि अमेरिकन एक्सप्रेस ने डाइनर्स क्लब के विरोधी को लाने का निर्णय कर लिया है। इसी कारण से 36 के आसपास स्टॉक के प्रति हिचक होने लगी थी। कुछ लोगों को यह घोषणा से पहले ही पता था और वे इसे बेच रहे थे। इसको जाने बिना, मैं उनका साझेदार था।

दूर होने के कारण मुझे ऐसी किसी विरोधी संस्था की स्थापना का पता नहीं चल पाया था। फिर भी मूल्य-एक्शन पर आधारित मेरे सिस्टम के तकनीकी पक्ष ने मुझे निकलने की चेतावनी पहले से ही दे दी थी।

जब मैं लॉरीलार्ड और डाइनर्स क्लब के साथ था, उस पूरे काल में मैंने बैरन्स के अन्य स्टॉक के कोटेशन के अनुसरण को कभी नज़रअंदाज नहीं किया। इससे मुझे यह पता लगने लगा कि ई.एल. ब्रूस नाम के स्टॉक में लोगों की रुचि काफी बढ़ रही है। यह एक छोटी-सी मेम्फिस फर्म थी। यह स्टॉक अमेरिकन स्टॉक एक्सचेंज में कोटेड था। ध्यान से देखने पर मुझे यह पता लगा कि यह कंपनी हार्डवुड फ्लोरिंग बनाती है। यह मेरी फंडामेंटल अपेक्षाओं पर खरा नहीं उतरता था, लेकिन मेरी तकनीकी पद्धति मुझे बाध्य कर रही थी। मैं इस पर से अपना ध्यान नहीं हटा पा रहा था।

सच्चाई तो यह है की वॉल स्ट्रीट में ई.एल. ब्रूस की गतिविधि मुझे हैरान कर रही थी। औसतन रूप से यह सप्ताह में 5,000 शेयर्स से कम का ट्रेड करता था। फिर अचानक यह सक्रिय हो गया और आगे बढ़ना शुरू कर दिया। 1958 में अप्रैल के दूसरे सप्ताह में इसका वॉल्यूम मुझे हैरान करने वाला था, क्योंकि यह 19,100 शेयर्स तक बढ़ गया। इसके बाद साप्ताहिक वॉल्यूम 41,500-54,200-76,500 शेयर्स ऊपर चला गया। इसके साथ ही बिना नीचे की ओर

गए इसका मूल्य हर सप्ताह 5 से 8 पॉइंट ऊपर जाता ही था।

फरवरी माह में ब्रूस, 18 का था जो कि मई की शुरुआत में 50 तक चला गया। इसका पहला रिएक्शन इसके बाद ही आया, जिससे यह वापस 43.1/2 पर चला गया। मैं पक्के तौर पर नहीं कह सकता था, लेकिन यह रिएक्शन मुझे ज्यादा देर की रुकावट नहीं लग रही थी, जो ईंधन भरने के लिए आई थी। मुझे लगा कि इसका बढ़ना ऐसे ही चलता रहेगा। मैंने फंडामेंटल कारण ढूँढ़ने की कोशिश की, लेकिन मैं असफल रहा। अभी आगे देखने के लिए बहुत कुछ था जैसे वॉल्यूम, प्राइज़ एक्शन और सभी की आगे बढ़ने की पूरी उम्मीद थी।

चारों और इतना सस्पेंस था, जैसे कोई व्यक्ति अंधेरे थिएटर में बैठा कुछ रोमांचक देखने के लिए पर्दा उठने का इंतज़ार कर रहा हो। इस दौरान जब मैंने टोक्यो से कोलकाता के लिए उड़ान भरी, उस समय मैं अपनी यात्रा के हर घंटे ब्रूस के कोटेशन पर विचार करता रहा। ज़्यादातर स्टॉक्स की तुलना में इसका रेंज व्यापक और अधिक स्वतंत्र था और सच्चाई तो यह है की मैं इसके लिए कोई निश्चित फ्रेम नहीं बना पा रहा था। हिन्द महासागर के ऊपर से उड़ते समय मैंने एक अपवाद बनाने के लिए अपने दिमाग को तैयार कर लिया। फंडामेंटल हों या न हों अगर यह 50 से ऊपर गया तो मैं इसे खरीद लूँगा और काफी वॉल्यूम में खरीदूँगा।

इस समय मुझे पैसों की ज्यादा ज़रूरत थी। डाइनर्स क्लब बेचने से भी मुझे ज्यादा धन नहीं मिल पाया और यह काफी नहीं था। मैं अपनी बची हुई धनराशि का इस्तेमाल कर सकता था, लेकिन जोन्स एण्ड लॉलिन के घोर संकट के बाद मैंने यह निर्णय ले लिया था कि मैं अब उतना ही धन मार्केट में लगाऊँगा जितना नुकसान मैं सह सकूँ।

फिर कभी भी अपनी शो बिज़नेस की कमाई को मार्केट के फंड में नहीं जोड़ा।

अब जो संभव था वह यह कि मैं अपने पुराने मित्र लॉरीलार्ड का एक सूक्ष्म परीक्षण करूँ। क्या वह अभी भी ठीक-ठाक चल रहा था?

यकीनन वह ठीक नहीं चल रहा था। उसकी आगे की बढ़त निश्चित नहीं थी, उसकी प्रतिक्रिया अलग थी। मैंने आखिरकार निर्णय लिया कि अपना धन लॉरीलार्ड से बाहर निकालना ही होगा और उस निवेश को ब्रूस में लगाने के लिए तैयार रहना होगा। मैंने मई के दूसरे सप्ताह में 57⅜ के एवरेज मूल्य पर 1,000 शेयर बेच दिए। इस विक्रय में कुल मूल्य 56,880.45 डॉलर मिला। इस सौदे में

मुझे 21,052.95 डॉलर का लाभ मिला।

अगर इसमें डायनर्स क्लब से हुए 10,000 डॉलर्स के लाभ को जोड़ लिया जाए तो पिछले पाँच महीनों में मेरी पूंजी दोगनी हो गई थी। ब्रूस जैसे शक्तिशाली और मनमौजी स्टॉक को संभालने के लिए मैं एक जाइंट किलर की तरह खुश और तैयार था।

सच तो यह है कि मैंने इस लड़ाई के लिए बहुत तैयारी की थी। लॉरीलार्ड की डील के उपरांत मैं इस निष्कर्ष पर पहुँचा था कि मेरा सिद्धांत अच्छी तरह काम कर रहा है। और अब मैं किसी एक फर्म के हाथ में इसे देकर भरोसा नहीं कर सकता हूँ। मुझे लगा कि अगर कोई मेरे सिद्धांत का अनुसरण करने लगेगा, तो मेरे सामने बहुत बड़ी परेशानी आ सकती है।

मैंने तुरंत न्यूयॉर्क फोन करके दो अन्य ब्रोकरेज फर्म के साथ अकाउंट खुलवा लिया।

मई, 1958 के तीसरे सप्ताह में मैंने 50¾ ऑटोमेटिक ऑन-स्टॉप क्रय ऑर्डर पर 500 ब्रूस खरीदने के लिए न्यूयॉर्क अपना तार भेज दिया और 48 पर अपना स्टॉप लॉस लगा दिया।

आगे के दिनों में स्टॉक इतनी अच्छी तरह चला कि मैंने तय किया कि बची हुई 50% के अंतराल पर स्थितियों का पूरा लाभ उठाना चाहिए और जब मैंने देखा कि मेरा स्टॉप लॉस तक पहुँचा ही नहीं तो मैंने और ज्यादा खरीदारी कर ली। मेरा हर क्रय 47 और 48 के बीच स्टॉप-लॉस से सुरक्षित था। मैंने देखा कि यदि मैं स्टॉप्ड-आउट भी हो जाता हूँ, तो भी मैं केवल डाइनर्स क्लब के लाभ से वंचित रहूँगा -

मेरी खरीद की यह सूची है -

50¾ के भाव से 500 शेयर	25,510.95 डॉलर
51⅛ के भाव से 500 शेयर	25,698.90 डॉलर
51¾ के भाव से 500 शेयर	26,012.20 डॉलर
52¾ के भाव से 500 शेयर	26,513.45 डॉलर
53⅝ के भाव से 500 शेयर	26,952.05 डॉलर
कुल 2,500 शेयर	**130,687.55 डॉलर**

मेरा समय अच्छा चल रहा था, क्योंकि ई.एल. ब्रूस लगातार ऊपर चढ़ रहा

था, जैसे कोई चुंबक उसे अपने ओर खिंच रहा हो। मैं उसे देखता रहा और उसके ऊपर बढ़ने की चाल से विस्मित होता गया। सच कहूँ तो यह सब देखने लायक था।

उस समय मैं कोलकाता में बैठा हुआ प्रतिदिन के कोट्स देखता था। जल्दी ही मेरे ब्रोकर ने मुझे बताया कि स्टॉक 60 से ऊपर चला गया है। थोड़ा रुकने के बाद यह फिर से आगे बढ़ने लगा है और 13 जून तक यह 77 पर पहुँच गया।

मैं इतनी दूर भारत में रहते हुए भी यह स्पष्ट रूप से देख पा रहा था कि अमेरिकन स्टॉक एक्सचेंज में कुछ बहुत ही अद्भुत हो रहा है। मैं अपने आप से रोज यह युद्ध करता था की मैं न्यूयॉर्क फोन करके यह जानने का प्रयास न करूँ कि वहाँ क्या हो रहा है। मैंने अपने आपसे यही कहा जब मैं अपने ब्रोकर्स को फोन करना चाहता था की फोन करके केवल अफवाहों का ही पता लगेगा, जिस कारण मैं कुछ गलत कर बैठूँगा।

इतनी दूर कोलकाता के ग्रैण्ड होटल में बैठे हुए धैर्य और दृढ़ संकल्प की जैसी कठिन परीक्षा मेरी हो रही थी ऐसी किसी की नहीं हुई होगी। मैं परेशान और हैरान था कि वॉल स्ट्रीट में क्या हो रहा होगा?

और कुछ दिनों के बाद न्यूयॉर्क से आए एक फोन ने मेरी बेचैनी को आतंक में बदल दिया वह फोन मेरे एक ब्रोकर ने मुझे फोन किया था और उसने तो लगभग मेरी जान ही निकाल दी थी।

उसने कहा - "उन्होंने अमेरिकन स्टॉक एक्सचेंज में ब्रूस की ट्रेडिंग को ही बाहर कर दिया है।"

इस बात को सुनते ही मेरे हाथ से लगभग फोन छूट ही गया था। मैं बहुत डर गया था। ब्रूस स्टॉक में ट्रेडिंग रोक दी है! मैंने लगभग 60,000 डॉलर से ज़्यादा की पूँजी इसमें लगी थी। क्या इसका मतलब यह है कि मेरी सारी की सारी पूँजी डूब गई है? बहुत कठिनाई से मैं उसकी बात ध्यान से सुन पाने में समर्थ हो पाया। सच्चाई तो यह है की कुछ मिनट के बाद ही मैं उसकी बात सुन पाने के लिए स्वयं को तैयार कर पाया।

इस परेशानी के साथ मुझे यह समझने में बहुत समय लगा कि इस हानि से बहुत दूर, मैं ब्रूस को ओवर द काउंटर मार्केट में 100 डॉलर प्रति शेयर पर बेच सकता हूँ। मैं पूरी तरह से इस भ्रम में था कि 100 डॉलर प्रति शेयर्स यह क्या कर सकता था?

जिस वक्त ब्रोकर न्यूयॉर्क से कोलकाता फोन पर मुझे यह पूरी कहानी सुना

रहा था, उस वक्त मैं डर से काँप रहा था।

वॉल स्ट्रीट के कुछ ट्रेडर्स ने अपने फंडामेंटल सिद्धांत के आधार पर

यह तय कर लिया था कि ब्रूस की बुक वैल्यू और लाभ यह दिखाती हैं कि इसका मूल्य 30 डॉलर प्रति शेयर से ज्यादा नहीं होना चाहिए। इसलिए उन्होंने इस स्टॉक को 45 और 50 के बीच में शॉर्ट सेल शुरू कर दिया था। उन्हें इस बात का विश्वास था कि वे इसे वापस 30 के आसपास के मूल्य पर ला कर इसे दोबारा खरीद लेंगे।

वॉल स्ट्रीट के ट्रेडर्स ने एक बहुत बड़ी गलती की थी, क्योंकि उन्हें एक ऐसी बात पता नहीं थी जो उन्हें पता होनी चाहिए थी। न्यूयॉर्क का एक निर्माता, एडवर्ड, गिल्बर्ट ब्रूस परिवार को कंपनी के नियंत्रण से बाहर निकाल देना चाहता था। वह और उसके सहयोगी 3,14,600 शेयर्स की बढ़त लेना चाहते थे, जो कि अभी तक ब्रूस परिवार के पास थे। इसी वजह से इस स्टॉक के मूल्य आसमान छू रहे थे। इसका वॉल्यूम भयंकर था और 2,75,000 से ज़्यादा ब्रूस शेयर्स की ट्रेडिंग दस सप्ताहों के समय में हो गई थी।

जिन शॉर्ट सेल करने वालों ने मार्केट का गलत आकलन किया था वह एक दूसरे से आगे निकल कर इस स्टॉक को खरीदने की कोशिश में उसे भ्रमित करने वाली ऊँचाइयों तक पहुँचा दिया। अब वे स्टॉक की रहस्यमयी बढ़त से एक तरह से पकड़े गए थे और अब वे इस शेयर को किसी भी मूल्य पर बिल्कुल खरीद नहीं पा रहे थे।

आखिरकार इस पागलपन वाले सौदों के कारण जब बाजार की व्यवस्थाओं पर विश्वास रखना कठिन हो गया तो अमेरिकन स्टॉक एक्सचेंज ने ट्रेडिंग निलंबित कर दी, किंतु इससे अधीर शॉर्ट सेलर्स को कुछ फर्क नहीं पड़ा, क्योंकि उन्हें अभी भी स्टॉक डेलीवर करना था। इसलिए अब वे ब्रूस के लिए ओवर द काउंटर भी देने को तैयार थे।

मैं हैरानी के साथ यह सब कुछ सुनता रहा।

फिर मेरे ब्रोकर ने मुझसे पूछा कि अब इस शेयर का ओवर द काउंटर मूल्य 100 डॉलर है, तो क्या मैं इसे इस मूल्य पर बेचने के लिए कह दूँ?

मैं अपने पुराने तारों के विषय में सोचने लगा कि वे कैसे ब्रूस की एक आश्चर्यजनक तस्वीर मेरे सामने बना रहे थे और अपनी उस कठिन परीक्षा को याद करने लगा जब मैंने वहाँ हो रही घटनाओं की जानकारी न लेने के लिए किसी को

भी फोन न करने का निर्णय लिया था, क्योंकि मैं किसी अफवाह से परेशान नहीं होना चाहता था, मुझे याद आया कि मैं कैसे ब्रूस को अपने पास संभाल कर रखे हुए था। जबकि मेरे रोज के कोट लगातार ब्रूस की आश्चर्यजनक प्रगति के विषय में बताते थे। उस समय मुझे ज़रा भी पता नहीं था कि मुझे आगे क्या करना चाहिए।

मैं लगातार कशमकश से गुजर रहा था कि क्या मुझे इसे अभी भी अपने पास रखना चाहिए? मैं बहुत कठिन दौर से गुजर रहा था, क्योंकि मुझे एक अच्छा खासा आकर्षक लाभ मिल रहा था। जब मैंने अपने ब्रोकर की बात सुनी, तो मुझे इसे बेचने की तेज इच्छा हुई। 100 के भाव पर बेचने का मतलब था किस्मत का चमक जाना यह सुनते हुए ही एक और खुशी का ठिकाना नहीं था तो दूसरी ओर मैं गहरी सोच में डूब गया, लेकिन ठीक इसके बाद मैंने अपने जीवन का एक बहुत बड़ा और क्षणिक निर्णय लिया।

मैंने अपने ब्रोकर से कहा, "नहीं, मैं इसे 100 पर नहीं बेचूंगा, क्योंकि मेरे पास इसे बेचने का कोई भी कारण नहीं है। मैं इसे अपने पास ही रखूँगा।"

और मैंने वही किया। यह मेरे लिए बहुत बड़ा और कठिन निर्णय था, लेकिन मुझे इस बात की खुशी है कि यह निर्णय सही साबित हुआ। अगले कुछ सप्ताहों तक मुझे यूनाइटेड स्टेट्स के विभिन्न भागों से कई ब्रोकर्स के फोन आते रहे जो मेरे शेयर्स के लिए अधिक से अधिक दाम देने के लिए तैयार थे। मैं धीरे-धीरे अपने स्टॉक्स को ओवर द काउंटर मार्केट में 100 और 200 शेयर्स के ब्लॉक में 171 के औसत मूल्य पर धीरे-धीरे बेचता रहा।

यह मेरी पहली बड़ी विजय थी और इस ऑपरेशन में मुझे 2,95,305.45 डॉलर का लाभ पहुँचाया।

यह मेरे लिए एक बड़ी घटना थी। मैं इतना खुश था कि मुझे यह पता नहीं था कि मुझे अब कहाँ जाना है। मैंने उन सभी को अपनी कहानी सुनाई, जो इसे सुनना चाहते थे। मैंने उन्हें अपने सभी तार दिखाए। जिन लोगों ने भी उनका तारों को देखा उन सबकी यही प्रतिक्रिया थी- "आपको यह सलाह किसने दी थी?" मैं उन सभी को समझाने की कोशिश करता था कि किसी ने मुझे कोई सलाह नहीं दी थी, मैंने सब कुछ खुद ही किया है इसलिए मेरी खुशी का कोई ठिकाना नहीं था।

यह बात मैं अच्छे से जानता हूँ कि किसी ने मुझ पर विश्वास नहीं किया होगा क्योंकि कोलकाता में मेरे सारे दोस्त यह मानते थे कि मि. गिल्बर्ट ने स्वयं मुझे अपने विश्वास में ले रखा है।

8

मेरे पहले हाफ मिलियन डॉलर

जिस प्रकार मैंने ब्रूस को संभाला उससे मेरी उल्लसित कर देने वाली सफलता ने मुझे अधिक प्रोत्साहित किया। इस स्थिति में मुझे कम सावधान हो जाना चाहिए था, लेकिन सच्चाई तो यह है कि मैं पता नहीं किस प्रकार और अधिक सावधान हो गया था। मैंने जो महीनों के निवेश में 3,25,000 डॉलर कमा लिए थे और अपने किसी गलत कदम से मैं इसे खोना नहीं चाहता था। धन केवल मैंने ही नहीं कई ऑपरेटर्स ने भी नौ महीनों में बहुत कमाया था और फिर अगले नौ सप्ताहों में उसे खो भी दिया। मैंने यह निर्णय ले लिया था कि मैं अपने साथ ऐसा कुछ भी नहीं होने दूँगा। मेरा पहला कदम यह था की मैंने आधा धन मार्केट से बाहर निकाल लिया। बची हुई पूँजी से मैं मार्केट में अच्छे चलने वाले स्टॉक्स पर और भी पैनी नजर रखने लगा। इतने बड़े लाभ के बाद एक-दो महीने तक मुझे छोटी- मोटी सफलता ही मिलती रही।

मैंने पूरी सावधानी से मॉलीडेनम के 500 शेयर 27 के भाव पर 13,606.25 डॉलर में खरीद लिए। इसके तुरंत बाद ही मैं 26½ पर मार्किट से बाहर निकल गया और मुझे 13,123.78 डॉलर वापस मिल गए।

इसके बाद मैंने हैवेग इंडस्ट्रीज़ के शेयर्स खरीदने का निश्चय किया। मैंने 31⅜ के हिसाब से 15,860.95 डॉलर के 500 शेयर खरीद लिए। यह नीचे आने लगा और ऐसा लगने लगा जैसे यह 30 से नीचे भी चला जाएगा। मैंने इसे 30½ पर 15,056.94 डॉलर में बेच दिया।

इसके बाद मुझे किसी भी स्टॉक में कोई खास रुचि नहीं लगी। मैंने फिर से लारीलार्ड की ओर जाने का सोचा। यह स्टॉक, जो एक समय बियर मार्केट में रेगिस्तान के पेड की तरह सीधा खड़ा रहता था, वह आज किसी बुजुर्ग आदमी की तरह धीरे-धीरे चल रहा था।

पता नहीं क्यों लेकिन मुझे लगता है कि इस स्टॉक से मुझे कोई भावनात्मक लगाव जरूर हो गया था, क्योंकि इसने पहली बार मुझे इतना बड़ा लाभ पहुँचाया था, जिस कारण एक लंबे समय तक मैं इसे छोड़ नहीं पाया। दूसरे शब्दों में कहूँ तो यह मेरा अमेरिकन 'पालतू' बन गया था। मेरा यह सोचना बेमायने था, लेकिन मैं कुछ भी कर नहीं पा रहा था।

मैंने इसे तीन बार इसे खरीदा, क्योंकि मुझे लग रहा था शायद यह ऊँचे बॉक्स में छलांग जरूर लगाएगा, लेकिन ऐसा हुआ। न ही मैंने इसे तीनों बार ही बेचा, क्योंकि यह नया बॉक्स बना ही नहीं पाया। लॉरीलार्ड का क्रय विक्रय इस प्रकार का था -

1,000 शेयर		
70½ के भाव से खरीदा	70,960.50 डॉलर	
6⅞ के भाव से बेचा	67,369.74 डॉलर	
		हानि - 3,590.76 डॉलर
500 शेयर		
69⅛ के भाव से खरीदा	34,792.05 डॉलर	
67¾ के भाव से बेचा	33,622.42 डॉलर	
		हानि - 1,169.63 डॉलर
1,000 शेयर		
67¾ के भाव से खरीदा	68,207.80 डॉलर	
67 के भाव से बेचा	66,495.66 डॉलर	
		हानि - 1,712.14 डॉलर

इस तीसरे नुकसान ने मेरा भावनात्मक लगाव बिल्कुल खत्म कर दिया और मैंने इसे इसके बाद नहीं खरीदा। मुझे यह स्पष्ट हो चुका था कि अब लॉरीलार्ड

बहुत सुस्त चाल से चल रहा है, इसिलए अब यह मेरे लिए नहीं रहा। लॉरीलार्ड से अपना ध्यान हटाने के बाद मैंने बैठकर अपनी स्थिति का आकलन किया, जो इस प्रकार थी -

	लाभ	हानि
लॉरीलार्ड	21,052.95 डॉलर	6,472.53 डॉलर
डाइनर्स क्लब	10,328.05 डॉलर	
डॉलर ई.एल. ब्रूस	2,95,305.45 डॉलर	
मॉलीडेनम		482.47 डॉलर
हैवेग इंडस्ट्रीज		804.01 डॉलर
	कुल लाभ 3,26,686.45 डॉलर	कुल हानि 7,759.01 डॉलर

हानि हटाने के बाद कुल लाभ 3,18,927.44 डॉलर का रहा।

जिस समय मैं लॉरीलार्ड में क्रय-विक्रय कर रहा था, उस समय मैं लगातार ऐसे स्टॉक्स की तलाश कर रहा था, जो मेरे सिद्धांत के अनुकूल हों।

सबसे महत्त्वपूर्ण बात जिसने मुझे और भी ज्यादा खोजने के लिए उकसाया और वह थी सामान्य बाज़ार की मज़बूती। जब मुझे लगने लगा कि यह मज़बूती और बढ़ती जा रही है, तब मैं किसी अच्छे और विश्वसनीय स्टॉक पर जल्दी से जल्दी धन लगाकर इसका पूरा लाभ लेना चाहता था।

मुझे वो स्टॉक जल्द ही मिल गया, जो सिद्धान्त के अनुसार था। वह एक छोटी अनजानी कंपनी यूनिवर्सल प्रोडक्ट्स का था।

यह 35 पर कोट हुआ और 35⅞ और 33½ के बीच में ऊपर-नीचे होता रहा। मुझे पता लगा कि यह इलेक्ट्रॉनिक कंपनी थी और इसिलए जहाँ तक मेरे सिद्धांत का सवाल था, यह उस पर खरा उतरता था।

जुलाई,1958 में जब मैं कोलकाता में ही था, उस समय मैंने दैनिक कोट्स के लिए न्यूयॉर्क फोन किया। जो कहानी उन्होंने मुझे सुनाई वह बड़ी ही दिलचस्प थी और उस पर भरोसा किया जा सकता था। हाल ही के मेरे लॉरीलार्ड की हानि ने मुझे याद दिलाया कि मैं कई बार गलत भी हो सकता हूँ और मुझे बेहद सावधानी से अपना कोई भी कदम आगे बढ़ाना चाहिए। मैंने सोचा कि मैं यदि सचमुच कुछ

स्टॉक्स खरीदना चाहता हूँ तो मुझे स्टॉक्स की अच्छी खांसी समझ होनी चाहिए। इसलिए मैंने यह निर्णय लिया कि में पहले सैंपल के तौर पर थोड़ी मात्रा में ही स्टॉक्स खरीदूँगा और फिर मैंने यह तार अपने ब्रोकर को भेजा-

"35¼ या इससे भी अच्छे पर 300 यूनिवर्सल प्रोडक्ट्स खरीद लो।"

अगले दिन जब मुझे यह खबर मिली कि मेरे लिए यूनिवर्सल पोल के 300 शेयर 35¼ के हिसाब से खरीद लिए गए हैं, तो मैंने तुरंत तार भेजा -

"32½ पर स्टॉप लॉस लगा दो"

अब मेरे पास अपने स्टॉक की अगली प्रतिक्रिया को बैठकर देखने और इंतज़ार करने के अतिरिक्त कोई और काम नहीं था।

इसी समय मेरा भारत के अलग-अलग भागों में बहुत जल्दी-जल्दी आना-जाना लगा रहा, लेकिन यूनिवर्सल प्रोडक्ट्स से जुड़े तार के कोट्स हर जगह मुझे मिलते रहे। अगस्त, 1958 के तीसरे सप्ताह में, मैं कश्मीर के श्रीनगर में था जब मैंने देखा कि यह स्टॉक अब स्थिर होने लगा है, तो मैंने बिना विलंब किए तार भेजा कि -

"36½ के ऑन-स्टॉप और 33 के स्टॉप-लॉस पर 1,200 यूनिवर्सल प्रोडक्ट्स के स्टॉक्स खरीद लो।"

और जब मैं नई दिल्ली के इम्पीरियल होटल में लौटा तो मुझे एक नोटिस मिला कि -

"1,200 यूनिवर्सल प्रोडक्ट्स खरीदे 36¼ ऑन स्टॉप यूनिवर्सल प्रोडक्ट्स 36¾ (37⅞-35⅜) इत्यादि।"

इसका मतलब यह था कि मैंने अपना स्टॉक 36½ पर खरीदा था और यह 36¾ पर बंद हुआ था। मेरे खरीदे हुए मूल्य से यह कम नहीं हुआ था, बल्कि कुछ ऊपर जाकर ही बंद हुआ था। अब मेरे सामने सवाल यह था कि क्या मेरा स्टॉक आगे बढ़ेगा या फिर कहीं अपने पुराने बॉक्स में दोबारा लौट आएगा?

मैं खुश तो था साथ ही बहुत उत्साहित भी था, क्योंकि मैंने संभावित हानि की सीमा का निर्धारित कर लिया था, अब आगे यह देखना था कि मेरा अंदाजा कितना सही सही या गलता सिद्ध होता है।

मैं अगले दिन के तार का बड़ी बेचैनी से इंतज़ार कर रहा था। अंततः जब यह पहुँचा, इसने दिखाया कि यूनिवर्सल प्रोडक्ट्स 38⅛ पर बंद हुआ है। उस दिन उसका रेंज 38¾ -37½ था।

इसका साफ तौर पर यह अर्थ था कि भले ही उस समय के लिए ही सही, लेकिन मैं बिल्कुल सही था।

जिन दिनों मैं कराची में था उन दिनों स्टॉक लगातार बढ़ता जा रहा था। मैंने 40 के भाव पर 1500 शेयर और खरीद लिए। देखते ही देखते यूनिवर्सल प्रॉडक्ट्स का नाम बदलकर यूनिवर्सल कन्ट्रोल्स हो गया और यह 2 भागों में विभाजित हो गया। यह ठीक चलता रहा, लेकिन मेरी आखिर खरीद के बाद मैंने तय किया कि यूनिवर्सल कंट्रोल्स के जितने शेयर मैं रखना चाहता था। उतने मेरे पास हो गए हैं।

मेरी सही स्थिति यह थी - इस और बाकी सभी टेबल्स में मूल्य का औसत है;

35¼ के भाव से 300 की सैंपल खरीद	10,644.93 डॉलर
36½ के भाव से 1,200 की खरीद	44,083.56 डॉलर
40 के भाव से 1,500 की खरीद	60,585.00 डॉलर
कुल 3,000 शेयर्स की खरीद	115,313.49 डॉलर

इसके अनुसार मुझे नए विभाजित हुए स्टॉक के 6,000 शेयर मिल गए। जब यह स्टॉक आसमान की बुलंदियों पर था, तब मैं बैठा हुआ, इसको अपने पास सुरक्षित रखे हुए था।

दिसंबर के शुरुआती दौर में जब मैंने देखा कि यूनिवर्सल कंट्रोल्स ठीक चल रहा है तो मैंने इस स्टॉक की सिफारिश अपने सचिव से की। उसे 31¾ पर इस स्टॉक को खरीदने को कहा।

मैंने कहा : "यदि यह 30 के नीचे जाता है, तो हानि उठाकर इसे बेच देना, नहीं तो इसके बहुत आगे बढ़ने तक रुकना। यदि तुम्हें हानि उठानी भी पड़ी तो मैं उसकी पूरी भरपाई कर दूँगा।"

उसके पिता कुछ पुराने फैशन के पक्के फंडामेंटलिस्ट थे और जब उन्होंने मेरी सलाह सुनी, तो उन्होंने अपने बेटे से साफ मना कर दिया। उनका कहना था : यदि स्टॉक नीचे जा सकता है, उसे खरीद कर रखने का क्या मतलब है? उन्होंने पूरा हिसाब लगाकर कहा : तुम्हें सिर्फ उन्हीं स्टॉक्स को खरीदना चाहिए, जिसका आगे

बढ़ना निश्चित हो- वह ऐसे कह रहे थे, जैसे कोई इस बात को पक्की खबर रखता हो। उन्होंने यह भी कहा कि वे कंपनी की विवरण देखना चाहते हैं कि यह अच्छी स्थित में है या नहीं।

पिता की सलाह को अहमियत देते हुए मेरे सचिव ने वह स्टॉक नहीं खरीदा और बिलकुल भी धन निवेश नहीं किया। उसके पिता जब तक कंपनी के विवरणों का जायजा कर रहे थे तब तक सचित इंतज़ार करते रहे, लेकिन उस समय तक यह स्टॉक 50 पार कर गया था।

यनिवर्सल कंट्रोल्स के साथ-साथ मैं अन्य स्टॉक्स पर भी अपनी नजर रखे हुए था और इस समय खरीदने के लिए थियोकोल कैमिक बेहद आकर्षक स्टॉक था।

फरवरी, 1958 में, मैं टोक्यो में था, उस समय पहली बार मैं इसकी ओर आकर्षित हुआ था। यह ठीक उसी समय दो भागों में विभाजित हुआ था, और 39/47 के बॉक्स में आराम से बैठा हुआ था, लेकिन ठीक इससे पहले इसमें काफी ट्रेडिंग हुई थी। कई महीनों तक यह इस क्षेत्र में शांति से बना हुआ था।

इस स्टॉक को मैं बैरन्स में नियमित रूप से देखता था। यह तपती धूप में छाया जैसा प्रतीत होता था। लेकिन पता नहीं क्यों, मुझे हमेशा यह तूफान के आने से पहले वाली शांति लगती थी।

मार्च के महीने में मैंने न्यूयॉर्क अपने ब्रोकर को तार भेजा और कहा कि -

"थियोकोल कोट कर लो।"

मेरे पास कोटस समय पर आते रहे, लेकिन अप्रैल महीने के कुछ सप्ताहों में छोटी-मोटी हलचल के अतिरिक्त कुछ विशेष नहीं हुआ और कुछ सप्ताह के बाद मैंने हांगकांग से तार भेजा कि -

"थियोकोल के कोट्स बंद करो, यदि 45 के ऊपर जाए तो दोबारा कोट भेजना शुरू कर देना।"

मैंने यह निर्णय ले लिया कि यदि यह अपने बॉक्स के ऊपर वाले फ्रेम में दोबारा जाता है, तो उसे समय मैं इस पर दोबारा नज़र रखना शुरू करूँगा वरना नहीं। अगस्त आते-आते थियोकोल के कोट्स दोबारा मेरे तार में आने लगे। 45 से ऊपर ऐसा लगने लगा जैसे वह ऊपर उछलने के लिए नींद से जाग रहा है।

मैंने एक सैंपल खरीदने का निर्णय लिया और तुरंत तार भेजा-

'47¼ पर 200 थियोकोल खरीद लो।'

इस मूल्य पर कुल 9,535.26 डॉलर में यह स्टॉक खरीद लिया गया।

लेकिन मेरे खरीदने के बाद इसे आगे बढ़ने में लगभग तीन सप्ताह का समय लग गया। अगस्त के अंत तक मुझे लगा कि यही सही समय जब यह स्टॉक और खरीदा जा सकता है। मैंने जल्द ही न्यूयॉर्क तार भेजा दिया -

"49½ ऑन स्टॉप पर 1,300 थियोकोल के स्टॉक्स खरीदने को कहा।"

2 सितंबर, 1958 को यह स्टॉक मेरे लिए 49⅞ पर खरीद लिया गया। इसका मूल्य 65,408.72 डॉलर था। 1,500 शेयर्स के साथ मैंने इस स्टॉक को बहुत तेजी से 50 के ऊपर और ट्रेडिंग का रेंज 52-56 के बीच आगे बढ़ते देखा।

एक सप्ताह के भीतर ही मुझे एक नोटिस मिला, जिसमें लिखा था की थियोकोल ने स्टॉकराइट्स जारी करने का निर्णय लिया है। यह एक राइट प्रति शेयर के हिसाब से स्टॉक होल्डर्स को बोनस के रूप में दिया जा रहा है। 12 राइट्स के बदले 42 डॉलर के विशेष मूल्य पर थियोकोल का एक शेयर खरीद सकते हैं। अब जबकि स्टॉक का मूल्य 50 से ऊपर था और जो कोई भी स्टॉकराइट्स का इस्तेमाल करना चाहता था, उसके लिए यह निश्चित तौर पर सस्ता था। यदि नहीं, तो आप उन्हें एक निश्चित समय के भीतर अमेरिकन स्टॉक एक्सचेंज -जहाँ ये लिस्ट में थे और ट्रेड किए जाते थे- में बेच सकते थे।

इन राइट्स का एक और पहलू भी था, जो इन्हें अत्यधित रोचक बना देता था। स्टॉक एक्सचेंज के नियम के अनुसार यदि आप इन राइट्स का उपयोग कंपनी का स्टॉक खरीदने में करते हैं, तो आप विशेष सब्सक्रिप्शन अकाउंट का लाभ उठा सकते हैं। जब आप अपने राइट्स इस अकाउंट में जमा कर देते हैं तो ब्रोकर आपको इस स्टॉक की मार्केट में करंट वल्यू का 75% उधार दे सकता था। साथ ही इस क्रय पर कोई कमीशन चार्ज भी नहीं लगना था।

इस बात पर मैं उत्सकता से उछल पड़ा। मुझे उधार पर स्टॉक्स का बड़ा सौदा लेने का सुनहरा अवसर मिल रहा था। मैंने अपने बचे हुए धन के साथ इसमें डुबकी लगाने का पक्का मन बना लिया और अपनी स्थिति का हिसाब लगाना शुरू कर दिया। अब मेरी स्थिति ऐसी थी -

आरंभिक कुल निवेश	36,000 डॉलर
कुल लाभ (हानि घटाने के उपरांत)	3,19,000 डॉलर
कुल धनराशि	355,000 डॉलर
नकद जो वापस लिया	1,60,000 डॉलर
निवेश के लिए मेरे पास बची हुई धनराशि	1,95,000 डॉलर
निवेश की हुई राशि	
3,000 यूनिवर्सल प्रॉडक्ट्स	1,15,300 डॉलर
1,500 थियोकोल	75,000 डॉलर
कुल -	1,90,300 डॉलर
मार्जिन नियम के अंतर्गत 70% नकद	1,33,000 डॉलर
भविष्य में निवेश के लिए स्वतंत्र	62,000 डॉलर

मेरे सामने अब एक अलग ही तस्वीर थी। ये सारी कैल्क्यूलेशन करने के बाद मैंने न्यूयॉर्क से अपने लोन के लिए व्यवस्था करने की कोशिश की, मैंने पाया कि 75% लोन लेने का अधिनियम होने के बाद भी ब्रोकर्स के बीच में स्पेशल सब्सक्रिप्शन अकाउंट से ली जाने वाली राशि को ले कर मतभेद था।

एक और एक ब्रोकर स्टॉक के क्रय मूल्य का 75% उधार देने को तैयार था, वहीं दूसरी और स्टॉक की मार्केट वैल्यू का पूरा 75% एडवांस देने को तैयार था।

थियोकॉल 55 के आसपास कोट किया गया था, दूसरा वाला प्रस्ताव एक असाधारण उधार की आकर्षक स्थिति थी। मैं इसका लाभ उठाने के लिए आगे बढ़ा और $1\frac{5}{16}$ के औसत मूल्य पर 36,000 राइट्स खरीद लिए। इसके लिए मैंने 49,410 डॉलर का भुगतान किया। उन्होंने मुझे 42 डॉलर प्रति शेयर के हिसाब से 3,000 थियोकॉल खरीदने का अधिकार दे दिया। इसका मूल्य 1,26,000 डॉलर था, लेकिन राइट्स सब्सक्रिप्शन की वजह से मुझे केवल 6,000 ही और देने पड़े। बाकी का सारा धन मेरे एक ब्रोकर ने मुझे उधार दे दिया।

मुझे यह व्यवस्था इतनी ज्यादा लाभदायक लगी कि मैंने भविष्य में ऐसी किसी भी क्रेडिट योजनाओं का लाभ उठाने के लिए स्वयं को तैयार कर लिया था।

इस सबके बाद मैंने सारा कैल्क्यूलेशन किया। 1,500 थियोकोल शेयरों के अपने ओरिजनल लॉट को बेचकर मैं स्पेशल सब्सक्रिप्शन नियम के अंतर्गत दोगुने खरीद सकता हूँ।

मैंने अपने स्टॉक 53½ के औसत मूल्य पर बेच दिए। इससे मुझे 1000 डॉलर की और खरीदने के लिए धनराशि मिल गई। इससे मैंने 36,000 राइट्स का एक और ब्लॉक खरीद लिया। जैसा कि पिछले ऑपरेशन में हुआ था, मैंने उन्हें बदलकर थियोकॉल स्टॉक के 3000 शेयर्स का एक और ब्लॉक ले लिया।

अब यह ऑपरेशन इस प्रकार का दिखाई देता था-

(1) बेचा	1,500 शेयर थियोकोल स्टॉक
(2) खरीदा	36,000 थियोकोल राइट्स और इसके साथ
(3) खरीदा	3,000 शेयर थियोकोल स्टॉक

अब 6,000 शेयर्स के लिए कुल धनराशि 3,50,820 डॉलर लग गई।

इसके बाद दिसंबर महीने के दूसरे सप्ताह में थियोकोल अमेरिकन से न्यूयॉर्क स्टॉक एक्सचेंज में शिफ्ट हो गया और देखते ही देखते 8 पॉइंट बढ़ गया और अगले सप्ताह में यह 100 तक आगे पहुँच गया।

जिस तरह यह लगातार आगे बढ़ता गया, मेरा ब्रोकर परेशान हो गया होगा, क्योंकि उसका एक तार मुझे मिला, जिसमें लिखा था -

"आपके थियोकोल का लाभ अब 2,50,000 डॉलर हो गया है"

यह तार मुझे तब मिला, जब मैं पेरिस में 'जॉर्जेस वी' होटल में रुका हुआ था। मुझे अचानक एहसास हुआ कि मैं कोट्स देखने में इतना खो गया था कि अपने लाभ को भूल गया, जो कि इकट्ठा होता जा रहा था।

मैंने तुरंत ही कैल्क्यूलेशन करना शुरू कर दिया और मैंने पाया कि ब्रूस में हुए लाभ को जोड़कर अब मुझे आधे मिलियन डॉलर से ज्यादा का लाभ हो चुका था। यह राशि उस राशि से ज्यादा थी, जिस धन-राशि के बारे में मैंने कभी भी सोचा नहीं था। मैंने इतनी राशि कमा ली थी जो मुझे जीवन भर के लिए अमीर बना सकती थी।

यकायक मुझे इस बात का अहसास हुआ कि मेरे पास इतनी धनराशि आ गया है जिसे देखकर मेरे शरीर का रोम-रोम कह रहा है - "बेचो-बेचो जल्दी बेचो"। मेरे लिए यह दुनिया में सबसे बड़ा आकर्षण था।

अब आगे मैं क्या करूँ यह सवाल मेरे सामने खड़ा था? क्या अब यह स्टॉक और बढ़ेगा या फिर इसे बेच कर मैं अपना लाभ ले लूँ और बाहर आ जाऊँ? हो सकता है यह और आगे न बढ़े और नीचे गिरना शुरू हो जाए।

'यह अब कब बेचना है' यह दुविधा मेरे लिए बढ़ती ही जा रही थी, क्योंकि मेरा बहुत-सा धन दाँव पर लगा हुआ था। यदि मैं यहाँ सही करता हूँ, तो मेरी पूरी जिंदगी बदल जाएगी और यदि गलत करता हूँ तो हमेशा पछताते रहने के सिवाय मेरे पास कुछ नहीं रहेगा।

सच कहूँ तो इस समय मैं बहुत अकेला महसूस कर रहा था। इस पूरी दुनिया में कोई ऐसा नहीं था, जो मुझे यह बता सके कि मैं इस परिस्थिति में आगे क्या करूँ। मैंने बाहर जाकर कुछ ड्रिंक्स लेने और इस पूरी स्थिति पर पुनः स्वयं ही विचार करने का मन बनाया

ड्रिंक लेने बाहर जाने से पहले मैं अपनी ड्रेसिंग टेबल पर बैठ गया और एक छोटे से कार्ड पर लिखा कि "चाहे कुछ हो जाए ब्रूस को याद रखना।" इसे लिखने से मुझे लगा कि यह मुझे पहले की सीख को याद रखने में मेरी मदद करेगा।

पेरिस में घूमते हुए, मैं अपने इस छोटे से कार्ड पर उंगलियाँ फेर रहा था। ऐसा कोई समय नहीं बीता जिस समय मुझे यह ना लगा हो कि मुझे थियोकोल बेचने के लिए अपने ब्रोकर को फोन कर देना चाहिए। मैंने कार्ड देखा और फिर रुक गया।

आखिरकार मैंने इसे न बेचने का निर्णय ले ही लिया। यह मेरी नई मार्केट तकनीक का सबसे अच्छा उदाहरण था और यह कुछ भी हो, करने में बहुत सरल था। जब मैं होटल में वापस पहुँचा, मैं बहुत थक चुका था। मैं किसी भाग्य विजेता व्यक्ति से ज़्यादा ऐसा लग रहा था, जैसे अभी आत्महत्या करने वाला हूँ, लेकिन मैं सही था।

थियोकोल लगातार आगे बढ़ता गया और पेरिस में लिए गए मेरे निर्णय के कारण मैं इसे अपने पास रखे रहा और इस स्टॉक से अधिक से अधिक पैसे बना सका।

जनवरी, 1959 कुछ सप्ताह बाद ही मैं न्यूयॉर्क वापस आ गया। जब मैं आइट्रेल वाइल्ड एयरपोर्ट पर उतरा, तब मेरे पास 6,000 थियोकोल के शेयर्स थे और दोनों ही अच्छी स्थिति में थे। थियोकोल 100 पर पहुँच गया था और यूनिवर्सल कंट्रोल्स भी बढ़कर 45 पर आ गया।

न्यूयॉर्क पहुँचते हैं मेरी सबसे पहली मुलाकात मेरे ब्रोकर्स के साथ हुई। उनके साथ वॉल स्ट्रीट सौदों के विषय में चर्चा हुई। उन्होंने मुझे बताया कि उनकी बुक्स के अनुसार मुझे मेरे निवेश से आधा मिलियन डॉलर से ज्यादा का लाभ मिल चुका है।

यह सुन मैंने खुशी और आत्मविश्वास का दोहरा संगम अपने भीतर महसूस किया। मैंने प्लाजा होटल में एक कमरा लिया और यहाँ रहकर नज़दीक से अपने स्टॉक मार्केट के सौदे जारी रखा।

मुझे यकीन नहीं होता कि मैं अपने आपको बेवकूफ बनाने के लिए ही स्वयं को तैयार कर रहा था। आगे आने वाले कुछ सप्ताहों में मैं स्वयं को बर्बाद करने वाले कामों को करने जा रहा था।

९

मेरी दूसरी परेशानी

इस खबर ने मुझे बहुत ज्यादा आत्मविश्वास से भर दिया था कि मैं अब आधा मिलियन डॉलर्स का मालिक बन गया हूँ। मैं जानता था कि मैंने यह सब कैसे किया है, मुझे अपने आप पर पूरा विश्वास था कि यह सब मैं दोबारा से कर सकता हूँ।

अपनी इस कला से मैं पूरी तरह से संतुष्ट था और मैंने अपनी स्टॉक्स के मामले में छठी इंद्री को विकसित कर लिया था। अब मैं अपने स्टॉक्स को महसूस कर सकता था। ठीक वैसे ही जैसे कोई संगीत का ज्ञाता संगीत के लिए महसूस करता है और उसके कान किसी भी सामान्य सुर को भी तुरंत समझ लेते हैं, जिसे सामान्य श्रोता नहीं समझ पाता।

अब मैं स्टॉक की चाल के बारे में भी सब कुछ बता सकता था। यदि 8 पॉइंट बढ़ने के बाद कोई स्टॉक 4 पॉइंट गिर जाता है, तो मुझे कोई फर्क नहीं पड़ता था, क्योंकि मुझे पता है कि ऐसा ही होता है और यदि कोई एक स्टॉक स्थिर होने लगता है, तो मैं यह बता सकता हूँ कि यह किस दिन आगे बढ़ना शुरू होगा। यह एक ऐसी डराने वाली भावना है, जिसे शब्दों में बयान नहीं किया जा सकता, लेकिन मैं यह नहीं जानता था कि ऐसी भावना पर मेरा कोई अधिकार नहीं है। इसकी कारण मैं स्वयं को बहुत शक्तिशाली महसूस कर रहा था।

इसी कारण मैं स्वयं को धन का नेपोलियन समझने की भूल कर बैठा, मुझे ऐसा लग रहा था, जैसे कि मैं किसी चमचमाती सड़क पर मार्च करने की तैयारी कर रहा हूँ। मैं किसी भी परेशानी को नहीं जानता था। मुझे यह बिल्कुल भी पता नहीं

114

था कि इस रास्ते पर कोई खतरनाक राक्षस मेरा इंतज़ार कर रहा था। मैं तो बस इसी बात से खुश था कि बहुत कम लोग ही मेरे जैसा कर पाए होंगे।

इस बिजनेस को करने का मैंने पूरा मन बना लिया था। यदि मैं हाफ मिलियन कमा सकता हूँ तो दो, तीन या पाँच मिलियन कमाने से मुझे रोकने का किसी में दम नहीं था। यद्यपि हाल ही में मार्जिन रिक्वायरमेंट बढ़कर 90% हो गया था, मुझे अपने आप पर पूरा भरोसा था कि मैं दोबारा लाभ कमा सकता था। ब्रूस से हुए लाभ से 1,60,000 डॉलर का प्रयोग करके इससे भी मैं अपने भाग्य को चमका सकता था। मैं गंभीर होकर दैनिक ऑन स्पॉट सीलिंग करना चाहता था- ऐसा सौदा, जिसमें मेरा पूर्व का क्रय-विक्रय बहुत कम लगे।

सच तो यह थी कि जैसे-जैसे मैं धन से शक्तिशाली होता गया, वैसे मेरा दिमाग़ क्षीण होता गया था, क्योंकि मैं अतिआत्मविश्वासी हो गया था और यह स्टॉक मार्केट के क्षेत्र में काम करने वालों की सबसे खतरनाक स्थिति होती है। मुझे ऐसा बने हुए ज्यादा समय नहीं हुआ था और मुझे मेरा पहला सबक मिल गया। जो उन लोगो को मिलता है जो स्टॉक मार्केट को लापरवाही से लेते हैं।

मैंने इस बात का निर्णय लिया की अब न्यूयॉर्क में रहकर मैं मार्केट से नज़दीकी संबंध बनाऊँगा। मुझे ऐसा लगता था कि मेरे पास एक बढ़िया सिस्टम है और यदि मैं मार्केट के और नज़दीक जाऊँगा तो मुझे हर दिन अपना भाग्य चमकने से कोई नहीं रोक सकता। जब अपना भविष्य मुझे सुनहरा दिखाई पड़ने लगा, तब मैंने अपने एक ब्रोकर के ऑफिस जाने का निर्णय लिया।

सच कहूँ तो पहली बार ऑफिस जाकर मुझे बहुत अच्छा लगा। उनका बोर्ड रूम बहुत बड़ा था। कुछ कुर्सियाँ एक हमेशा चलते रहने वाली छोटी-सी मशीन 'स्टॉक टिकर' के सामने रखी हुई थी। वहाँ का वातावरण बहुत ही ऊर्जावान और विद्युतीय प्रवाह से भरा हुआ था। ऑफिस का कमरा, होशियार लेकिन घबराए लोगों से भरा हुआ था। पूरे वातावरण में अशांति और आपाधापी बनी हुई थी। टिकर्स टिक-टिक कर रहे थे, टाइपराइटर्स तेजी से चल रहे थे, टेलीग्राफ मशीन तेज शोर कर रही थीं और क्लर्क व्यस्तता में इधर-उधर दौड़ रहे थे। सभी ओर से इसी तरह की बातें सुनने को मिल रही थी कि - "गुड ईयर शेयर मुझे अच्छा नहीं लग रहा।", "मैं अब एनाकोंडा से बाहर निकल रहा हूँ।", "अब मार्केट किस ओर भागने के लिए तैयार है।"

पहले ही दिन था और मैं इस विद्युतीय वातावरण से बेचेन हो गया था। अपनी सफलता को साथ लिए मैं इन परेशान लोगों की आशंका, आशा और भय

से ऊपर था, लेकिन यह सब ज्यादा समय तक नहीं चल पाया। जैसे ही मैंने बोर्ड रूम से रोज़-रोज ट्रेडिंग शुरू की, धीरे-धीरे मैं अपनी उन सारी बातों को छोड़ता गया, जिनसे मुझे सफलता मिली थी और उन्हीं में शामिल हो गया। मैं तथ्यों के भ्रामक संयोग, नज़रिए और अफवाहों को सुन उन पर ध्यान देने लगा। मैं मार्केट के पत्रों को पढ़ने लगा और कुछ प्रश्नों के उत्तर भी देने लगा, जैसे "आप मार्केट के विषय में क्या सोचते हैं?" या "आपको इस मार्ग के विषय में क्या पता है?" इन सबका मेरे ऊपर बहुत ज्यादा प्रभाव हो रहा था।

कुछ ही दिनों के भीतर, ट्रेडिंग में मैंने पिछले छह सालों में जो भी सीखा था,वह सब किनारे कर दिया था। मैंने वह सब कुछ किया, जिसे न करने के लिए मैंने स्वयं को प्रशिक्षित किया था। मैंने ब्रोकर्स से बात की और अफवाहों पर ध्यान दिया। मैं कभी टिकर से अलग ही नहीं होता था। ऐसा लग रहा था, जैसे 'जल्दी अमीर बनो' वाले किसी राक्षस ने मुझ पर अपना पूरा नियंत्रण कर लिया हो। मैं अपना स्पष्ट दृष्टिकोण पूरी तरह से खो बैठा था, जिसे मैंने तार के ज़रिए बड़ी सावधानी से बनाया था। कदम-दर-कदम मैं अपने को उस रास्ते पर ले जा रहा था, जहाँ मैंने अपने कौशल को खोना शुरू कर दिया था।

सबसे पहले मेरे अंतर्ज्ञान में ही मेरा साथ छोड़ा था, मुझे कुछ भी महसूस नहीं होता था केवल बिना किसी वजह के ऊपर-नीचे होता हुआ स्टॉक्स का जंगल दिखाई देता था। फिर मेरी स्वतंत्रता गायब हुई। मैं धीरे-धीरे अपना तरीका छोड़ता गया और दूसरों का अपनाता गया। पहली चीज़ जो मुझे पता थी, वह यह कि मैं भेड़ चाल चल रहा था। मेरे तर्क ने मेरा साथ छोड़ दिया था और भावनाएँ पूरी तरह से मुझ पर हावी हो गई थी।

यदि मैं इस तरह से बताऊँ तो यह समझना आसान होगा कि किस तरह मैं अपने तरीके को कसकर पकड़े हुए था : 'किसी भीड़-भाड़ वाले स्थान में आग लग आग लग गई' का शोर मचा दिया जाए तो क्या होगा? सभी लोग एक दूसरे को मारते, पीटते और चोट पहुँचाते बाहर निकलने को भागेंगे।

एक डूबता हुआ आदमी बचने की कोशिश करते हुए, अपने बचाने वाले को भी इस प्रकार पकड़ ले कि उसको भी साथ ले डूबे। ये सब अतार्किक गलत दृष्टिकोण हैं पर फिर भी आंतरिक भावना इन पर राज करने लगती

जैसे-जैसे मैं उस भेड़ चाल का अनुसरण करने लगा, वैसे-वैसे मैं भी उनकी तरह व्यवहार में एक ऐसा भ्रमिक, उत्साहित मेमना बन गया, जो दूसरों के साथ पिस रहा हो और अपने कटने का इंतज़ार कर रहा हो। जहाँ सब 'हाँ' कह रहे हों,

मेरे लिए 'न' कहना बहुत मुश्किल था। जब वे सब डरते थे, मैं भी डरने लगता था। जब वे सब आशावादी हो जाते थे, मैं भी उनकी तरह अपना आशा का पिटारा खोल देता था।

मेरे साथ ऐसा उन सालों में भी नहीं हुआ, जब मैं कुछ भी नहीं था। मैं अपना सारा कौशल और नियंत्रण खो बैठा था, जिस स्टॉक को भी छूता था गलत हो जाता था।

मैं किसी नौसिखिए की भांति काम कर रहा था। मैंने अपने चारों ओर सावधानी का जो जाल बना लिया था, वह पूरी तरह खत्म हो गया। मेरा हर ट्रांजेक्शन घोर संकट बनता जा रहा था। मैंने दर्जन भर के करीब परस्पर विरोधी ऑर्डर दे दिए थे। मैंने 55 के भाव पर स्टॉक खरीदे थे, लेकिन वे 51 पर चले गए थे। मैं बीच में लटक गया था। स्टॉप लॉस को ही सबसे पहले मैंने छोड़ा था। धैर्य और निर्णय जैसी कोई चीज मेरे पास नहीं थी।

बॉक्स का अपना सिद्धांत जो मैंने बनाया था, मैं उसे भी भूल गया था। जैसे-जैसे दिन बीते मेरे ऑपरेशन का कुचक्र कुछ ऐसा दिखने लगा -

मैंने सबसे ऊँचाई पर खरीदा ,

> लेकिन जैसे ही मैंने खरीदा,
>
> वह स्टॉक गिरने लगा,
>
> और मैं डर गया।

सबसे नीचे आने पर,

> जल्दबाजी में मैंने स्टॉक को बेच दिया,
>
> जैसे ही मैंने बेचा वह बढ़ने लगा,
>
> यह देख मुझे लालच आने लगा।

मैंने एक बार फिर ऊँचाई पर खरीदा लिया।

सच कहूँ तो मुझमें बहुत ज़्यादा कुंठा भर गई थी। अपनी मूर्खता को दोष देने के बजाय, मैंने अपनी पराजय के अन्य कारण ढूँढ़ लिए थे। मैं कहता था कि दूसरे लोग इसका कारण हैं। मुझे लगने लगा था कि 'वे लोग' मुझे महँगा बेच रहे हैं। 'वे लोग' ही मुझसे सस्ते में स्टॉक खरीद रहे हैं। साफ था कि मैं यह किसी को बता नहीं पाता था कि आखिर 'वे लोग' कौन हैं, लेकिन इस वजह से मेरा उन्हें मानना बंद नहीं हुआ।

अपने दिमाग के किसी कोने में 'वे लोग' जैसे अदृश्य लोगों से लड़ते हुए मैं बैचेन और ज़िद्दी हो गया था। ये स्टॉक लगातार मुझे मात दे रहे थे। हर बार इनकी मात सहकर भी मैं इन पर एक झाड़ू फेर देता और दोबारा उसी पद्धति पर आ जाता था। मैं अपने आप से ही कहता रहता था कि मैं मार्केट में आधा मिलियन डॉलर से आगे हूँ और इसलिए मेरे साथ ऐसा नहीं हो सकता, लेकिन मैं कितना गलत था।

मेरा यह समय बहुत खराब था। मैंने कुछ ही सप्तहों के भीतर 1,00,000 डॉलर खो दिए। मेरी ट्रेडिंग की विस्तृत सूची पढ़ने में किसी नौसिखिए का लेखा-जोखा माल लगती थी। मेरे लिए अब भी इस पर विश्वास करना बहुत कठिन था। अब मुझे पता है कि यह सब अहं से जन्मा मिथ्या अभिमान था, जो अति-आत्मविश्वास पैदा कर रहा था।

यह बदले में मुझे सिर्फ बर्बादी की ओर ले जा रहा था। मुझे मार्केट ने कभी भी परास्त नहीं किया था। यह तो मेरी अपनी ही अतार्किक और अनियंत्रित आंतरिक भावनाएँ थीं जो मुझे परस्त कर रही थी।

मैं लगातार स्टॉक खरीदता और उन्हें कुछ ही घंटों में उन्हें बेच देता था। यह मैं जानता था की यदि मैं एक ही दिन में क्रय-विक्रय करता हूँ, तो मेरे खाते में 25% जैसे कम मार्जिन के साथ भी मुझे ऑपरेट करने की स्वीकृति मिल जाएगी। इनसे लाभ लेने के बजाय मैं हर बार कई हजार डॉलर गँवाने में सफल रहा। यह वह सूची है, जिसने मेरे घोर संकट को मुकाम तक पहुँचाया था –

हैवेग इंडस्ट्रीज 2,500 शेयर्स			
खरीदा	70 के भाव से	1,76,150.00 डॉलर	
बेचा	63½ के भाव से	1,57,891.34 डॉलर	
			हानि 18,258.66 डॉलर
रोम केबल 1,000 शेयर्स			
खरीदा	37 के भाव से	37,375.00 डॉलर	
बेचा	31 के भाव से	30,724.48 डॉलर	
			हानि 6,650.52 डॉलर

जनरल टाइम 1,000 शेयर्स			
खरीदा	47¾ के भाव से	48,178.80 डॉलर	
बेचा	44¾ के भाव से	44,434.32 डॉलर	
			हानि 3744.48 डॉलर

एड्रेसोग्राफ-मल्टीग्राफ 500 शेयर्स			
खरीदा	124½ के भाव से	62,507.25 डॉलर	
बेचा	116½ के भाव से	58,053.90 डॉलर	
			हानि 4,453.35 डॉलर

रिचहोल्ड कैमिकल्स 1,000 शेयर्स			
खरीदा	63½ के भाव से	63,953.50 डॉलर	
बेचा	61½ के भाव से	61,158.37 डॉलर	
			हानि 2,795.15 डॉलर

ब्रन्सविक बल्के-कोलेंडर 2,000 शेयर्स			
खरीदा	55½ के भाव से	1,11,891.00 डॉलर	
बेचा	53½ के भाव से	1,06,443.46 डॉलर	
			हानि 5447.54 डॉलर

रेथियोन 2,000 शेयर्स			
खरीदा	60½ के भाव से	1,21,901.00 डॉलर	
बेचा	57¾ के भाव से	1,14,823.69 डॉलर	
			हानि 7,077.31 डॉलर

नेशनल रिसर्च 2,000 शेयर्स			
खरीदा	24½ के भाव से	496,25.00 डॉलर	
बेचा	22 के भाव से	43,501.52 डॉलर	
			हानि 6,123.48 डॉलर

अमेरिकन मेटल्स-क्लाइमेक्स 4,000 शेयर्स			
खरीदा	32⅞ के भाव से	1,32,917.60 डॉलर	
बेचा	31⅝ के भाव से	1,25,430.47 डॉलर	
			हानि 7487.13 डॉलर
अमेरिकन मोटर्स 3,000शेयर्स			
खरीदा	41¼ के भाव से	1,24,938.90 डॉलर	
बेचा	40 के भाव से	1,19,094.60 डॉलर	
			हानि 5,844.30 डॉलर
मॉलीबेन्डम 2,000 शेयर्स			
खरीदा	49½ के भाव से	99,875.00 डॉलर	
बेचा	47½ के भाव से	94,352.50 डॉलर	
			हानि 5,522.50 डॉलर
शेरॉन स्टील 2,000 शेयर्स			
खरीदा	48½ के भाव से	97,362.60 डॉलर	
बेचा	43½ के भाव से	85,877.27 डॉलर	
			हानि 11,485.33 डॉलर
वॉरनर लाम्बर्ट 1,000 शेयर्स			
खरीदा	98½ के भाव से	98,988.50 डॉलर	
बेचा	95½ के भाव से	95,127.09 डॉलर	
			हानि 3,861.41 डॉलर
ल्यूकेन्स स्टील 1,000शेयर्स			
खरीदा	88 के भाव से	88,478.00 डॉलर	
बेचा	81 के भाव से	80,640.48 डॉलर	
			हानि - 7,837.52 डॉलर
			कुल हानि - 96,588.66 डॉलर

इस बेहद निराश करने वाली मेरी स्टॉक्स की सूची को देखने के बाद भी क्या आप हैरान हैं कि मैं स्टॉक्स को देखते ही डर से काँपने क्यों लगा था?

सही बात यह है कि मैं बहुत ज्यादा पढ़ने लगा था और बहुत ज़्यादा धन कमाने की कोशिश कर रहा था। यही कारण था कि मैं उस स्तर पर बहुत जल्दी पहुँच गया था जहाँ मैं स्टॉक मार्केट के कोट्स में अंकों को पढ़ सकता था, लेकिन अब वे मुझे कुछ भी नहीं बता रहे थे इसके चलते मेरे लिए एक और बुरा दौर शुरू हो गया। कभी खत्म न होने वाले नुकसान, भ्रम से डरा हुआ, अफवाहों से टूटा हुआ मैं। अब मेरी स्थिति ये हो गई थी की मैं अंकों को भी ठीक से नहीं देख पा रहा था। मेरा सब कुछ टूटने कि कगार पर था।

मैं पूरा दिन केवल अंकों के कॉल्स में डूबा रहता था, जिसे मेरी आँखें अपनी पूरी सावधानी से पढ़ती थीं, लेकिन फिर भी मैं कुछ भी समझ नहीं पा रहा था। मेरा दिमाग़ सुन्न हो गया था। मेरी इस स्थिति ने सचमुच मुझे डरा दिया था। मेरी स्थिति एक नशेड़ी जैसी हो गई थी जो वास्तविकता से बहुत दूर होता जा रहा था जिसे समझ नहीं आ रहा था कि उसके साथ ऐसा क्यों हो रहा है।

अपने इन संकट के भयावह समय के बाद मैं शांत होकर यह जानने के लिए बैठा कि आखिर मेरे साथ ऐसा क्यों हो रहा है? आखिर क्यों हाँगकाँग, कोलकाता, सायगॉन और स्टॉकहोम में रहते हुए भी मुझमें वह बात थी, जो आज वॉल स्ट्रीट से आधा मील दूर रहने पर भी नहीं रही है? क्या अंतर आ गया है, जो मुझे दिखाई नहीं दे रहा था?

मेरे पास अपनी इस समस्या का कोई हल नहीं था और मैं बहुत लंबे समय तक चक्कर में पड़ा रहा। फिर एक दिन, प्लाज़ा होटल में बैठा हुआ मैं एक फोन कॉल करने से डर रहा था कि अचानक मुझे कुछ समझ में आया कि जब में विदेश यात्रा पर था, उस समय मैं किसी बोर्ड रूम में नहीं जाता था और न ही किसी से बात करता था, इतना ही नहीं मैं कोई टेलीफोन कॉल तक नहीं लेता था।

इस समस्या का समाधान मेरे कानों में कुछ कह रहा था, किंतु पहले मैंने इस पर ध्यान ही नहीं दिया। यह इतना हैरानी से भरा हुआ, इतना सरल था और फिर भी इतना असाधारण था कि मुझे इस पर विश्वास ही नहीं हुआ। मेरी परेशानियों का कारण मेरे कान ही थे।

यह सब मेरे लिए किसी रहस्योद्घाटन जैसा था कि जब मैं विदेश भ्रमण कर रहा था तब मैं बिना किसी अफवाह के बिना किसी भावना या अहं के मार्केट या अपने कुछ पसंदीदा स्टॉक्स का अंदाजा लगाने में सक्षम था।

सिर्फ मैंने दैनिक तारों के जरिए ही अपना काम किया, जिसने मुझे मेरा स्वरूप दिया। इसने मुझे मेरे स्टॉक्स के व्यवहार का रास्ता दिखाया। वहाँ कोई अन्य प्रभाव नहीं था, क्योंकि मैं कुछ और देखता या सुनता ही नहीं था।

किंतु न्यूयॉर्क में ऐसा कुछ नहीं था। यहाँ रुकावटें, अफवाहें, डर, परस्पर विरोधी सूचनाएँ सभी कुछ मेरे कानों में बड़ी आसानी से जा रही थीं। इसका नतीज़ा यह हुआ कि मेरी भावनाएँ स्टॉक्स से जुड़ने लगीं और निष्पक्ष भावना मेरे भीतर से कहीं चली गईं।

बस मैंने तय कर लिया कि इन सबका एक ही जवाब था। मुझे स्वयं को ढूँढ़ने की कोशिश करनी चाहिए। अपना सारा धन गँवाने से पहले मुझे तुरंत कहीं दूर, न्यूयॉर्क से बहुत दूर चले जाना चाहिए वरना मैं अपना सब कुछ खो दूँगा।

इस समय केवल एक ही चीज़ थी, जिसने मुझे बर्बाद होने से बचाया और वह थे - यूनिवर्सल कंट्रोल और थियोकोल। यह ठीक चल रहे थे और मैंने उन्हें अलग छोड़ दिया था। मुझे अब समझ में आ रहा था कि मैंने ऐसा इसलिए किया, क्योंकि उन पर ध्यान देने का मेरे पास समय नहीं था। मैं उन स्टॉक्स की ट्रेडिंग कर रहा था जो मेरे धन को खत्म कर रहे थे।

मैंने सारी स्थिति का फिर से मुआयना किया और इन दो स्टॉक्स के अतिरिक्त सभी स्टॉक्स से अपना पीछा छुड़ा लिया और इसके तुरंत बाद मैंने पेरिस के लिए उड़ान भरी। जाने से पहले मैंने एक बहुत ही महत्त्वपूर्ण निर्णय लिया। मैंने अपने सभी ब्रोकर्स को निर्देश दिया कि चाहें कुछ भी हो जाए, मुझे किसी तरह की खबर न भेजें, न ही फोन करें। मुझे उनसे और वॉल स्ट्रीट से जो एकमात्र संपर्क चाहिए था वह था, 'रोज़ के तार' जिनकी मुझे बहुत जरूरत थी।

मैं पेरिस में हैरान-सा इधर-उधर घूमता रहा। मेरा दिमाग़ अभी भी स्टॉक मार्केट के अर्थहीन, धुंधले कोटेशन्स में घूम रहा था, जल्द ही मुझे दैनिक तार भी प्राप्त होने लगे, किन्तु मेरे लिए इन सब का बहुत खास अर्थ नहीं था। मैंने लगभग सभी से संपर्क तोड़ दिया था। मुझे उस व्यक्ति की तरह लगता था, जिसके साथ कोई बड़ी दुर्घटना हुई हो और उसे लगता हो कि वह कभी ठीक नहीं हो पाएगा। मैं पूरी तरह से निराश हो चुका था।

फिर जब मुझे लगने लगा कि मेरी यह स्थिति स्थाई-सी हो गई है, तभी कुछ हुआ। मैं दो सप्ताह से पेरिस में ही था, जब एक दिन अपने होटल 'जार्जेस वी' में मैंने अपना दैनिक तार पढ़ा। जब मैंने उसे ध्यान से बिना किसी उत्साह

के देखा तो उसके अंक कुछ कम धुंधले दिखाई पड़े। पहले तो मुझे विश्वास नहीं हुआ। मुझे लगा कि मैं उन्हें लगातार ऐसे देख रहा हूँ जैसे मैंने इन्हें पहले कभी न देखा हो, क्योंकि मुझे डर लगता था कि मैं कहीं सपना तो नहीं देख रहा हूँ।

इसके बाद मैं बड़ी ही बैचेन से अगले दिन के तार का इंतजार करने लगा। जब यह मुझे मिला तो कोई शक नहीं रहा। अंक अधिक स्पष्ट और अधिक परिचित लग रहे थे। ऐसा लग रहा था जैसे मेरी आंखो के सामने से कोई पर्दा हट गया हो। एक बार फिर मेरे सामने छवि बननी शुरू हो गई थी, जो मुझे स्टॉक्स के भविष्य की कुछ झलक दिखला रही थी।

अगले कुछ दिनों में मेरे तार और भी अधिक स्पष्ट होते गए, मैं पुराने दिनों की तरह ही उनके कोट्स पढ़ने में सक्षम हो गया था।एक बार फिर मैंने कुछ स्टॉक्स को मज़बूत और कुछ को कमजोर पाया। साथ ही साथ मेरी भावना वापस आने लगी और धीरे-धीरे मेरा खोया हुआ आत्मविश्वास भी वापस आने लगा इसके बाद मैंने फिर से एक नई शुरुआत की ।

अब मुझे सबक मिल गया था जिसके आधार पर मैंने एक स्थाई नियम बना लिया कि अब कभी भी ब्रोकरेज के ऑफिस में नहीं जाऊँगा और अपने ब्रोकर्स को भी मैं फोन करने से मना कर दूँगा। मेरे पास तार द्वारा केवल स्टॉक के कोटेशन आएँगे और कुछ नहीं।

यदि मैं न्यूयॉर्क होटल लौटता भी हूँ, जहाँ मेरी संकटपूर्ण स्थिति की तस्वीर बनी थी तथा जो वॉल स्ट्रीट से थोड़ी दूर पर है, वहाँ रहते हुए भी मेरे निर्देश यही रहेंगे। मैं वॉल स्ट्रीट को अपने से हज़ारों मील दूर मान लूँगा। हर दिन मेरे ब्रोकर मुझे तार भेज देंगे, ठीक वैसे ही जैसे हांगकांग, कराची या स्टॉकहोम में भेजा करते थे।

इतना ही नहीं मेरे ब्रोकर मेरे बताए हुए स्टॉक्स के अतिरिक्त और किसी स्टॉक का कोट नहीं भेजेंगे। वे मुझे किसी नए स्टॉक के विषय में नहीं बताएँगे, क्योंकि वह तुरंत ही अफवाह की श्रेणी में आ जाएगा। जैसा कि मैं करता आया हूँ वैसा ही करूँगा और साप्ताहिक फाइनेंशियल समाचार-पत्र पढ़कर स्वयं ही अपने नए स्टॉक्स चुनूँगा।

यदि मुझे कोई स्टॉक पसंद आया और वह आगे बढ़ने के लिए तैयार दिखाई देगा, तो मैं उसके कोटेशन की माँग खुद कर दूँगा।

और सबसे जरूरी, मैं एक बार में एक ही कोटेशन के विषय में पूछूँगा, उसके बाद जैसा मैं पहले किया करता था वैसा ही करूँगा, किसी भी स्टॉक में आगे बढ़ने से पहले उसका पूरा अध्ययन व विश्लेषण करूँगा, क्योंकि एक हवाई दुर्घटना से बचा हुआ व्यक्ति यह अच्छी तरह से जानता है कि वह किस प्रकार अपनी हिम्मत को बनाए रखे इसलिए वह जल्द ही हवाई यात्रा कर लेता है। मुझे भी इस तरीके को अपनाकर आगे बढ़ना चाहिए यही सोच कर मैंने दोबारा न्यूयॉर्क वापस जाने के लिए हवाई टिकट बुक कर लिया।

10

दो मिलियन डॉलर

जब मैं 1959 के फरवरी माह के तीसरे सप्ताह में न्यूयॉर्क वापस आया, तब तक मैं अपने पागलपन के दौर से पूरी तरह बाहर आ चुका था; इसलिए मैंने एक बार फिर से मार्केट में निवेश करना शुरू कर दिया।

अपनी गलतियों के कारण मैं आज भी बुरा महसूस करता हूँ, किंतु मैं आज ऐसे व्यक्ति की तरह महसूस करता हूँ, जो बुरे अनुभव से बाहर निकलकर अधिक शक्तिशाली हो गया है, क्योंकि मैंने अपना आखरी सबक सीख लिया था। मुझे पता था कि अब सख्ती से मुझे उसी सिद्धांत का पालन करना है, जो मैंने अपने लिए बनाया है।

इस बात को मैं भलि-भांति समझ गया था कि यदि मैं इससे एक बार के लिए भी हटा तो बहुत बड़ी परेशानी में पड़ जाऊँगा। मेरा पूरा आर्थिक तंत्र खतरे में आ जाएगा।

सबसे पहला काम मेरा न्यूयार्क में अपने चारों ओर एक मजबूत घेरा बनाने का था, जिससे मैं इस बात के लिए निश्चिंत हो जाऊँ की अब मैं अपनी पुरानी गलतियों को फिर से नहीं दोहराऊँगा।

मेरा सबसे महत्त्वपूर्ण निर्णय था ही मैंने अपनी डील को छह ब्रोकर्स में बाँट दिया। ऐसा करने की वजह से मेरी डील की कोई नकल नहीं कर सकता था। मेरे काम में उनके हस्तक्षेप को रोकने के लिए मैंने एक सीमा बना दी थी। यह ऐसा सुरक्षा सिद्धांत है, जिसका इस्तेमाल मैं आज भी अपनी हर डील में करता हूँ।

मैंने अपना सारा काम इसी प्रकार से किया और अपने ब्रोकर को वॉल स्ट्रीट के बंद होने के बाद तार भेजने के लिए कहा, इस प्रकार यह तार मुझ तक शाम 6 बजे के बाद ही पहुँच सकते थे। यही वह समय था, जब मैं सो कर उठता था। यह सालों से नाइटक्लब्स में डांस करने का नतीजा था। इसके साथ ही टेलीफोन ऑपरेटर को भी यह निर्देश दिया कि दिन के समय में वह कोई कॉल ना करें।

इसका सबसे बड़ा फायदा मुझे यह मिला की मेरे सोने के समय में ही वॉल स्ट्रीट की सारी गतिविधियाँ हो जाती थीं, जो मुझे परेशान कर सकती थीं और जब मैं सो रहा होता था उस समय वे सब लोग काम कर रहे होते थे। इस तरह वे न तो मुझ तक पहुँच सकते थे, न ही मुझे परेशान कर सकते थे। यदि अनुमान के विपरीत कुछ हो भी जाए, तो मेरा प्रतिनिधि, मेरा स्टॉपलॉस आर्डर, तैयार रखता था।

अब शाम सात बजे मैं अपने दैनिक तार पढ़ा करता था और इसके बाद ही अपनी भविष्य की डीलिंग्स का निर्णय लिया करता था, लेकिन इससे पहले मेरा एक और काम होता था की मैं दोपहर के अखबार की एक प्रति खरीद लेता था, जिसमें वॉल स्ट्रीट के क्लोजिंग प्राइज़ दिए होते थे।

मैं उस दिन के कोटेशन वाले पन्ने को फाड़ लेता था और बाकी का वित्तीय खण्ड फेंक देता था। मैं कोई भी वित्तीय कहानियाँ या कमेंट्री नहीं पढ़ना चाहता था, चाहे वे मेरे लिए कितने भी अच्छी क्यों न हों, क्योंकि ये मुझे सही मार्ग से भटका सकती थीं और ऐसा मैं दोबारा नहीं कर सकता था।

इसके बाद जब वॉल स्ट्रीट सोता था, मैं अपने तार और अखबार से निकाले पन्ने के साथ काम करने बैठ जाता था। कई दिनों तक मैं अपने आहत आत्मविश्वास ठीक करने में लगा रहा, लेकिन जिन दो स्टॉक को मैंने नहीं बेचा था, वह लगातार बढ़ते रहे। यूनिवर्सल कंट्रोल्स जब तक 60 के भाव पर नहीं पहुँच गया तब तक बढ़ता रहा। जब मैं पिछली बार न्यूयॉर्क आया था तब की तुलना में यह 40% बढ़ चुका था। थियोकोल भी उतना ही अच्छ चल रहा था और अब 110 के भाव से आगे बढ़ने को तैयार था।

मेरे लिए यह अच्छी खबर थी, इसलिए मैंने यह निर्णय लिया कि अभी इन्हें छेड़ने का कोई उचित कारण नहीं था। अपने खराब अनुभवों और मजबूत इरादों के साथ मैं डरता हुआ मार्केट में बहुत सावधानी और आत्मविश्वास के साथ आगे बढ़ रहा था। मेरे कुछ सफल ट्रांजक्शन इस प्रकार थे -

1,000 जनरल टायर एण्ड रबर			
खरीदा	56 के भाव पर	56,446.00 डॉलर	
बेचा	69½ के भाव पर	69,151.01 डॉलर	
			लाभ 12,705.01 डॉलर
1,000 सैन्को इंस्ट्रुमेन्ट्स			
खरीदा	19½ के भाव पर	19,775.00 डॉलर	
बेचा	23½ के भाव पर	23,247.63 डॉलर	
			लाभ 3,472.63 डॉलर
500 अमेरिकन फोटोकॉपी			
खरीदा	71½ के भाव पर	35,980.75 डॉलर	
बेचा	79½ के भाव पर	39,570.92 डॉलर	
			लाभ 3,590.17 डॉलर
1,000 यूनियन ऑयल ऑफ कैलीफ			
खरीदा	46 के भाव पर	46,420.00 डॉलर	
बेचा	50 के भाव पर	49,669.00 डॉलर	
			लाभ 3249.00 डॉलर
500 पोलारोएड			
खरीदा	121 के भाव पर	60,755.50 डॉलर	
बेचा	127 के भाव पर	63,299.08 डॉलर	
			लाभ 2,543.58 डॉलर

500 ब्रन्सविक बाल्के-कोलेंडर			
खरीदा	71¼ के भाव पर	35,855.65 डॉलर	
बेचा	77 के भाव पर	38,322.08 डॉलर	
			लाभ 2,466.43 डॉलर
500 बैल एण्ड हॉवेल			
खरीदा	93 के भाव पर	46,741.50 डॉलर	
बेचा	99¼ के भाव पर	49,436.81 डॉलर	
			लाभ 2,695.31 डॉलर

स्टॉक मार्केट होने के कारण मेरी सभी डील सफल नहीं रहीं। कुछ स्टॉक वैसे नहीं चले जैसा मैंने सोचा था। यहाँ कुछ ट्रांजेक्शन दिए गए हैं, जिनमें मुझे हानि हुई थी -

1,000 सैन्को इंस्ट्रुमेन्ट्स			
खरीदा	23 के भाव पर	23,300.00 डॉलर	
बेचा	22 के भाव पर	21,755.76 डॉलर	
			हानि 1,544.24 डॉलर
500 रिचहोल्ड कैमिकल्स			
खरीदा	65 पर	32,727.50 डॉलर	
बेचा	63¾ के भाव पर	31,703.17 डॉलर	
			हानि 1,024.33 डॉलर
1,000 फैनस्टील			
खरीदा	63½ के भाव पर	63,953.50 डॉलर	
बेचा	62 पर	61,657.96 डॉलर	
			हानि 2,295.54 डॉलर

500 फिलाडेल्फिया एण्ड रीडिंग		
खरीदा	131 के भाव पर	65,760.50 डॉलर	
बेचा	129¾ के भाव पर	64,672.79 डॉलर	
		हानि 1,087.71 डॉलर

ये दोनों ट्रांजैक्शन की टेबल मेरे तरीके को पूरी तरह से स्पष्ट करती हैं। आप देखेंगे कि हर स्टॉक में निवेश किए हुए धन में हानि की तुलना में लाभ बहुत ज्यादा है।

याद रखिए कि ये सारे ट्रांजैक्शंस न्यूयॉर्क से न्यूयॉर्क में ही केवल तार द्वारा किए गए थे। मैं अपने ब्रोकर्स से न कभी मिला भी नहीं और न ही कभी बात की। कई बार दिन की ट्रेडिंग के समय जब मेरे खरीदे स्टॉक्स किसी जल बिन मछली की तरह तड़प रहे होते थे या नीचे गिर रहे होते थे तो मेरे ब्रोकर्स को टेलीफोन उठाकर मुझे सतर्क करने के लिए बेचैनी ज़रूर होती होगी। उन्हें लगता होगा कि मैं शायद दुनिया का सबसे बेवकूफ इंसान हूँ, जो उन्हें ऐसा करने से मना करता है, लेकिन मेरा नियम पक्का था। मैं रोज़ शाम छह बजे अच्छी या बुरी खबर सुनता था, जब मेरा तार पहुँचता था। इसके बाद ही मैं अपना काम करना शुरू करता था।

न्यूयॉर्क में ऐसे ही ट्रेडिंग करते हुए कुछ सप्ताह बीतने के बाद यूनिवर्सल कंट्रोल्स में गिरावट दिखनी शुरू हो गई और यह अपनी ऊपर जाती हुई प्रगति को धीरे-धीरे छोड़ने लगा। इसकी गतिविधि और प्राइज़ एडवांस बहुत ही तूफानी हो गए थे।

यह मुझे परेशान कर रहा था और आगे चल कर मेरे सामने परेशानी आ भी गई। मार्च के पहले सप्ताह में 66 के भाव पर रहने के बाद यह स्टॉक तीन हफ्तों में ही 102 पर पहुँच गया और यही बिन्दु था, जिस पर इसने अपनी गति को बदल दिया और एक अलग ही दिशा में जाने लगा। मुझे इस तरह की गिरावट बिलकुल भी अच्छी नहीं लगी। यह लगातार बिना रुकावट के गिरता गया और अब इसके आगे बढ़ने की कोई आशा दिखाई नहीं दे रही थी। मुझे इस बात में अब कोई शक नहीं था कि मेरी छुट्टी अब खत्म हो गई है। यदि मैं सावधान नहीं रहूँगा, तो मैं खाई में गिर सकता था, इसलिए मैंने अपना स्टॉप लॉस उस दिन के क्लोजिंग मूल्य के अनुसार दो पॉइंट ऊपर ही लगा दिया था। अगली सुबह 86¼ और 89¾ के बदलते मूल्यों के बीच यूनिवर्सल कंट्रोल्स बिक चुका था। यह अपनी ऊँचाई से 12

पॉइंट नीचे आ गया था, लेकिन इसकी गिरावट से भी मैं संतुष्ट था। दुखी होने का मेरे पास कोई कारण भी नहीं था। मैंने एक लंबी और बहुत लंबी यात्रा पूरी कर ली थी और कुल विक्रय मूल्य 5,24,669.97 डॉलर था। इससे मुझे 4,09,356.48 डॉलर का लाभ हुआ।

इसको बेचेन के बाद मेरे पास आगे निवेश करने के लिए काफी धनराशि थी। मैंने मार्केट पर सावधानी से नज़र डाली। मैं हर बार की तरह किसी सक्रिय उच्च मूल्य वाले स्टॉक की तलाश में लग गया था। इस समय एक और परेशानी मेरे सामने आ खड़ी हुई थी, जिससे से एक अच्छा स्टॉक ढूँढना मेरे लिए और मुश्किल हो गया। इतनी सारी धनराशि के साथ मुझे बहुत सावधानी बरतने की ज़रूरत थी जिससे मैं मेरी खरीद के चलते मार्केट को गलत ढंग से प्रभावित न कर दूँ।

विश्लेषण करने के बाद मैं एक स्टॉक पर जा कर रुक गया, जो मेरे सिद्धांत पर सही बैठता था और वह स्टॉक था टेक्सास इंस्ट्रमेन्ट्स।

मैंने अप्रैल के दूसरे सप्ताह में 94¾ के औसत भाव पर 2000 शेयर खरीद लिए और फिर 97⅞ पर 1,500 खरीदे। जब यह स्टॉक ठीक चलता तो मैंने 2,000 शेयर और खरीद लिए। इस अंतिम क्रय का औसत मूल्य 101⅞ था। इसमें मेरी काफी ज्यादा धनराशि-शायद आधा मिलियन डॉला लगी हुई थी। मेरा टेक्सास इंस्ट्रमेन्ट्स का क्रय इस तरह था -

2,000 शेयर	94⅜ के भाव से	1,89,718.80 डॉलर
1,500 शेयर	97⅞ के भाव से	1,47,544.35 डॉलर
2,000 शेयर	101⅞ के भाव से	2,04,733.80 डॉलर
कुल 5,500 शेयर		5,41,996.95 डॉलर

मैंने उस समय अपना ध्यान थियोकोल पर केंद्रित कर दिया जब यूनिवर्सल कंट्रोल्स से निकाली गई धनराशि दोबारा निवेश हो गई।

अब थियोकोल और मैं लंबे समय तक साथ रहने वाले थे और अन्य पुराने समय के साथियों की तरह हमारे बीच एक विशेष संबंध बन गया था। मैंने थियोकोल को अन्य स्टॉक्स की तुलना में हमेशा ही हवा के रुख के साथ बहने दिया था, क्योंकि कुछ हद तक मुझे इस स्टॉक के बारे में कुछ खास महसूस होता था

और इसलिए भी क्योंकि मुझे इसके विशेष सब्सक्रिप्शन अकाउंट से काफी फायदा हुआ था।

उधार की ऐसी व्यवस्था को छोड़ना मर्खता थी और इसलिए मैं इसके पीछे आते हुए स्टॉप लॉस को इसके बढ़ने से बहुत पीछे रखता गया। ऐसा मैं किसी अन्य स्टॉक के साथ नहीं कर सकता था, लेकिन थियोकाल के विषय में ऐसा करने से मैं दो बार इसे बेचने से बच गया। दूसरी बार ऐसा तब हुआ जब अप्रैल के पहले सप्ताह में इसमें काफी बुरी प्रतिक्रिया हुई थी। ऐसा इसके 'एक से तीन' में विभाजन की घोषणा से हुआ।

इस समय मुझे बहुत बुरा लग रहा था, क्योंकि मुझे लग रहा था जैसे इस बार मैं अपने इस स्टॉक सेअलग हो जाऊँगा, लेकिन इस विपरीत प्रक्रिया का अंत मैंने अपने स्टॉप लॉस पर छोड़ दिया था।

अच्छी बात यह थी की इसमें भी मेरा साथ नहीं छोड़ा और और गिरावट जल्दी ही वृद्धि में बदल गई। हालाँकि थियोकोल को पसंद करने वाला अकेला मैं ही नहीं था। नए विभाजित हुए स्टॉक को जनता की ज़बरदस्त प्रतिक्रिया मिली जिससे यह मई के प्रथम सप्ताह में 72 हो गया। इसकी प्रतिक्रिया बहुत बढ़िया थी। इससे हैरान करने वाली स्थिति उत्पन्न हो गई थी-

सप्ताह के लिए इसका वॉल्यूम 5,49,400 शेयर्स हो गया।

सप्ताह भर में यह 13¼ पॉइंट बढ़ गया।

और इसका ट्रेडिंग टर्न ओवर कुल 4,00,00,000 डॉलर हो गया था।

सच्चाई तो यह है की न्यूयॉर्क स्टॉक एक्सचेंज का हर ट्रेडर थियोकोल को ही खरीदने-बेचने के अलावा और कुछ नहीं कर रहा था।

लेकिन यह सब ज्यादा समय तक नहीं चला। न्यूयॉर्क स्टॉक एक्सचेंज के गवर्नर ने सारे स्टॉप ऑर्डर निलंबित करने का फैसला कर दिया। इसका प्रभाव यह हुआ कि ज्यादातर ट्रेडर्स ने इस स्टॉक को छोड़ने में ही अपनी भलाई समझी क्योंकि वे ऐसे स्टॉक को खरीद और बेच नहीं सकते थे, जिसमें हमें अपनी धनराशि को सुरक्षित ना समझे। इसका सीधे तौर पर अर्थ यही था कि मैं अपने आप ही स्टॉक से बाहर हो गया। उन्होंने मेरा सबसे शक्तिशाली अस्त्र मुझसे छीन लिया था और मैं इसके बिना काम नहीं कर सकता था और अपने आप को बेसहारा समझने लगा।

68 के औसत मूल्य पर मैंने अपना थियोकोल पर बेच दिया। इससे तीन भागों में विभाजित थियोकोल से मुझे -

ओरिजनल 6,000 शेयर्स के लिए 200 डॉलर प्रति शेयर से ज्यादा मिले। मैंने कुल 3,50,820 डॉलर अदा किए थे।

मेरे 18,000 विभाजित शेयर्स के लिए मुझे 1212851.52 डॉलर मिले। मेरा लाभ 862031.52 डॉलर था।

अब दोबारा मार्केट में एक मिलियन डॉलर वापस डालने की संभावना से बहुत-सी परेशानियाँ आ सकती थीं। मुझे बहुत ही ज्यादा सावधानी बरतने की ज़रूरत थी। मेरे पास इतनी धनराशि थी कि यह बहुत आसानी से मार्केट पर अपना प्रभाव डाल सकती थी।

यह सच है कि मेरा स्टॉप लॉस बहुत व्यावहारिक नहीं था, क्योंकि कोई भी ट्रेडर या विशेषज्ञ कुछ ही सेकंड के समय में इतनी बड़ी तादाद में स्टॉक को ले नहीं सकता था।

अब मेरे पास एक ही रास्ता शेष बचा था और वह था की मैं अपने फंड दो भागों में बाँट दूं। जब मैंने यह तय कर लिया तो तुलनात्मक रूप से चुनना आसान हो गया। अब मुझे चार स्टॉक के बीच में निर्णय करना था - जेनिथ रेडियो, लिट्टन इंडस्ट्रीज़, फेयर चाइल्ड कैमरा और बैकमैन इंस्ट्रूमेन्ट्स। मैं लगातार इन पर नज़र रखे हुए था। मेरी टेक्नो फंडामेंटलिस्ट सिद्धांत के अनुसार ये सभी अच्छी हालत में थे और आगे ही बढ़ने थे। अब देखना यही था कि मैं किन दो को पसंद करूँ और इसका फैसला यह स्टॉक्स ही करेंगे।

मैंने जिस सिद्धांत का प्रयोग यूनिवर्सल कंट्रोल्स और थियोकोल के साथ सफलतापूर्वक किया था। उसी के अनुसार मैंने इन चारों में 13 मई, 1959 को नमूना के तौर पर कुछ स्टॉक्स खरीदे -

500 शेयर जेनिथ रेडियो	104 के भाव से	52247 डॉलर
500 शेयर बैकमैन इंस्ट्रूमेन्ट्स	66 के भाव से	33228 डॉलर
500 शेयर फेयर चाइल्ड कैमरा	128 के भाव से	64259 डॉलर
500 शेयर लिट्टन इंडस्ट्रीज़	112 के भाव से	56251 डॉलर

इन चारों स्टॉक्स पर मैंने इनके खरीद मूल्य से 10% नीच का स्टॉप लॉस और लगा दिया।

मैं यह अच्छी तरह से जानता था कि ये स्टॉप लॉस बहुत अस्पष्ट हैं। यदि यह बेकार भी है, तो भी सोच-विचार कर अपनाया हुआ तरीका है, क्योंकि मैं जानता हूँ कि यह तरीका कभी ना कभी इन चारों में से सबसे कमज़ोर को अलग कर देगा।

वह 18 मई का दिन था जब मैं बैकमैन इंस्ट्रूमेन्ट्स से 60 पर ही बाहर हो गया था। इसके बाद 19 मई को मैंने लिट्टन इंडस्ट्रीज को 106¼ पर बेचने का फैसला भी ले लिया। अब मैंने बचे हुए स्टॉक्स पर स्टॉप लॉस लगाकर इन्हें दोबारा से व्यवस्थित कर दिया ताकि मैं आगे की रणनीति बना सकूँ।

अब मैं मई के चौथे सप्ताह में अपने 10,00,000 डॉलर से ज्यादा इन दो मज़बूत स्टॉक्स में लगाने के लिए तैयार था। मेरी स्टॉक्स की खरीद इस प्रकार थी-

जैनिथ रेडियो		
500 शेयर	104 के भाव से	52,247.00 डॉलर
1,500 शेयर	99¾ के भाव से	1,50,359.70 डॉलर
1,000 शेयर	104 के भाव से	1,04,494.00 डॉलर
1,000 शेयर	105¼ के भाव से	105,745.30 डॉलर
1,500 शेयर	107½ के भाव से	1,61,996.25 डॉलर
कुल 5,500 शेयर		574,842.25 डॉलर

फेयर चाइल्ड कैमरा		
500 शेयर	128 के भाव से	64,259.00 डॉलर
1,000 शेयर	123¼ के भाव से	1,23,763.30 डॉलर
1,000 शेयर	125 के भाव से	12,515.00 डॉलर
1,000 शेयर	126¼ के भाव से	1,26,766.30 डॉलर
1,000 शेयर	127 के भाव से	1,27,517.00 डॉलर
कुल 4,500 शेयर		567,820.60 डॉलर

मेरी अल्पकालीन ट्रेडिंग को हटाकर मेरा फंड स्टॉक दर स्टॉक नीचे दिए गए तरीके से इधर-उधर घूमता रहा :

1959 मार्च-अप्रैल			
बेचा	यूनिवर्सल कंट्रोल्स	5,24,670 डॉलर	
खरीदा	टेक्सास इंस्ट्रुमेन्ट्स		5,41,997 डॉलर
1959 मई			
बेचा	थियोकोल कैमिकल	12,12,850 डॉलर	
खरीदा	जैनिथ रेडियो		5,74,842 डॉलर
खरीदा	फेयर चाइल्ड कैमरा		5,67,821 डॉलर
	कुल प्राप्ति	**17,37,520 डॉलर**	
	मार्जिन	2,74,600 डॉलर	14,62,920
	पिछले ट्रांजेक्शन से मिला नकद	70,000 डॉलर	
	दोबारा निवेश के लिए उपलब्ध धन	15,32,920 डॉलर	

कुल दोबारा निवेश (90% मार्जिन के साथ) - 16,84,660 डॉलर

मेरे पास छह ब्रोकर थे, लेकिन मैंने उनमें से तीन के साथ अपना अकाउंट बंद कर दिया था। अब फिर एक बार मैं बैठकर इन स्टॉक्स को दोबारा देखने लगा। मेरे पास करने को कुछ नहीं था, क्योंकि अब टेक्सास इंस्ट्रुमेन्ट्स, जैनिथ रेडियो और फेयर चाइल्ड कैमरा मेरे लिए काम में लगे हुए थे।

वॉल स्ट्रीट और प्लाज़ा होटल के बीच जून के महीने में टेलीग्राम्स का लगातार आना- जाना लगा रहा। भले ही वेस्टर्न यूनियन ऑपरेटर्स के लिए यह किसी काम के नहीं थे, लेकिन मेरे लिए यह सबसे ज्यादा महत्व रखते थे। उदाहरण के लिए -

9 जून को मुझे यह तार मिला

"जेड 122½ (124-116¾) टी 119¼ (121½-117¼) एफ -125 (126-121)"

इसके अगले दिन का तार ऐसा था :

"ज़ेड 132⅜ (132½) -125) टी 123¾ (123⅞ -120⅜) एफ 130 (130-126½)"

यह सब ऑपरेटर्स के लिए अर्थहीन थे, लेकिन मेरे लिए यह किसी चित्रकारी से कम न थे, क्योंकि यह मेरे लिए बहुत महत्व रखते थे। इनसे मुझे पता लगा कि मेरी संपत्ति का मूल्य एक ही दिन में 10,0000 डॉलर बढ़ गया है।

मेरी जिंदगी भी कितनी अलग थी। होटल प्लाजा में बैठकर मैं हर शाम अपने तार पढ़ता और उन्हें फाइल में रखता जाता था, क्योंकि इससे ज्यादा करने को मेरे पास कुछ नहीं था। मैं खुश तो था, लेकिन बेचैनी के साथ क्योंकि मेरे हाथ में कुछ नहीं था केवल इंतजार करने के। अब मैं उस वैज्ञानिक की तरह हो गया था, जिसने वर्षों की मेहनत और शोध के बाद चन्द्रमा के लिए एक रॉकेट अपनी ओर से सफलतापूर्वक भेज दिया था और उसको देखते हुए उसे महान उपलब्धि का एहसास तो हो रहा था, लेकिन एक अजीब-सी निष्क्रियता की भावना उसे पस्त भी कर रही थी।

अपने रॉकेट की तरह मैं भी अपने स्टॉक्स को निरंतर ऊपर जाते हुए किनारे पर खड़ा देख रहा था।

अचानक जुलाई में एक दिन मुझे मोंटे कार्लो के 'स्पोर्टिंग क्लब' में कम का बुलावा आया। मैंने इसे बड़ी प्रसन्नता के साथ स्वीकार कर लिया, क्योंकि मुझे झिंझोड़ने वाली और डराने वाली समस्याओं के बाद चुपचाप बैठना अजीब सा लगा रहा था।

अब न्यूयॉर्क को छोड़ने से पहले मैंने अपने ब्रोकर्स को मिलने को कहा ताकि उन सभी के साथ अपने अकाउंट को देख सकूँ। मैंने पाया कि यदि यूरोप जाने से पहले मुझे इन सबको बेचना पड़े तो मेरे स्टॉक्स कुल 22,50,000 डॉलर के बिक सकते है।

यह जान कर मेरी प्रतिक्रिया कैसी थी? प्रसन्नता से भरी हुई? इस बात की उत्तेजना कि अब मैं किसी मिलियनेयर से दोगुना पैसा रखता हूँ? सच्चाई तो यह थी कि ऐसा कुछ भी नहीं था। मैं बहुत खुश था, लेकिन उत्तेजित नहीं था। मैं इससे

कहीं ज़्यादा जोश में तब था, जब मैंने डाइनर्स क्लब से पहली बार 10,000 डॉलर कमा लिए थे।

लेकिन इस बार मुझे उस एयथलिट की तरह महसूस रहा था, जिसने कड़ी मेहनत से अपने को तैयार किया हो और कई असफलताओं के बाद अब सफलाता की और धीरे-धीरे संभल कर आगे बढ़ रहा हो।

मैं आज भी पहले से कुछ अलग नहीं हुआ था, क्योंकि आज भी मैं संदेह में था। क्या उसे बेच देना चाहिए? क्या यह सही समय है, जब मैं पूरी तरह से बाहर निकल जाऊँ?

लेकिन अच्छी बात यह है कि इस बार उत्तर देना मेरे लिए पहले से कुछ आसान था। यह बहुत पुराना और विश्वसनीय उत्तर था। एक बढ़ते हुए स्टॉक को बेचने का मेरे पास कोई कारण नहीं था। हवा के बहाव के साथ ही धीरे-धीरे ऐसे ही दौडता रहूँगा और अपने स्टॉप लॉस को खींचता चला जाऊँगा और जब ट्रेंड बढ़ेगा, मैं अधिक स्टॉक्स को खरीद लूँगा। और यदि विपरीत परिस्थिति रही तो मैं किसी चोर की भांति वहाँ से निकल जाऊँगा।

अब मैंने अपने स्टॉक पर नए स्टॉप लॉस लगा दिए, जिससे कि यदि यूरोप में रहते हुए कोई विपरीत परिस्थिति भी आई और मेरे स्टॉक्स गिरने लगे तो ये खुद ही बिक जाएँगे और मेरे 20 लाख जस के तस बने रहेंगे।

अपने ब्रोकर्स से मिलने के बाद जब मैं टैक्सी से फिफ्थ एवेन्यू जा रहा था तो संतुष्ट और सुरक्षित महसूस कर रहा था, क्योंकि मेरे ऊपर से बहुत बड़ा बोझ उतर गया था।

मैं प्लाजा होटल की लॉबी से होता हुआ सांध्यकालीन अखबार खरीद कर, वॉल स्ट्रीट के क्लोजिंग प्राइज को फाड़ा, बाकी के अखबार को फेंक दिया था। शाम 6 बजे का तार लिया और लिफ्ट में चला गया।

होटल के कमरे में पहुँचकर मैंने अपना तार खोला, अखबार के पन्ने फैलाए और चेन की साँस ली। केवल इसलिए नहीं कि मैंने 20 लाख डॉलर कमा लिए थे, बल्कि इसलिए क्योंकि मैं वही कर रहा था जो मुझे सबसे अच्छा लगता था।अब वॉल स्ट्रीट के सोने का समय था और मेरे काम करने का।

टाइम मैगजीन के लिए साक्षात्कार

वह मई 1959 का महीना था और इस बात को पूरे साढ़े छह साल बीत गए जब मुझे स्मिथ भाइयों ने ब्राइलैण्ड नामक कैनेडियन स्टॉक लेने की सलाह दी था। यकायक मुझे ऐसा लगा जैसे जहा से चले थे वापस वहीं घूमकर आ गया है, क्योंकि उस दिन की तरह ही में आज फिर न्यूयॉर्क के लैटिन क्वार्टर में प्रस्तुति देने वाला था।

लेकिन मुझे इस बात का बिल्कुल भी पता नहीं था की किस प्रकार मेरी स्टॉक मार्केट के डीलिंग्स की बातें अब वॉल स्ट्रीट में होने लगी थीं। मेरी सफलता की खबर अब चारों ओर फैल गई थी।

मेरे पास एक दिन टाइम के बिजनेस सेक्शन से फोन आया और उन्होंने कहा कि उन्होंने मार्केट में मेरी सफलता के विषय में बहुत कुछ सुना है क्या हम किसी रिपोर्टर को आपसे मिलने भेज सकते हैं साक्षात्कार के लिए?

यह सब मेरे लिए हैरान कर देने वाला था। अगले दिन मेरा साक्षात्कार लेने वह रिपोर्ट आ गया। मैंने उसे सारे तथ्य बता दिए कि किस तरह से मैंने अपना भाग्य उदय किया था इतना ही नहीं मैंने उसे अपने अकाउंट्स, स्टेटमेंट्स तथा अपने तार भी दिखाए। उसने वह तारों को बहुत ध्यान से देखा और यह कहकर गया कि वह मेरी थ्योरी और पूरी यात्रा से बहुत प्रभावित हुआ है।

एक दिन बीतने के बाद वह वापस आया और कहने लगा कि स्टाफ के बिज़नेस विशेषज्ञ बहुत संशय में हैं। वे कह रहे थे कि यह पूरी थ्योरी सच्ची नहीं है।

उस रिपोर्टर की यह बात सुनकर मुझे जरा भी बुरा नहीं लगा। मैंने उसे दोबारा सारे तथ्य और आँकड़े दिखाए। उसने कई घंटों तक उन्हें पढ़ा और अंत में जब वह जाने लगा तब पूरी तरह से मेरी सच्चाई से संतुष्ट हो कर गया।

उन्हें फिर भी मुझ पर संदेह था, इसलिए उस रिपोर्टर ने अगले दिन सुबह मुझे फोन किया और दोपहर के भोजन पर मिलने के लिए मुझसे पूछा और खाने

के समय से आधा घंटा पहले उसने फिर से मुझे फोन किया और कहा कि मेरे साथ एक अन्य वरिष्ठ संपादक आ रहे हैं, जो आपकी इस पूरी कहानी कि स्वयं जाँच पड़ताल करेंगे।

इसके बाद वे दोनों भोजन पर एक बजे पहुँच गए। इस बार फिर मैंने उस रिपोर्टर के साथ उनके उस वरिष्ठ संपादक को भी अपनी सारी वित्तीय जानकारी दे दी। वरिष्ठ संपादक ने मेरी सारी शेयर मार्केट की यात्रा को पूरी जनता के साथ सुना और टेबल पर रखे हुए भोजन की ओर देखा तक नहीं।

शाम चार बजे जब उन्होंने पूरी कहानी सुन ली, उसके बाद जाकर कहीं एक सैंडविच खाया और पाँच बजे वे दोनों वहां से चले गए। उन्होंने किसी प्रकार की कोई टिप्पणी नहीं की लेकिन मुझे इतना जरूर समझ आ गया कि वे दोनों मेरी इस कहानी से अत्याधिक प्रभावित थे।

उसी दिन शाम छह बजे मेरे पास एक और फोन आया और वह फोन था टाइम के वॉल स्ट्रीट विशेषज्ञ का। उन्होंने कहा कि मैनेजिंग एडीटर इस कहानी को तब तक नहीं छपने देंगे जब तक टाइम स्टाफ के तीन सदस्य एक साथ इस बात की पुष्टि न कर दें कि उन्होंने मुझसे मिलकर सारे तथ्यों की पूरी जांच की है। इस बात पर मैं बहुत हैरान था कि वह मेरी नृत्य कला को भी देखना चाहते थे।

यह बड़ी मजेदार बात है कि मैनेजिंग एडीटर स्टॉक मार्केट में मेरी शेयर मार्केट की सफलता की कहानी पर तो संदेह कर ही रहे थे, लेकिन शायद उन्हें इस बात पर भी शक था कि मुझे नृत्य आता भी है या नहीं।

अब शाम के 7:00 बज चुके थे और वह विशेषज्ञ भी आ गया थे। पहले तो उसने मेरे स्टॉक मार्केट ऑपरेशन्स से जुड़ी सारी बातों और दिखाए गए सभी डाक्यूमेंट्स को देखकर विश्वास नहीं किया और इतना ही नहीं मुझे ऐसा लग रहा था जैसे वह हर बात पर अविश्वास करने का प्रण लेकर आए हों।

लेकिन जब जूलिया और मैं नृत्य करने के लिए मंच पर आए तो वह हमारी नृत्य कला से बहुत प्रभावित दिखा। मैं इस वजह से तीन दिनों से परेशान था और थोड़ा-थोड़ा शक्तिहीन भी होता जा रहा था। इसका परिणाम यह हुआ कि मैं अपनी क्षमता के चरम पर नहीं था और नृत्य के आखिर में जब मुझे एक मुश्किल उछाल लेनी थी, मैं अपनी एक भुजा की मांसपेशियों को आहत कर बैठा और जैसे तैसे वह नृत्य समाप्त किया

मैं अपने उसी दर्द करते हुए हाथ के साथ वॉल स्ट्रीट के विशेषज्ञ के साथ लंबी वित्तीय बातचीत को आगे के लिए बैठ गया यह बातचीत घंटों तक चलती रही।

वह हर बार एक ही प्रश्न पर आ कर अटक जाता कि मैं अपने स्टॉक ट्रांजेक्शन्स के विषय में इतनी खुलकर बातें क्यों करता हूँ?

मैंने उनसे कहा कि मैं अपने इस कार्य के लिए स्वयं पर गर्व करता हूँ। सच्चाई तो यह है कि मुझे ऐसा कुछ भी नहीं लगता कि जिसे छुपाया जाना चाहिए।

अब आधी रात से ज्यादा बीत चुकी थी, लेकिन इस पूरे समय में मेरे जाँचकर्ता ने ना कुछ खाया और ना ही कुछ पिया था। उसने कहा की वह मेरे सिस्टम या रिकॉर्ड में किसी कमी को जाँचने के लिए अपने दिमाग को होश में रखना चाहता हूँ।

अब सुबह के दो बज चुके थे और उसने अपना पेन टेबल रख दिया और बोले, "चलो अब एक ड्रिंक हो जाए।" क्योंकि उसका आखिर संदेह भी अब समाप्त हो गया था, जब कारण वह संतुष्ट था। उसने अपना ग्लास उठाया और मार्केट में मेरी सफलता की कहानी पर खुशी ज़ाहिर की।

इसके बाद वह सुबह चार बजे गया, लेकिन जाने से पहले उसने मुझसे एक सलाह माँगी और मैंने उसे वह दे दी। मैंने उसे एक स्टॉक खरीदने को कहा, लेकिन तभी जब वह 39¾ तक आगे बढ़ जाए और उसे 38½ पर स्टॉप लॉस भी लगाने को कहा। मुझे उम्मीद है कि उसने मेरी सलाह को जरूर माना होगा, क्योंकि वह स्टॉक 39¾ से आगे बढ़ा ही नहीं, बल्कि 22 तक नीचे आ गया।

वह लेख अगले सप्ताह टाइम में छप गया। वित्तीय क्षेत्र में इस अखबार ने अपना बहुत प्रभाव डाला।

इसका पहला परिणाम यह निकला कि मैं ज्यादातर फायनेंशियल पंडितों द्वारा एक निहायत ही सफल किंतु गैर रूढ़िवादी स्टॉक मार्केट निवेशक के रूप में स्वीकार कर लिया गया। इसी के चलते यह पुस्तक आपके सामने हैं और इसका दूसरा परिणाम यह हुआ कि नृत्य करते हुए जब मेरा हाथ आहत हुआ था उसके बाद मैंने अपने डॉक्टर को दिखाया उन्होंने मुझे आगे नित्य न करने की सलाह दी, क्योंकि उन्हें शक था कि मैं दोबारा अपने डांस पार्टनर को नहीं उठा सकता।

किंतु दो सप्ताह के बाद मैं फिर से मंच पर नृत्य प्रदर्शन कर रहा था। इतना ही नहीं इसे मैं तब से ऐसे ही कर रहा हूँ।

यह बात साबित करती है कि कभी-कभी मेडिकल विशेषज्ञ भी वॉल स्ट्रीट के विशेषज्ञों की भांति गलत हो सकते हैं।

परिशिष्ट

तार

अपने दो साल के नृत्य कार्यक्रम में विश्व-भ्रमण के कारण से डरवास, वॉल स्ट्रीट और अपने बीच संचार के साधन के रूप में केवल तारों के ज़रिए संपर्क साधने को मजबूर थे। अनेक असुविधाओं के संलग्न होने के बावजूद, निवेश तकनीकों के संयोग में यह महत्त्वपूर्ण तत्व साबित हुए, जिसने स्टॉक मार्केट में उनकी निश्चित सफलता को प्रशस्त किया।

दी गई निम्न प्रस्तुतियाँ वास्तविक तारों की नकल हैं, जो यह दर्शाती हैं कि कैसे वे विश्व के कोने-कोने से स्टॉक मार्केट के कार्य को संपन्न करते रहे। इनमें लेन-देन के विभिन्न चरणों के विशेष उदाहरण भी सम्मिलित हैं।

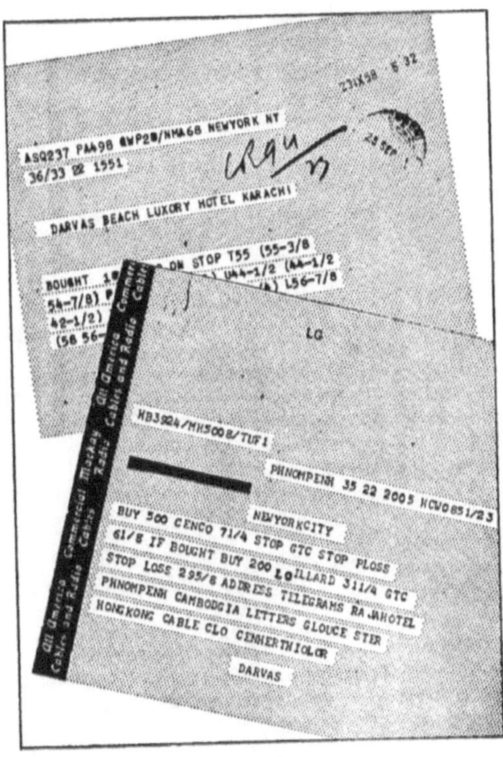

डरवास ने जब अपने ब्रोकर को बता दिया कि वे कौन-कौन से स्टॉक्स को पसंद करते हैं, तो फिर नाम के केवल प्रारंभिक अक्षर डालने ही काफी थे। इन संदेशों की कोड भाषा ही तार-कार्यालय के कर्मचारियों के लिए अक्सर परेशानी का कारण बन जाती थी क्योंकि यहाँ दिया गया तार वह है, जो उन्होंने कराची, पाकिस्तान में प्राप्त किया था, जिसमें लिखा था कि उनके ब्रोकर ने उनके कहे अनुसार एक 'ऑन स्टॉप' खरीद का ऑर्डर दे दिया है।

इतना ही नहीं उस दिन की रुचि वाले अन्य स्टॉक्स के उच्च और निम्न मूल्यों की सूची दी गई है, जिनमें थियोकोल कैमिकल, पोलारोएड, यूनिवर्सल कंट्रोल और लिट्टन इंडस्ट्रीज हैं।

लेकिन जब डरवास खरीदने का ऑर्डर देते थे, तो सामान्यत: वह स्टॉक का पूरा नाम दिया करते थे। नीचे वाले तार में, जिसे इंडोचाइना के नोम्पेन से भेजा

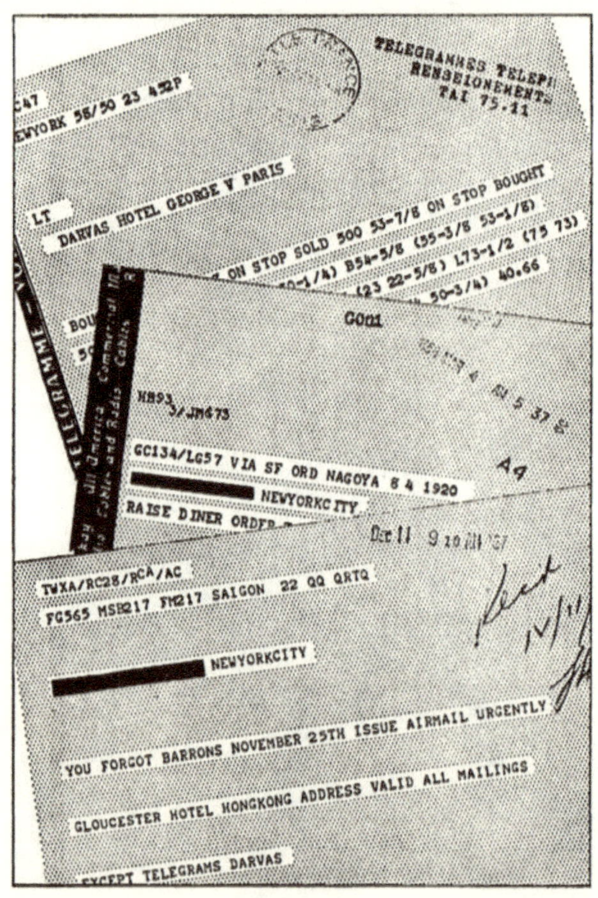

गया, उन्होंने 77¼, के भाव से सन्को इंस्ट्रूमैन्ट्स के 500 शेयर और 31¼ के भाव पर लॉरीलॉर्ड के 200 शेयर का गुड-टिल-कैन्सिल्ड' का 'ऑन-स्टॉप' ऑर्डर प्रेषित किया ।

दोनों ही मामले में उन्होंने (6⅛ और 29⅝ का अलग-अलग) अपने आप लगने वाला 'स्टॉप-लॉस' लगा दिया, जैसा कि उनका अभ्यास था ।

इसके साथ ही डरवास ने अपने ब्रोकर को अपने बदले हुए पते के विषय में जानकारी दे दी और सैन्को, हर्ट्ज़, थियोकोल एव लॉरीलॉर्ड के उस दिन के समाप्ति मूल्य की पूरी जानकारी माँगी ।

सबसे अच्छी बात यह थी की वह अपने खरीदे गए स्टॉक्स पर अपने आप स्टॉप-लॉस लगा देने की से वह एक ही दिन में कई स्टॉक्स से अंदर-बाहर हो जाते थे ।

ऊपर दिए गए तार जिसे उन्होंने पेरिस में प्राप्त किया था, में उन्होंने बताया था कि उनके किसी स्टॉक के 500 शेयर खरीदे और फिर बाद में मूल्य गिरने की वजह से बेच दिए गए, क्योंकि उस पर 53⅞ पॉइंट का स्टॉप-लॉस लगा हुआ था। एक अन्य खरीद की पुष्टि हुई और बोइंग लिट्टन इंडस्ट्रीज़ और कई अन्य स्टॉक्स का उस दिन का कोटेशन भेज दिया गया। अंतिम अंक उस दिन के डाऊ-जोन्स इंडस्ट्रीज़ एवरेज को संक्षिप्त रूप में दिखाते हैं ।

प्रत्येक दिन के कोट्स के आधार पर डरवास लगातार अपने ऑर्डर बदलते रहते थे। बीच वाला तार, जो कि नागोया (जापान) से भेजा गया है, में उन्होंने अपने ब्रोकर को 'डाइनर्स क्लब' के पूर्व ऑर्डर को बढ़ाने के निर्देश दिए हैं। बाद में उन्होंने इस ऑर्डर को पूरी तरह माना कर दिया ।

प्रत्येक दिन के तारों के अतिरिक्त वॉल स्ट्रीट के साथ डरवास का संपर्क 'बैरन्स' के ज़रिए भी रहता था, जो कि प्रकाशन के साथ ही जल्दी से जल्दी उन्हें एयरमेल कर दिया जाता था। नीचे वाला तार, जो कि इंडोचाइना के सायगोन से भेजा गया है, उनकी इस प्रकाशन की नियमित प्राप्ति पर पूर्ण निर्भरता को व्यक्त करता है ।

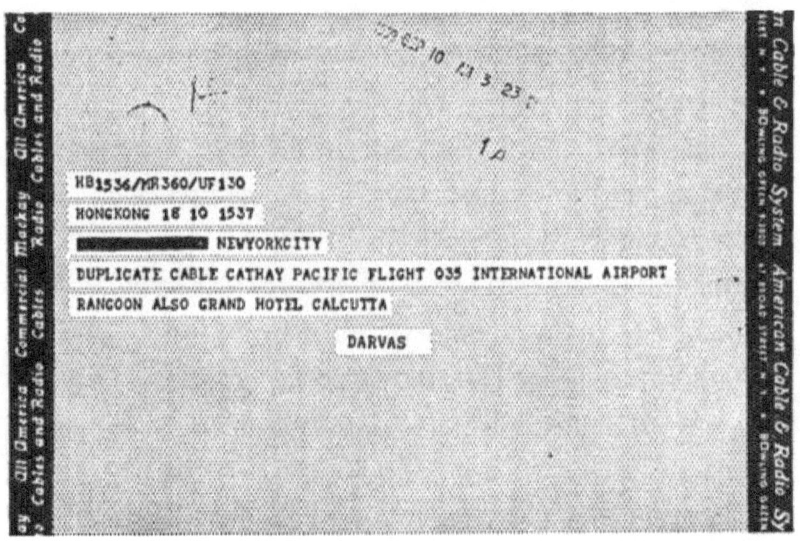

इस बात का डर डरवास को पहले से ही था कि यात्रा के दौरान कभी कोई बहुत जरूरी जानकारी वाला तार जिसे तुरंत प्रतिक्रिया की जरूरत हो, उन्हें मिलने से रह न जाए।

लेकिन डरवास ने इस समस्या का समाधान भी खोज निकाला। उन्होंने इस बात को समझा कि वे अपने ब्रोकर को तार की एक प्रति जहाज बदलने वाले एयरपोर्ट और दूसरी उनके ठहरने वाले होटल पर भेजने के लिए कह सकते हैं ताकि उन्हें सभी सूचनाएँ समय पर मिल सके।

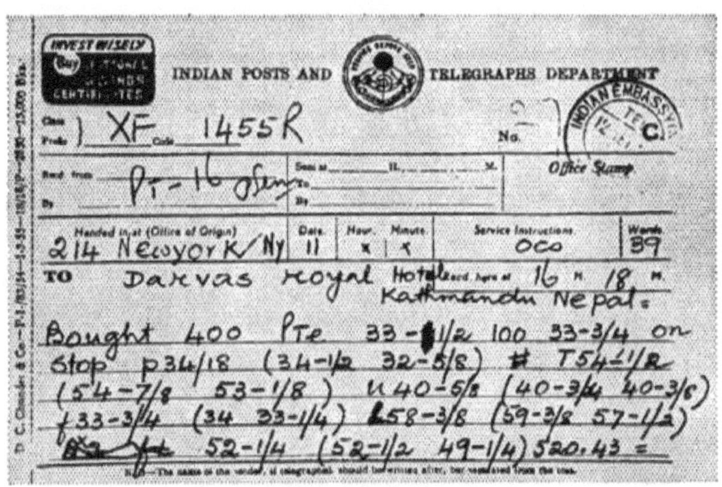

एक ही मूल्य पर ऑन-स्टॉप ऑर्डर से किसी स्टॉक की चाही गई पूरी क्वांटिटी, एक साथ 'बाय' हो जाए, ऐसा हमेशा संभव नहीं होता। स्टॉक मार्केट के अनुसार, निर्दिष्ट-मूल्य या उससे ऊपर भिन्न-भिन्न मूल्यों पर सौ-सौ के आधार पर खरीद होती है।

इस तार के आधार पर जो की नेपाल के काठमांडू में प्राप्त किया गया था। डरवास का 500 पैरामीली ट्रांसपोर्टेशन की खरीद का ऑर्डर दो मूल्यों पर किया गया है। 33½ के भाव पर 400 शेयर और 33¾ के भाव पर 100 शेयर। यह स्टॉक 34⅛ के भाव पर बंद हुआ और उस दिन के लिए इसका रेंज 34½-32⅜ रहा था।

डरवास का साफ तौर पर कहना है कि हाथ से लिखे हुए अन्य संदेशों (जिसके लिए उन्हें भारतीय दूतावास फोन करना पड़ता था, क्योंकि वहाँ बाहरी दुनिया से टेलीग्राफ-संपर्क का केवल यही एक माध्यम था) की तुलना में यह तार सामान्य से अधिक स्पष्ट था।

पारमेली, थियोकोल, यूनिवर्सल कंट्रोल्स, केयरचाइल्ड कैमरा और लिट्टन इंडस्ट्रीज़ के उस दिन के कोट काफी स्पष्ट थे, लेकिन अंतिम स्टॉक को डरवास अब पहचान नहीं पाए, भले ही उन्होंने उस समय इस स्टॉक को पहचान जरूर लिया होगा।

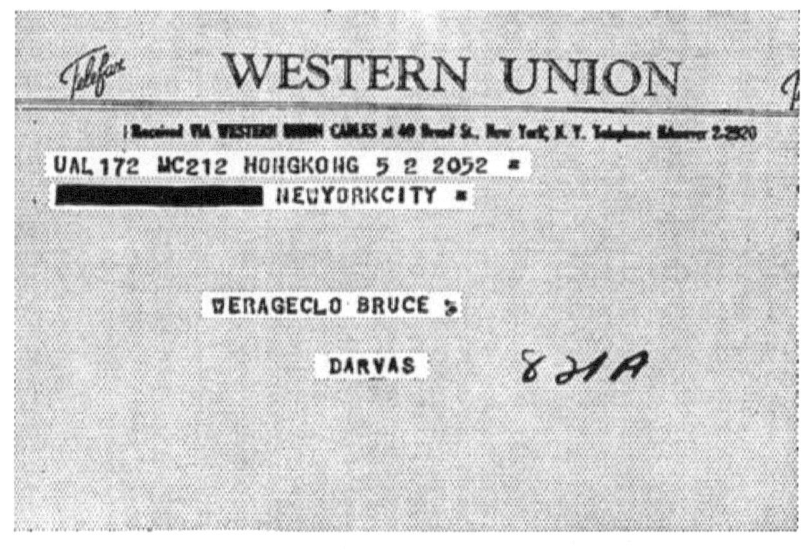

डरवास किसी स्टॉक में तब रुचि लेने लगते थे जब वह बैरन्स में अंकित कोई खास स्टॉक कोई खास मूवमेंट करता था, लेकिन सच्चाई तो यह है की इस प्रकाशन के उन तक पहुँचने में बहुत समय लग जाता था, इसलिए उन्हें उस स्टॉक की वर्तमान गतिविधियों के विषय में तार से ताजा जानकारी चाहिए होती थी।

पहली बार उन्होंने एक छोटी-सी कंपनी के स्टॉक में असामान्य ट्रेडिंग पर ध्यान दिया जब वह हाँगकाँग में थे। वहीं से डरवास ने निवेदन करते हुए एक तार भेजा- "इ.एल. ब्रूस का इस सप्ताह का रेंज और क्लोजिंग मूल्य"। तब उन्हें इस बात का जरा भी अंदाजा नहीं हुआ कि विशुद्ध इस स्टॉक को तकनीकी कारणों से छाँटना उन्हें लगभग तीन लाख डॉलर का लाभ दिला सकता था।

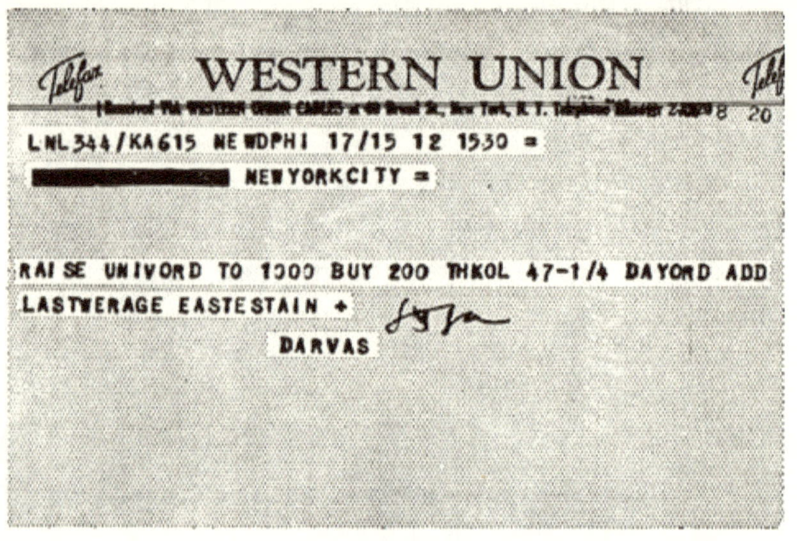

यदि कोई स्टॉक डरवास के अनुसार सही चलता था यानी उनकी थ्योरी में सही बैठता है तो वह उसे स्टॉक को छोटी-सी मात्रा में सेंपल के तौर पर खरीद लेते थे।

इसके बाद ही उन्हें सही मायने में समझ में आता था कि वह कैसे मूव कर रहा है।

क्योंकि डरवास के ब्रोकर को ये साफतौर यह निर्देश दिए गए थे कि उनके सभी 'ऑन-स्टॉप' ऑर्डर्स को 'गुड-टिल-कैन्सिल्ड' नीति के अनुसार ही रखा जाए।

इसलिए वह अक्सर सेंपल के तौर पर खरीद के लिए विशेष 'दैनिक ऑर्डर' डालते थे। नई दिल्ली से प्रेषित किए हुए ये कुछ शब्द, जिनमें 47¼ के भाव

पर थियोकेल कैमिकल के 200 शेयर लेने की बात की गई है, आगे चलकर जो लगभग एक मिलियन डॉलर के बराबर साबित हुए।

आखिर में यह छोटा-सा सेंपल खरीद में बदल गया। जो आगे चल कर 10,00,000 डॉलर की डील बनी।

इसी तार में डरवास ने यूनिवर्सल प्रॉडक्ट के ऑर्डर को बढ़ाने का निर्देश दिया था, लेकिन तुरंत ही उन्होंने इसे रद्द कर दिया। उन्हें लगा कि अभी समय सही नहीं

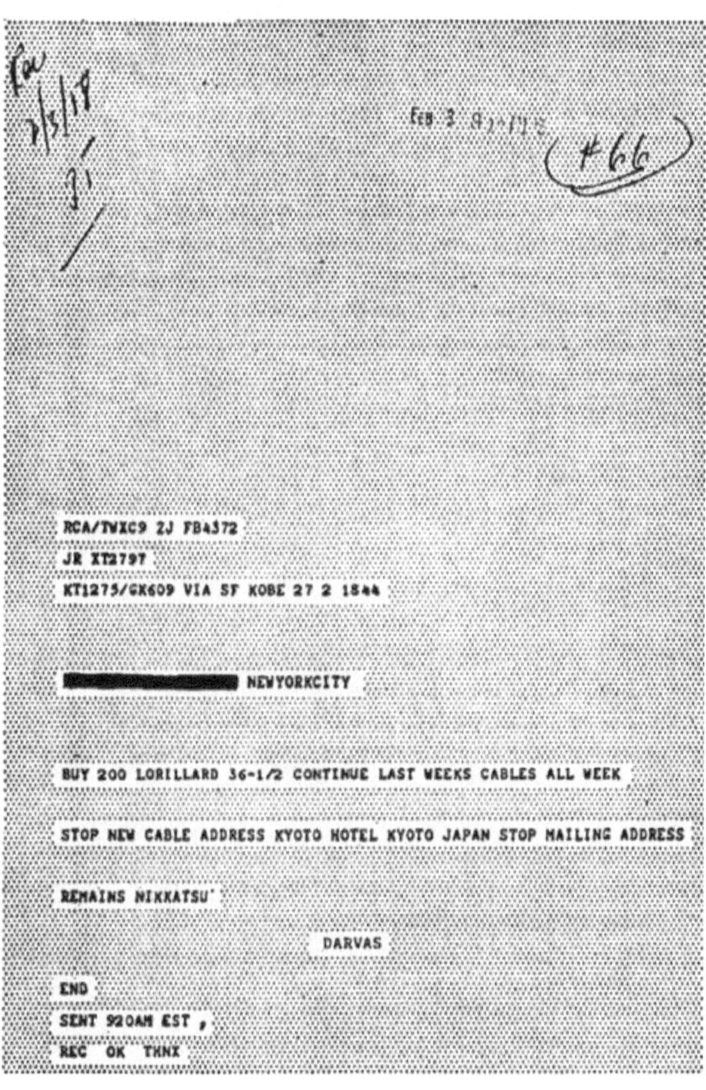

है इसे खरीदने का। लेकिन चार सप्ताहों के भीतर ही उन्होंने इस स्टॉक के 3,000 शेयर खरीदे थे। इसमें आखरी निवेदन ईस्टर्न स्टेनलेस स्टील के पहले के सप्ताह के रेंज के विषय में हैं।

डरवास यदि किसी स्टॉक में सेंपल खरीदने के उपरांत अपेक्षित मूल्य लगातार एक-सा ही रहता था, तो वे और अधिक खरीद लेते थे।

डरवास जब जापान के कोबे में थे उस समय उन्होंने लॉरीलॉर्ड के और 200 शेयर खरीदने के लिए अपना तीसरा तार का ऑर्डर भेजा। इस स्टॉक की खरीद ने उनके निवेश के पिरामिड में आखरी कोने के पत्थर का काम किया जिस के आधार पर उन्हें आने वाले अठारह महीनों में 20,00,000 डॉलर का लाभ हुआ।

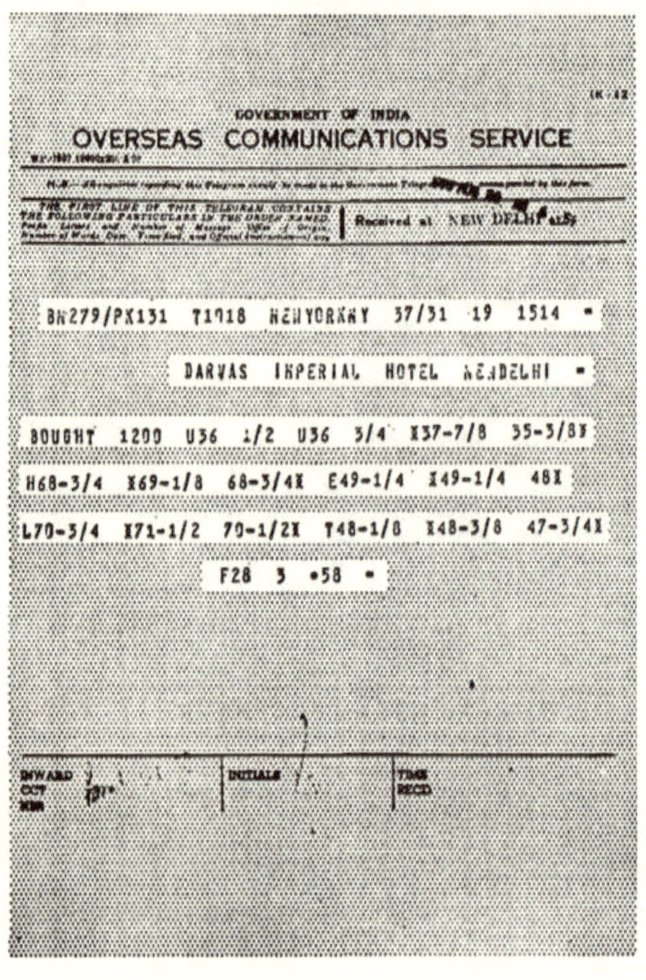

GOVERNMENT OF INDIA
OVERSEAS COMMUNICATIONS SERVICE

Received at NEW DELHI

```
BN279/PX131  T1918  NEWYORKNY  37/31  19  1514  =

       DARVAS  IMPERIAL  HOTEL  NEWDELHI  =

BOUGHT  1200  U36  1/2  U36  3/4  X37-7/8  35-3/8X
H68-3/4  X69-1/8  68-3/4X  E49-1/4  X49-1/4  48X
L70-3/4  X71-1/2  70-1/2X  T48-1/8  X48-3/8  47-3/4X
          F28  3  •58  =
```

डरवास के किसी एक स्टॉक के विषय में निश्चित होने और us स्टॉक के ऊपर जाने के साथ ही उस स्टॉक में उनका निवेश भी बढ़ जाता था। यूनिवर्सल प्रॉडक्टस के 35¼ के भाव पर 300 शेयर की सेंपल खरीद के बाद डरवास इस कम पहचाने जाने वाले स्टॉक के वर्तमान मूवमेंट से संतुष्ट थे और उन्होंने इसी के 1200 शेयर एक बार फिर खरीद लिए।

इस तार में बताया गया है कि उनका 'ऑन-स्टॉप' ऑर्डर 36½ के दिए गए मूल्य पर पूरा कर दिया गया है। साथ ही इस तार में यूनिवर्सल का उस दिन का रेंज और बंद होने का मूल्य भी दिया गया है।

इसके साथ ही इसमें हम्बल ऑयल, ईस्टर्न स्टेनलेस स्टील, लिट्टन इंडस्ट्रीज, थियोकोल और फेयरचाइल्ड कैमरा के कोट दिए गए हैं। आखरी स्टॉक के लिए 28 लिखा गया है और 3.58 डाऊ-जोन्स के औसत 503.58 के लिए हैं।

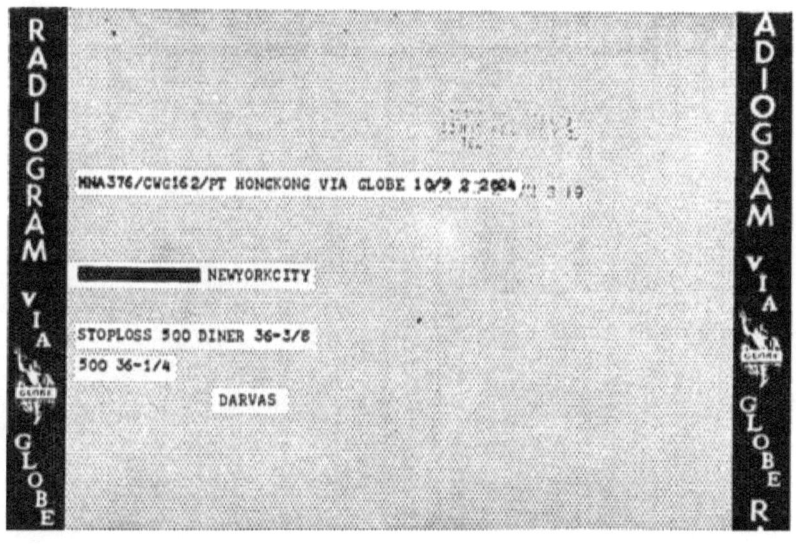

डरवास किसी स्टॉक में पूंजी निवेश करने के उपरांत स्टॉक का मूल्य बढ़ने के साथ-साथ अपने स्टॉप-लॉस को आगे ले जाने के विषय में कभी नहीं भूलते थे। स्टॉक के मूल्य और उनके स्टॉप-लॉस पॉइंट में बहुत ही गहरा संबंध होता है, क्योंकि यह एक नही कई कारणों पर निर्भर करता था।

जब वह अप्रैल, 1958 की शुरुआत में हाँगकाँग में थे, तब वे 'डाइनर्स क्लब' के व्यवहार से बहुत ही परेशान हो गए थे, क्योंकि यह स्टॉक अभी तक अपनी

समान गति से आगे बढ़ रहा था, जबकि अब तक डरवास के अनुसार इसे गति पकड़ लेना चाहिए था।

इस तार के माध्यम से उन्होंने डाइनर्स क्लब से पर्याप्त लाभ कमाकर वहां से बाहर निकलने के लिए बहुत ही नज़दीक का स्टॉप-लॉस लगाया हुआ था, लेकिन इस स्टॉक ने अचानक ही खराब मोड़ लिया, जिस कारण यह लगातार नीचे गिरने लगा।

चार्ट्स

निकोलस डरवास को बीस लाख डॉलर जिन चार्ट्स के माध्यम से प्राप्त हुए उन्हें अमेरिकन रिसर्च काउंसिल ने प्रमुख स्टॉक्स के साप्ताहिक मूल्य और वैल्यूम के लिए खास तौर पर यहाँ दिए गए हैं, जिन्हें आगे आने वाले पृष्ठों में आप सिलसिलेवार तरीके से देखेंगे। यह धनराशि तो डरवास ने 18 महीने की अवधि के दौरान कमा ली थी, लेकिन यहाँ पर उनके लिए गए हर स्टॉक के मूवमेंट्स की कहानी को 3 सालों के रिकॉर्ड में दिखाया जाएगा।

इतना ही नहीं इस पुस्तक में बताई गई डरवास की थ्योरी पर आधारित उनके स्टॉक को खरीदने के पीछे के तर्क, उनका स्टॉक खरीदने का समय, स्टॉप लॉस का प्रयोग इत्यादि पर हमारे संपादकों ने विस्तृत नोट्स बनाने के साथ उन पर विस्तार से जानकारी भी दी है।

पुस्तक में डरवास ने जिस तरह ट्रांजैक्शन किए हैं, उसी तरह यहाँ उन सभी चार्ट्स को व्यवस्थित किया गया है ताकि पाठकों को डरवास की फंडामेंटलिस्ट थ्योरी समझने में कोई परेशानी न हो।

लॉरीलार्ड

डरवास ने जब लॉरीलार्ड के स्टॉक के वॉल्यूम में अचानक वृद्धि देखी (A), भले ही यह स्टॉक डूबते हुए स्टॉक के दलदल में से उभार कर आया था तब भी उन्होंने इस स्टॉक के दैनिक कोट्स भेजने ले लिए अपने ब्रोकर को निर्देश दिए।

डरवास ने 27½ के भाव से इसके 200 शेयर खरीदे (B) और बहुत ही कम दूरी यानी 26 पर स्टॉप लॉस लगाया। कुछ ही दिनों बाद अचानक यह स्टॉक गिरने लगा (C) और इनके स्टॉप लॉस को छुआ और बिक गया।

लेकिन इसके बाद ही इस स्टॉक में अचानक वृद्धि हुई, जिस कारण डरवास संतुष्ट हो गए कि उनका पहला अनुमान ही सही था और उन्होंने दोबारा 28¾ (D) के भाव पर 200 शेयर फिर से खरीद लिए।

और जैसे-जैसे इसका स्टॉक ऊपर बढ़ता गया वैसे-वैसे डरवास ने 35 और 36½ के भाव से 400 शेयर और खरीद लिए (E)। यह स्टॉक बड़ी तेज़ी से आगे बढ़ा और जल्द ही 44⅜ तक पहुँच गया।

इसके बाद 18 फरवरी को 36¾ की अचानक गिरावट ने उन्हें विचलित कर दिया और उन्होंने स्टॉप लॉस बढ़ाकर 36 पर कर दिया, लेकीन यह गिरावट स्टॉप लॉस को कभी छू भी नहीं पाई और यह स्टॉक जल्द ही अपनी गति में आ गया, इसलिए उन्होंने 38⅝ के भाव से एक बार फिर 400 शेयर का अंतिम लॉट खरीद लिया (F)।

लॉरीलार्ड लगातार अपने मूल्य और वॉल्यूम में आगे बढ़ रहा था, इसलिए डरवास को इसे बेचकर जल्दी लाभ लेने मन होने लगा।

वे अपनी थ्योरी के एक मूलभूत सिद्धांत के साथ हमेशा बनी रहे कि "किसी बढ़ते हुए स्टॉक को बेचने का कोई कारण नहीं होता" और उन्होंने अपने स्टॉप लॉस को उसके ठीक पीछे एक सुरक्षित दूरी पर लगा दिया ताकि उन्हें बेवजह

परेशानी का सामना न करना पड़े।

जब लारीलार्ड में 53⅜ तक की अचानक गिरावट आई उस समय इस बात की पूरी संभावना थी कि बहुत नजदीक स्टॉप लॉस लगाने से उनका स्टॉक जून में बिक जाता, लेकिन ऐसा नहीं हुआ और वह लॉरीलार्ड के साथ आगे बढ़ते गए और साल के अंत तक इसकी 80 में हुई बढ़त लाजवाब थी।

आगे चल कर मई माह में वे अन्य स्टॉक के मूवमेंट में भी बहुत अधिक रुचि लेने लगे थे, जिस कारण उन्हें अपनी सारी पूँजी की आवश्यकता थी। इसलिए डरवास ने मई माह की शुरुआत में 57⅜ पर लॉरीलॉर्ड के 1,000 शेयर को 21,000 डॉलर के लाभ पर बेच दिए (G) क्योंकि अब वे ई.एल. ब्रूस पर अपना ध्यान केंद्रित कर रहे थे।

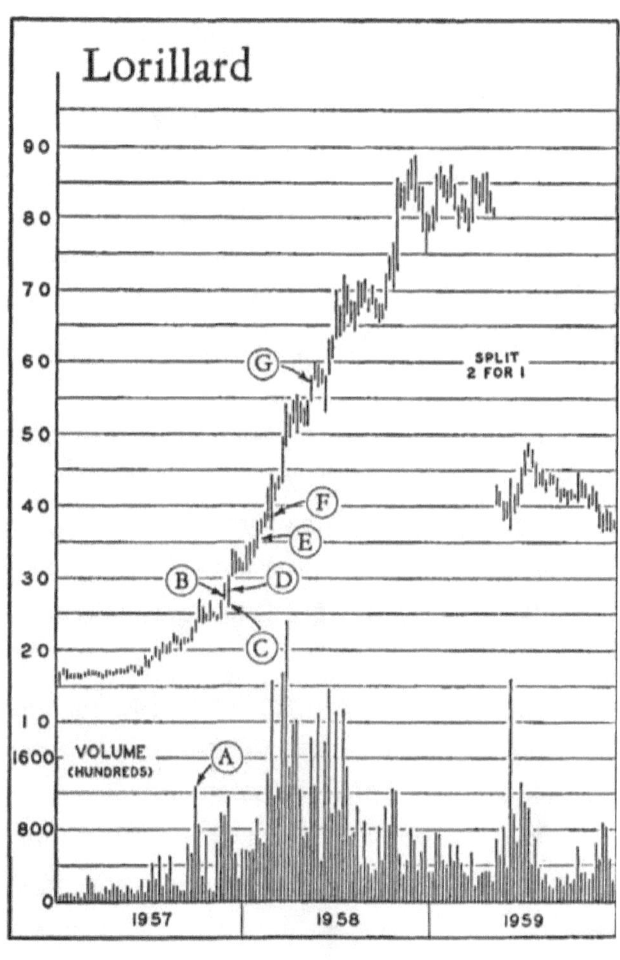

डाइनर्स क्लब

1957 के मध्य में इस स्टॉक का प्राइज पैटर्न ऊपर की ओर आगे बढ़ता हुआ था, किंतु यह बढ़त माला में बढ़त नहीं थी, लेकिन इसके दो भागों में विभाजित होने के बाद ही इसकी माला में अचानक तेजी आई (A)। यही वह समय था जब डरवास, डाइनर्स क्लब में रुचि लेने लगे। उनको यह मालूम हो गया कि यह कंपनी अपनी शक्ति में ऊपर जाते हुए निश्चित ट्रेंड के साथ इस नए क्षेत्र में सबसे आगे थी।

इस मूलभूत बिन्दु से पूरी तरह संतुष्ट होकर उन्होंने 24½ के भाव से 500 शेयर खरीद लिए (B)। जब यह स्टॉक बढ़ा तो डरवास ने 26⅛ के भाव से 500 शेयर्स और खरीद लिए (C)। बढ़ती माला के साथ विकसित होते बॉक्स के पिरामिड पैटर्न को देखते थे। जैसे ही मूल्य बढ़ा वैसे ही स्टॉप लॉस भी पहले 27 फिर 31 पर आगे खिसका दिया।

जब यह स्टॉक 40½ की अपनी नई ऊँचाई को छूने के बाद डरवास को ऐसा लगा जैसे आगे बढ़ने की इस स्टॉक की इच्छा खत्म हो गई हो। ऐसा दिख रहा था जैसे उसका आखरी पिरामिड अपने किनारे पर पहुँचकर वापस जाने में संकोच कर रहा हो। यह बिल्कुल धराशायी होने वाला लग रहा था। इस डर से डरवास ने अपना स्टॉप लॉस 36⅜ पर लगा दिया और फिर चुपचाप बैठ कर इंतजार करने लगे।

और अप्रैल माह के अंत में वह हुआ, "जिसके लिए मैंने अपना बीमा करा रखा था।" डाइनर्स क्लब ने गोता लगाया और डरवास का स्टॉक (D) 10,000 डॉलर लाभ के साथ स्टॉप लॉस के कारण बिक गया।

डरवास ने तो अपने सिद्धांत के आधार पर काम किया था। उन्हें इस बात का जरा भी अंदाजा नहीं था कि उस समय अमेरिकन एक्सप्रेस, डाइनर्स क्लब की

प्रतियोगिता में क्रेडिट कार्ड के क्षेत्र में ही उतरने वाला है। यह तो उनके ऑपरेशन का सही समय था, जिसने उनके सिद्धांत की सत्यता को और स्पष्ट कर दिया था।

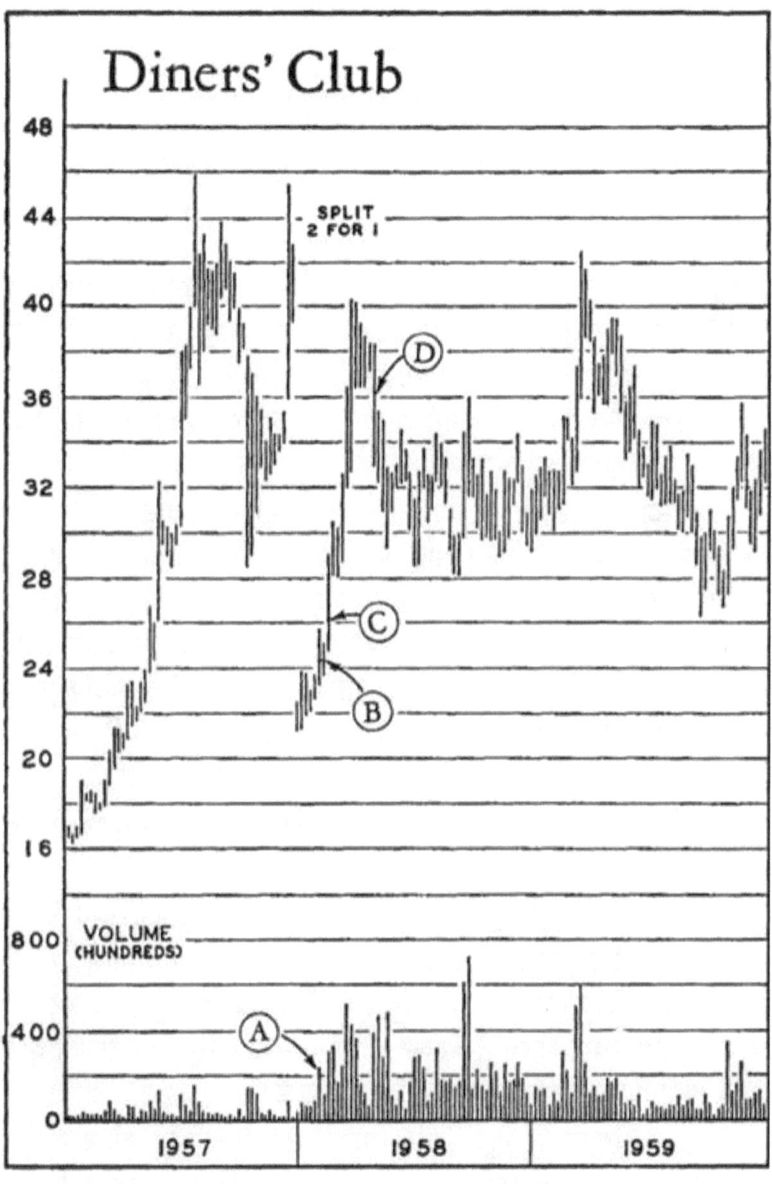

ई.एल. ब्रूस

जब डरवास ने अपनी पूरी पूंजी दो स्टॉक्स - लॉरीलार्ड और डाइनर्स क्लब में निवेश कर रखी थी, उस समय उन्होंने अचानक ही देखा (A) कि उनकी रुचि "ई.एल. ब्रूस नाम के स्टॉक में बढ़ रही है, जो कि एक लघु फर्म थी।" भले ही इस स्टॉक की योग्यता उनके फंडामेन्टल्स से मेल नहीं खाती थी फिर भी "इसका तकनीकी पैटर्न इतना आकर्षक था कि मैं इस पर से अपना ध्यान नहीं हटा पाया।"

इस स्टॉक की 18 से 50 तक की लगातार आगे बढ़ने वाली यात्रा में केवल 43 पर एक विपरीत प्रतिक्रिया आई थी, लेकिन डरवास की अनुभवी आँखों में यह एक अस्थायी रुकावट थी, जैसे पुनः ऊर्जा इकट्ठी करने के लिए हो। कोई फंडामेंटल कारण न होने के बाद भी डरवास इसे जितना हो सके उतना खरीदने के लिए आतुर थे यदि यह 50 के ऊपर जाता तो। डरवास को इस स्टॉक पर पूरा भरोसा था की वह एक लंबी रेस का घोड़ा है। इसके लिए उन्होंने लॉरीलार्ड को बेच दिया। ताकि ब्रूस के शेयर्स खरीदने के लिए उनके पास पर्याप्त राशि हो।

मार्च के अंत तक उन्होंने 52 के औसत मूल्य पर 2,500 शेयर खरीद लिए (B)।

जैसा कि चार्ट दिखा रहा है। इस स्टॉक को खरीदने का उनका समय बिलकुल सही था और देखते ही देखते ई.एल.ब्रूस "बढ़ना शुरू हो गया जैसे उसे कोई ऊपर की ओर खिंच रहा हो... यह अद्भुत था।" जब इसका मूल्य 77 पर पहुँचा उस समय "सुदूरवर्ती भारत में बैठकर भी मैं यह सब महसूस कर सकता था कि अमेरिकन स्टॉक एक्सचेंज में कुछ अद्भुत हो रहा है।"

यह सब देखना मेरे लिए किसी चमत्कार से कम नहीं था, जो शॉर्ट-सेलर्स 'वैल्यू' के आधार पर ऑपरेट कर रहे थे। वह पूरी कोशिश कर रहे थे की किसी तरह उनकी स्थिति सुधर जाए। एक्सचेंज में ट्रेडिंग निलंबित हो गई थी, लेकिन

डरवास को ओवर-द-काउंटर 100 डॉलर प्रति शेयर मिल रहे थे। तभी उन्होंने अपने जीवन का बड़ा महत्त्वपूर्ण निर्णय लिया। उन्होंने इस बढ़ते हुए स्टॉक को बेचने से मना कर दिया और कुछ सप्ताह बाद उन्हें 171 के मूल्य पर 2,95,000 डॉलर का लाभ प्राप्त हुआ।

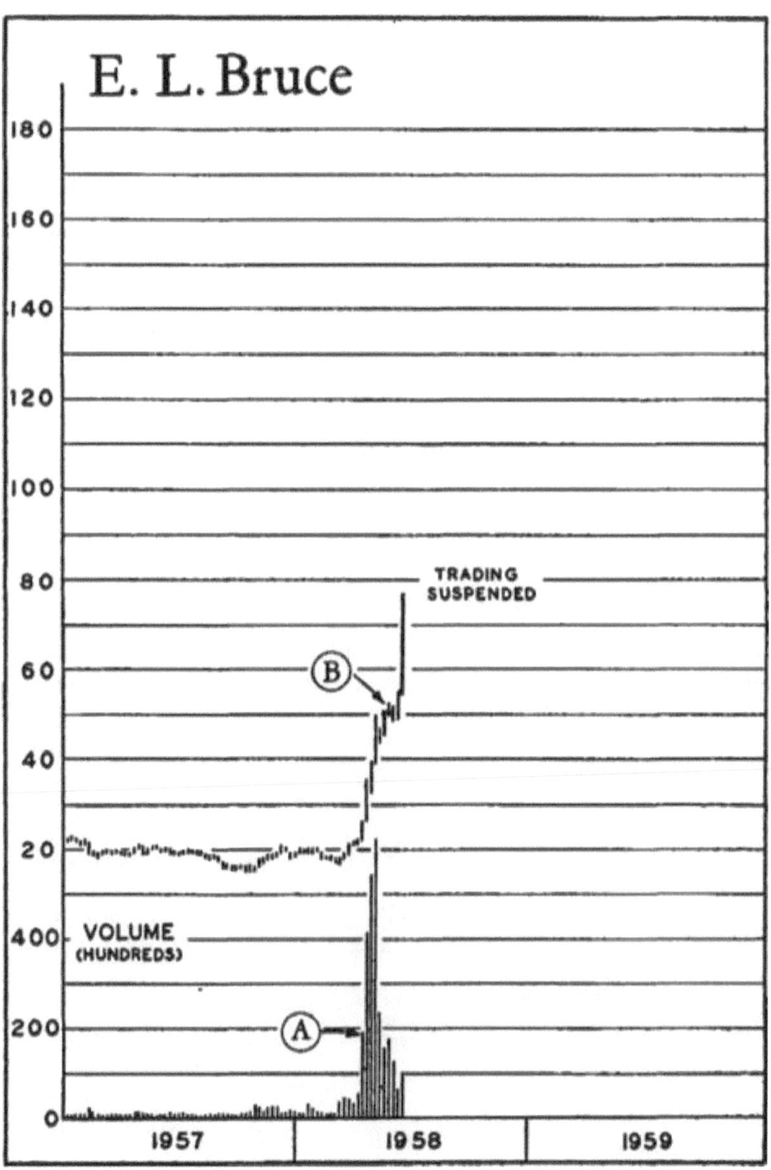

यूनिवर्सल कंट्रोल्स

जुलाई, 1958 में यूनिवर्सल प्रोडक्ट्स नाम की एक अनजान कंपनी पर डरवास ने अपनी रुचि दिखाई, जब उसकी माला में अचानक उछाल आया (A) जिसके साथ उसका मूल्य भी बढ़कर 30 से 32-36 की रेंज में जल्द ही ऊपर आ गया।

डरवास ने बड़ी ही सावधानी के साथ अगस्त की शुरुआत में 35¼ पर 300 शेयर की नमूना खरीद की (B) और दो सप्ताह के बाद, जब स्टॉक दृढ़ता के साथ आगे बढ़ने लगा, तब उन्होंने 36½ के भाव पर 1,200 शेयर और खरीद लिए (C)। स्टॉक लागातार बढ़ता गया और कुछ दिनों के बाद उन्होंने 40 के भाव पर 1,500 और शेयर्स खरीद डाले (D)।

लेकिन इसके बाद ही, कंपनी का नाम बदलकर यूनिवर्सल कंट्रोल्स हो गया और यह दो भागों में बट गई। अब उनके पास इसके 6,000 शेयर हो गए थे। जनवरी, 1959 में जब वह न्यूयॉर्क वापस आए तो उन्होंने अपने आप को ऐसे ऑपरेशन्स में लगा दिया, जिससे वे लगभग बर्बाद हो गए। सौभाग्यवश इस दौरान यूनिवर्सल कंट्रोल्स बहुत अच्छा प्रदर्शन कर रहा था, जिस कारण उन्हें इस स्टॉक से कोई परेशानी नहीं हुई।

किंतु मार्च आते-आते यूनिवर्सल में कुछ ऐसा होने लगा, जिससे उन्हें मुसीबत का आभास होने लगा और सचमुच मुसीबत आ गई। तीन सप्ताह तक बड़ी तेजी से 66 से 102 तक आगे बढ़ने के बाद इसने अपनी गति और दिशा दोनों ही बदल दी। "मुझे यह गिरावट बिलकुल अच्छी नहीं लगी, क्योंकि यह किसी गहरी खाई में गिरने जैसी थी मुझे से बाहर आने का कोई रास्ता नहीं था।"

डरवास ने इस स्टॉक के साथ भी ठीक वैसा ही किया जैसा कि ऐसी ही स्थितियों में डाइनर्स क्लब के साथ किया था। उन्होंने अपना स्टॉप लॉस इसके

पिछले एक निश्चित दूरी पर लगा दिया और जैसे ही स्टॉप लॉस को उनके स्टॉक ने छुआ वैसे ही वह स्टॉक बिक गया (E)।

उनके मूल्य जो कि 86¼ से 89¾ की रेंज में थे, अपने उच्चतम मूल्य से केवल 12 पाइंट ही कम थे, फिर भी डरवास इस स्टॉक से बेहद संतुष्ट थे। "मेरे दुःखी होने का कोई कारण नहीं था, क्योंकि मैंने एक लंबी यात्रा पूरी की और 4,09,000 डॉलर का लाभ कमाया।"

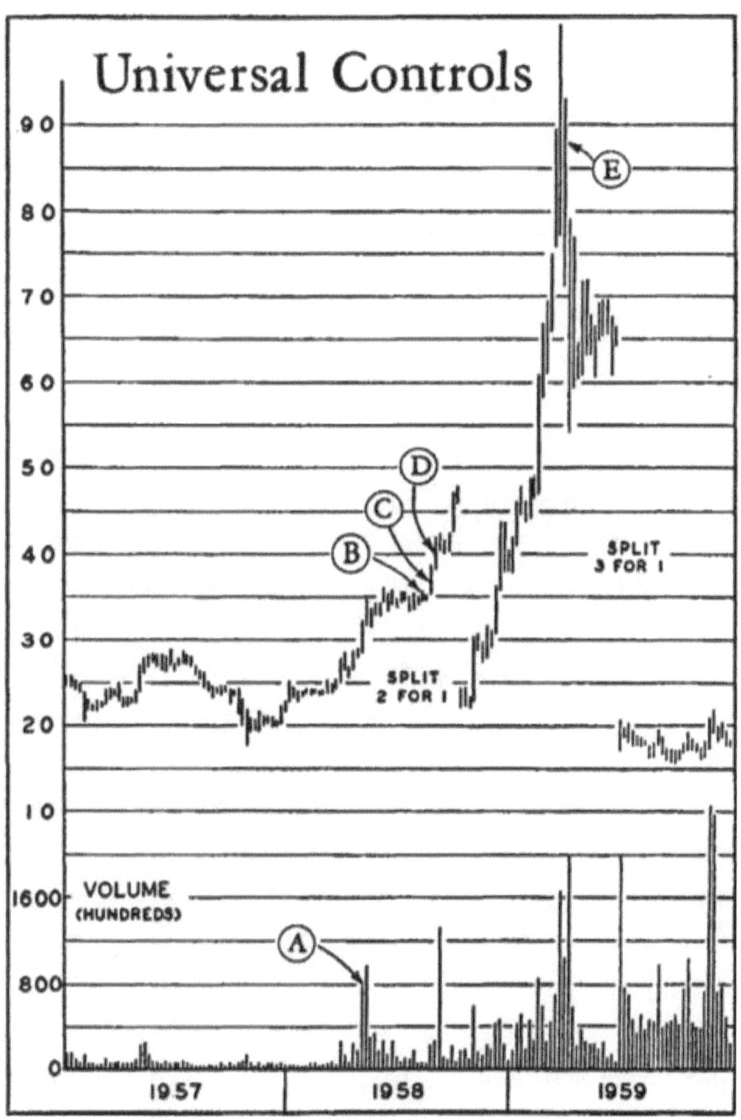

थियोकोल

यह स्टॉक जब 1958 की शुरुआत में दो भागों में बट गया तो इसमें काफी मात्रा में ट्रेडिंग शुरू हो गई थी और यह सब टोक्यो में बैठे डरवास देख रहे थे (A) लेकिन इसके कुछ महीने तक यह स्टॉक शांत बैठा रहा, लेकिन डरवास यह शांति तूफान के आने से पहले वाली शांति महसूस हो रही थी।

डरवास ने पहले ही थियोकोल के दैनिक कोट्स मंगवाने शुरू कर दिए, इसके तुरंत बाद ही यह स्टॉक 45 के बाद एक ऊंची छलांग लगाने के लिए तैयार हो और उन्होंने 47¼ पर 200 शेयर की नमूना खरीद की (B)। 1 महीने तक यह स्टॉक 50 की तरफ बढ़ता रहा और फिर (C) पर, जब डरवास को लगा कि यह और आगे बढ़ने वाला है, उन्होंने 49⅞ के भाव पर 1,300 शेयर की खरीद और कर ली।

इस खरीद के पीछे-पीछे ही थियोकोल के स्टॉक राइट जारी होने लगे। ट्रांजेक्शन्स की एक श्रंखला में, जो पुस्तक में अच्छी तरह से समझाई गई है, डरवास ने भारी क्रेडिट जो कि राइट्स लेने पर उपलब्ध था, का पूरा लाभ उठाया। 72,000 राइट्स की खरीद पर (और 53.1/2 पर पहले 1,500 शेयर बेचकर) उन्हें थियोकोल स्टॉक के 6,000 शेयर मिले और यह भी 42 डॉलर प्रति शेयर के सब्सक्रिप्शन प्राइज पर मिले। जब कोटेड प्राइज़ 55 के आसपास था। इसे खरीदने में उन्हे कुल 3,50,000 डॉलर्स देने पड़े, जबकि उनका खर्च केवल 1,11,000 डॉलर्स का रहा।

डरवास के ब्रोकर ने उन्हें तीन महीने बाद तार भेजा कि उन्हें थियोकोल (D) में निवेश से 2,50,000 डॉलर का लाभ मिला है। वे इतने खुश थे कि पेरिस की सड़कों पर अपनी स्टॉक्स बेचने की इच्छा को सीने में छुपाए घूमते रहे, लेकिन उन्होंने स्टॉक को बेचा नहीं, क्योंकि वे जानते थे कि स्टॉक्स को बेचने का यह सही समय नहीं है।

डरवास अपने इस सिद्धांत का पालन करना कभी नहीं बोलते थे कि उन्हें मूल्य बढ़ने के साथ ही अपना स्टॉपलॉस भी ऊपर लगाना है, लेकिन उन्होंने थियोकोल

के साथ बस यूंही बहना ठीक समझा और किसी क्षणिक रिएक्शन, जैसा कि (E) में हुआ भी, की वे इस वजह से इस स्टॉक से किसी भी रूप में बाहर हो जाने का खतरा उठाना नहीं चाहते थे।

और देखते ही देखते इसके बाद इस स्टॉक के मूल्य में बहुत तेजी आई जो मई की शुरुआत में इसके एक से तीन में विभाजित होने के बाद बढ़ती हुई 72 के अपने सबसे बिन्दु तक पहुँच गई। इतना ही नहीं इसमें इतनी ज़्यादा ट्रेडिंग हुई कि न्यूयॉर्क स्टॉक एक्सचेंज ने इस स्टॉक को खरीदने और बेचने पर ऑटोमैटिक ऑन-स्टॉप और स्टॉप-लॉस निलंबित कर दिए थे।

डरवास को लगा जैसे किसी ने "मेरा सबसे शक्तिशाली अस्त्र मुझसे छीन लिया हो और मुझे लगने लगा की अब मैं इसके बिना काम नहीं कर सकता।"

अब उनके पास इन्हें बेचने के अतिरिक्त कोई और चारा नहीं था, इसलिए उन्होंने अपने 18,000 विभाजित शेयरों को 68 (F) के औसत मूल्य पर बेच दिया । इसमें उन्हें 8,62,000 डॉलर का लाभ हुआ। पेरिस में हुए इस महत्त्वपूर्ण निर्णय कि वजह से "एक बढ़ते हुए स्टॉक को बेचने का कोई कारण नहीं होता" से उन्हें अच्छा खासा लाभ प्राप्त हुआ।

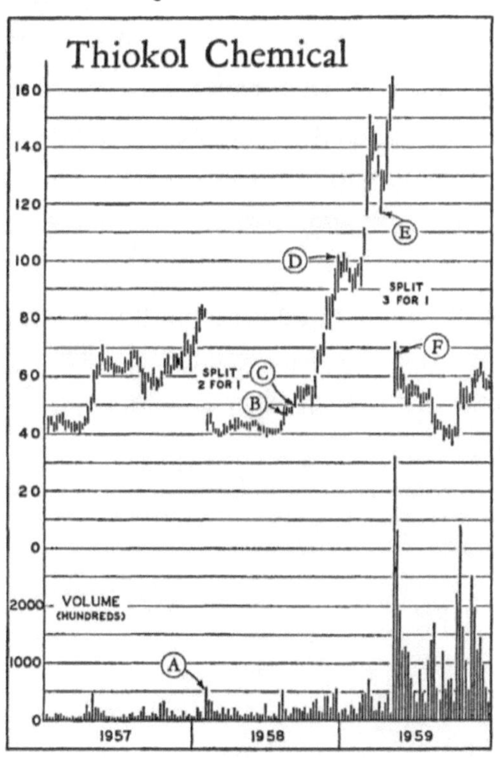

टेक्सास इंस्ट्रूमेन्ट्स

अब जब यूनिवर्सल कंट्रोल्स को डरवास ने बेच दिया तो एक नए और "सक्रिय ट्रेडिंग वाले, उच्च मूल्य के स्टॉक के लिए मार्केट पर पैनी निगाह रखने लगे", जिसमें वे आधा मिलियन डॉलर से अधिक निवेश कर सकें। इतनी बड़ी राशि के कारण इसकी पूरी संभावना थी कि वह जिस भी स्टॉक को खरीदेंगे उससे मार्केट पर जरूर प्रभाव पड़ेगा इस कारण वह बेहद सतर्क थे।

1958 के अंत में कुछ अस्थिर हरकत के अलावा टेक्सास इंस्ट्रूमेन्ट्स एक साल से भी अधिक समय से लगातार ऊपर की तरफ जा रहा था और संयोग से उसकी बढ़ने की गति ने अक्टूबर में इसके वॉल्यूम को भी बढ़ा दिया था (A)।

नमूना खरीद के तौर पर डरवास ने अप्रैल के दूसरे सप्ताह में 94¾ के औसत मूल्य पर 2,000 शेयर खरीदे (B)। अगले सप्ताह, "चूँकि स्टॉक अच्छा चल रहा था उन्होंने और शेयर्स 97⅞ के भाव से 15,00 और खरीद लिए (C)। कुछ ही दिनों बाद उन्होंने 101⅞ के औसत मूल्य पर 2000 शेयर्स की आखरी खरीद भी कर डाली (D)।"

डरवास ने उस समय अपने स्टॉप लॉस दोबारा से लगाया, जब 6 जुलाई को टेक्सास इंस्ट्रूमेन्ट्स 149½ पर क्लोज हुआ (E) जो उनकी 22,50,000 डॉलर के क्लोजिंग प्राइज़ के नीचे ही लगा हुआ था, के बाद ही उन्होंने मोन्टे कार्लो के लिए उड़ान भरी।

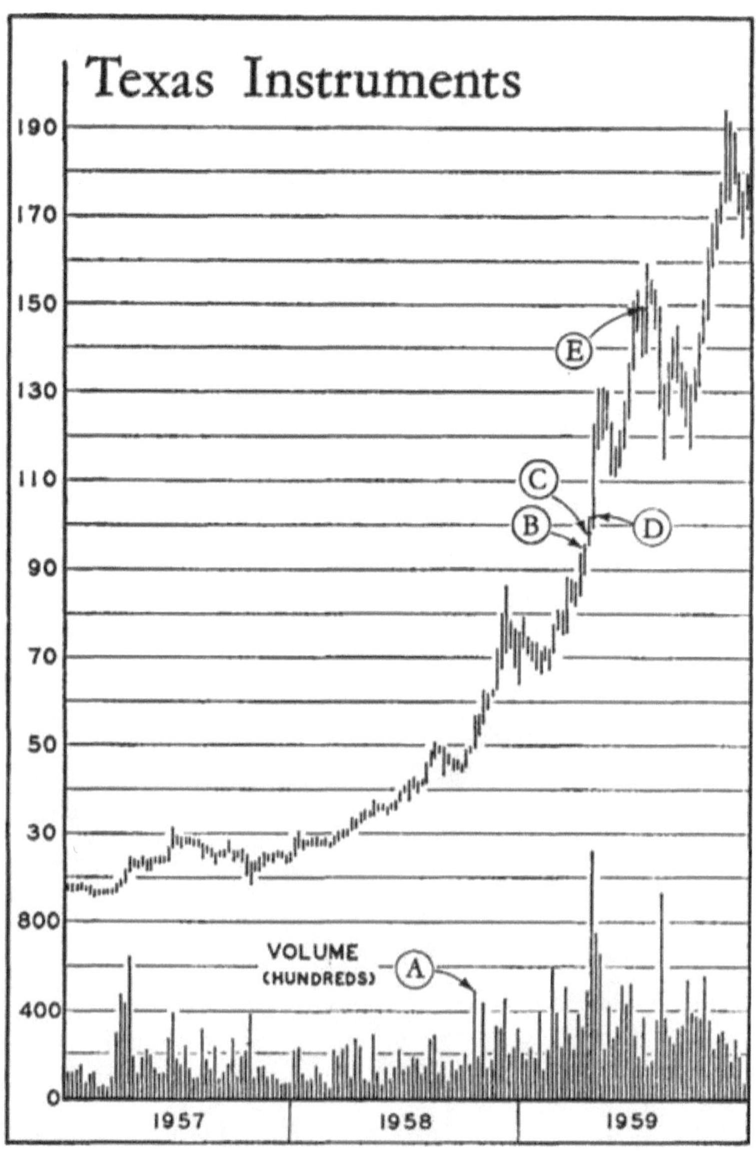
Texas Instruments
190
170
150
130
110
90
70
50
30
800
400
0
E
C
B
D
VOLUME
(HUNDREDS)
A
1957
1958
1959

फेयरचाइल्ड कैमरा

जब डरवास ने थियोकोल को बेचा तो उनके पास किसी और स्टॉक में निवेश करने के लिए 10,00,000 डॉलर से ज्यादा की पूँजी आ गई थी। इसके बाद उन्होंने बहुत बड़ा फैसला लिया की वह अब इस पूंजी को दो भागों में बांट देंगे, इसके बाद उन्होंने अपनी पसंद के चार स्टॉक को प्राथमिकता देते हुए, जिन पर वे काफी लंबे समय से नजर रखे हुए थे, वह चारों स्टॉक्स मेरी थ्योरी पर सटीक बैठते थे, लेकिन इन चारों स्टॉक्स में से एक स्टॉक ऐसा था, जो इन सबकी मार्केट में शक्ति को देखने के लिहाज से कि गई नमूना खरीद में खरा उतरा और वह स्टॉक था "फेयरचाइल्ड कैमरा"।

साल 1957 में फेयरचाइल्ड दृढ़ता के साथ आगे बढ़ता रहा और इतना ही नहीं 1958 के भी अधिकांश दौर में दो बार ट्रेडिंग वॉल्यूम में जबर्दस्त बढ़त के अलावा स्थिर रहा था। 1958 के अंत में इसके वॉल्यूम में नई श्रेणी (A) से इस स्टॉक के मूल्य में एक तेज़ और लगातार वृद्धि हुई, जिस कारण यह स्टॉक डरवास की रुचि बना।

यह स्टॉक जब 110/140 के बॉक्स में आ गया, तब उन्होंने 128 के भाव से 500 शेयर की नमूना खरीद कर ली (B)।

अपने 10% स्वैच्छिक स्टॉप लॉस को हटाने से, जो की बॉक्स की निचली सीमा के बहुत करीब था, वे दो सप्ताह बाद होने वाले 110¼ के भाव से उन्हें कोई फर्क नहीं पड़ा, बल्कि इसके विपरित जब स्टॉक की गति ऊपर की चली गई, तब उन्होंने 123¼ के भाव से 127 के मूल्य रेंज में और 4,000 शेयर खरीद लिए (C)।

अब जब फेयर चाइल्ड कैमरा के 4,500 शेयर्स डरवास के पास थे। डरवास अब इस स्थिति में थे कि वह बैठकर अपने स्टॉक्स जैनिथ रेडियो तथा टेक्सास

इंस्टूमेन्ट्स में अपनी होल्डिंग्स के चलते को ऊपर जाते हुए देख सकते थे। जैसा कि पुस्तक के आखिर में आपने पढ़ा की फेयरचाइल्ड 185 के भाव पर बंद हुआ (D) था।

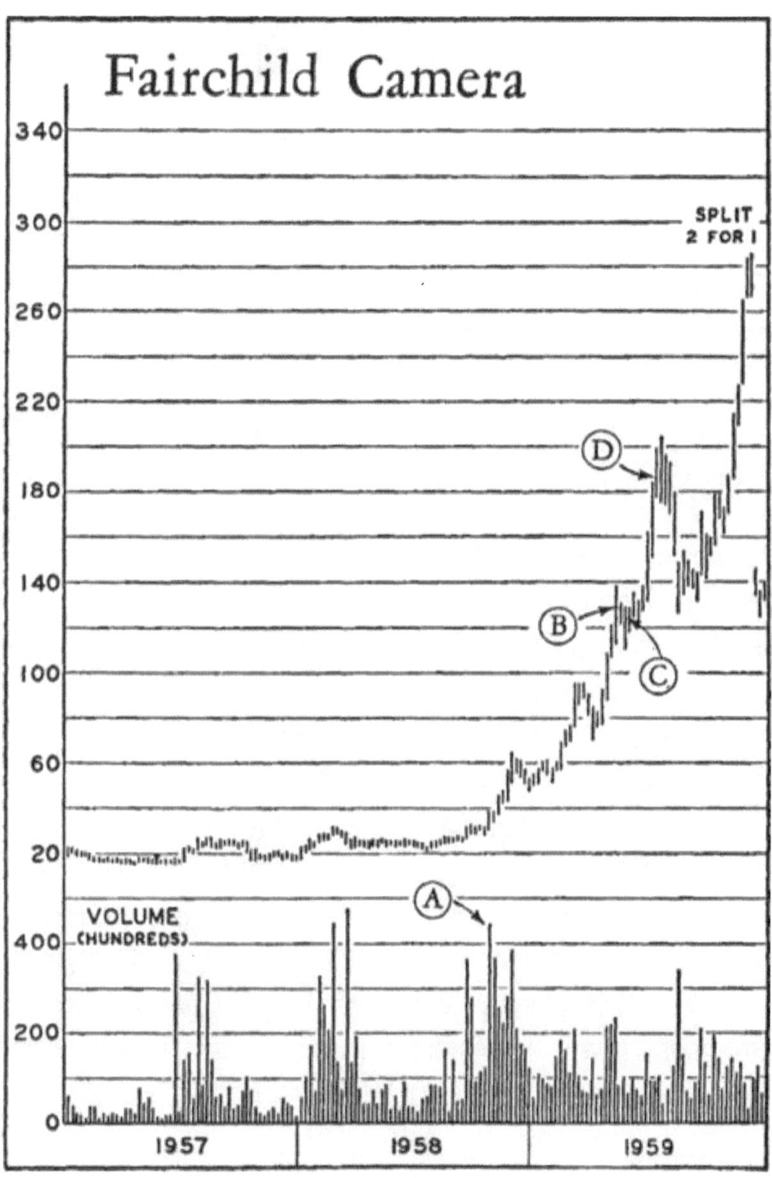

जैनिथ रेडियो

जैनिथ वह दूसरा स्टॉक था, जिसे डरवास ने थियोकोल से मिली राशि के निवेश के लिए चुना था। भले ही फेयरचाइल्ड से यह पैटर्न में बिलकुल मेल नहीं खाता था फिर भी डरवास ने इसे चुना। जैनिथ में बहुत ज्यादा ट्रेडिंग के साथ ही इसमें उछाल भी आया और यह सब सितम्बर, 1958 के आखिर में हुआ।

जब इस स्टॉक के तीन भागों में विभाजन की घोषणा हुई उस समय डरवास ने 'व्हेन इश्यूड' के आधार पर 104 की नमूना खरीद (A) कर ली। फेयरचाइल्ड के संदर्भ में जब वह नहीं सबसे कमजोर स्टॉक को अपनी लिस्ट से बाहर करना था उस समय उन्होंने स्वैच्छिक 100% स्टॉप-लॉस हटा दिया था। यदि उन्होंने इसे रखा होता, तो अगले सप्ताह में जैनिथ के 93 पर गिरते ही, यह बिक गया होता। जैसे ही इसका मूल्य ऊपर की तरफ बढ़ने लगा उन्होंने अपनी योजना के अनुसार 99¾ से 107½ के प्राइज़ रेंज में 5,000 शेयर खरीद लिए (B)।

इसके बाद जैनिथ मजबूत स्थिति में आगे बढ़ा और यह बात ध्यान रखने योग्य है की इसकी प्रगति विभाजन से पहले की वृद्धि की तुलना में कुछ भी नहीं थी। उनके 104 के औसत बॉय-प्राइज़ और 6 जुलाई को 124 के क्लोजिंग प्राइज़ (C) ने डरवास को 1,00,000 डॉलर का लाभ करवाया था।

हमारे एडीटर्स ने डरवास को बताया कि जैनिथ की वृद्धि के दौरान इतनी देर से उसे खरीदना बहुत लाभदायक नहीं लगता था। वे सहमत हुए और उन्होंने कहा, आज ऐसा कहा जा सकता है "कि यह बढ़ने में सुस्त था, लेकिन उस समय मुझे लगा था कि यह इसके बढ़ने के लिए पहला कदम है। आखिरकार, मैं भी केवल आधे मामलों में ही सही साबित होने की उम्मीद करता हूँ।"

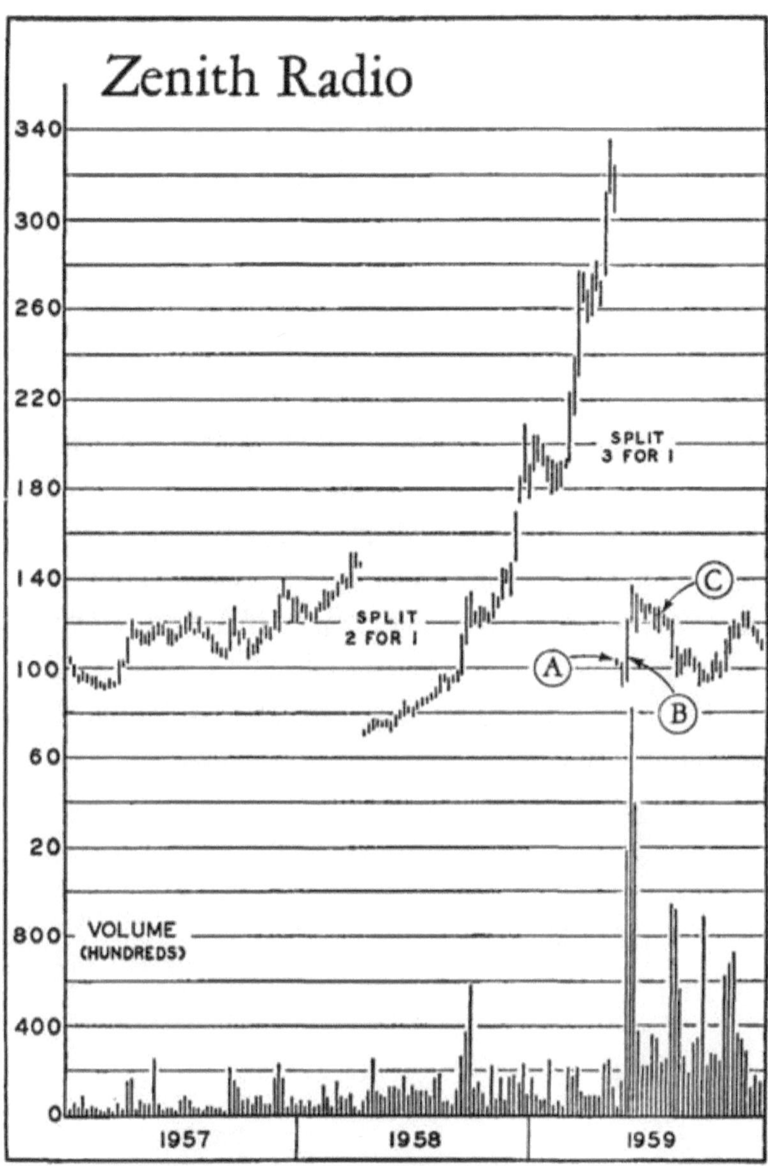
Zenith Radio
340
300
260
220
180
140
100
60
20
800
400
0
SPLIT
3 FOR I
SPLIT
2 FOR I
A
B
C
VOLUME
(HUNDREDS)
1957
1958
1959

अनुवादक के बारे में...

साक्षी पटेल; हिन्दी साहित्य में एमए, पत्रकारिता एवं अनुवाद में स्नातकोत्तर डिप्लोमा प्राप्त हैं। लंबे समय से दिल्ली विश्वविद्यालय से प्रकाशित होने वाली साहित्यिक पत्रिका समसामयिक सृजन की सह-संपादिका रहीं। वर्तमान में 'भिन्नसार' पत्रिका में संपादिका की जिम्मेदारियों का निर्वहन कर रही हैं।

इनका हिन्दी एवं अंग्रेजी, दोनों भाषाओं पर समान रूप से अधिकार है। विश्व प्रसिद्ध पुस्तकों *हाउ टू विन फ्रेंड्स एंड इन्फ्लुएंस पीपल', 'द पावर ऑफ योर सबकॉन्शियस माइंड', 'एज मैन थिंकथ', 'थिंक एंड ग्रो रिच'* तथा *'एमपीपीएससी सांवैधानिक'* पुस्तक का सफल अनुवाद कर चुकी हैं।

जिम्मेदार और संवेदनशील पाठन व लेखन के साथ काम के प्रति प्रतिबद्धता उनका अमूल्य गुण है।

वर्तमान में भोपाल में निवासरत हैं।

LIST OF TITLES WITH ISBN NO.

ISBN	TITLE
9788194914129	1984
9789390575220	1984 & Animal Farm (2In1)
9789390575572	1984 & Animal Farm (2In1): The International Best-Selling Classics
9789390575848	35 Sonnets
9789390575329	A Clergyman's Daughter
9789390575923	A Study In Scarlet
9789390896097	A Tale Of Two Cities
9789390896837	Abide in Christ
9789390896202	Abraham Lincoln
9789390896912	Absolute Surrender
9789390896608	African American Classic Collection
9789390575305	Aldous Huxley: The Collected Works
9789390896141	An Autobiography of M. K. Gandhi
9789390575886	Animal Farm
9789390575619	Animal Farm & The Great Gatsby (2In1)
9789390575626	Animal Farm & We
9789390896158	Anna Karenina
9789390575534	Antic Hay
9789390896165	Antony & Cleopatra
9789390896172	As I Lay Dying
9789390896226	As You like it
9789390575671	At Your Command
9789390575350	Awakened Imagination
9789390575114	Be What You Wish
9789390896233	Believe In yourself
9789390896998	Best of Charles Darwin: The Origin of Species & Autobiography
9789390896684	Best Of Horror : Dracula And Frankenstein
9789390575503	Best Of Mark Twain (The Adventures of Tom Sawyer AND The Adventures of Huckleberry Finn)
9789390896769	Black History Collection
9789390575756	Brave New World, Animal Farm & 1984 (3in1)

9789390896240	Brother Karamzov
9789390575053	Bulleh Shah Poetry
9789390575725	Burmese Days
9789390896257	Bushido
9789390896066	Can't Hurt Me
9788194914112	Chanakya Neeti: With The Complete Sutras
9789390896042	Crime and Punishment
9789390575527	Crome Yellow
9789390575046	Down and Out in Paris and London
9789390896844	Dracula
9789390575442	Emersons Essays: The Complete First & Second Series (Self-Reliance & Other Essays)
9789390575749	Emma
9789390575817	Essential Tozer Collection - The Pursuit of God & The Purpose of Man
9789390896578	Fascism What It Is and How to Fight It
9789390575688	Feeling is the Secret
9789390575190	Five Lessons
9789390575954	Frankenstein
9789390575237	Franz Kafka: Collected Works
9789390575282	Franz Kafka: Short Stories
9789390575060	George Orwell Collected Works
9789390575077	George Orwell Essays
9789390575213	George Orwell Poems
9788194914150	Greatest Poetry Ever Written Vol 1
9788194914143	Greatest Poetry Ever Written Vol 1
9789390896301	Gulliver's Travel
9789390575961	Gunaho Ka Devta
9789390575893	H. P. Lovecraft Selected Stories Vol 1
9789390575978	H. P. Lovecraft Selected Stories Vol 2
9789390896059	Hamlet
9789390575022	His Last Bow: Some Reminiscences of Sherlock Holmes
9789390896134	History of Western Philosophy
9789390575121	Homage To Catalonia

9789390896219	How to develop self-confidence and Improve public Speaking
9789390896295	How to enjoy your life and your Job
9789390575633	How to own your own mind
9789390896318	How to read Human Nature
9789390896325	How to sell your way through the life
9789390896370	How to use the laws of mind
9789390896387	How to use the power of prayer
9789390896028	How to win friends & Influence People
9788194824176	How To Win Friends and Influence People
9789390896103	Humility The Beauty of Holiness
9789390896653	Imperialism the Highest Stage of Capitalism
9789390575084	In Our Time
9789390575169	In Our Time & Three Stories and Ten poems
9789390575145	James Allen: The Collected Works
9789390896189	Jesus Himself
9789390575480	Jo's Boys
9789390896394	Julius Caesar
9789390575404	Keep the Aspidistra Flying
9789390896400	Kidnapped
9789390896424	King Lear
9789390575824	Lady Susan
9789390896455	Law of Success
9789390896264	Lincoln The Unknown
9789390575565	Little Men
9789390575640	Little Women
9788194914174	Lost Horizon
9789390896462	Macbeth
9789390896929	Man Eaters of Kumaon
9789390896523	Man The Dwelling Place of God
9789390896349	Man The Dwelling Place of God
9789390575909	Mansfield Park
9788194914136	Manto Ki 25 Sarvshreshth Kahaniya
9789390896509	Marxism, Anarchism, Communism
9789390575664	Mathematical Principles of Natural Philosophy

9788194914198	Meditations
9789390575800	Mein Kampf
9789390575794	Memory How To Develop, Train, And Use It
9789390896486	Mind Power
9789390896585	Money
9789390575039	Mortal Coils
9789390575770	My Life and Work
9789390896035	Narrative of the Life of Frederick Douglass
9789390575152	Neville Goddard: The Collected Works
9789390575985	Northanger Abbey
9789390896530	Notes From Underground
9789390896547	Oliver Twist
9789390575459	On War
9789390575541	One, None and a Hundred Thousand
9789390896554	Othelo
9789390575435	Out Of This World
9789390575015	Persuasion
9789390575510	Prayer The Art Of Believing
9789390575091	Pride and Prejudice
9789390896561	Psychic Perception
9789390575381	Rabindranath Tagore - 5 Best Short Stories Vol 2
9789390575367	Rabindranath Tagore - Short Stories (Masters Collections Including The Childs Return)
9789390575374	Rabindranath Tagore 5 Best Short Stories Vol 1 (Including The Childs Return
9789390896622	Romeo & Juliet
9789390896127	Sanatana Dharma
9789390575596	Seedtime & Harvest
9789390896639	Selected Stories of Guy De Maupassant
9789390575206	Self-Reliance & Other Essays
9789390575176	Sense and Sensibility
9789390575299	Shyamchi Aai
9789390896738	Socialism Utopian and Scientific
9789390896646	Success Through a Positive Mental Attitude
9789390575428	The Adventures of Huckleberry Finn

9789390575183	The Adventures of Sherlock Holmes
9789390575343	The Adventures of Tom Sawyer
9789390896691	The Alchemy Of Happiness
9789390575862	The Art Of Public Speaking
9789390896288	The Autobiography Of Charles Darwin
9788194914181	The Best of Franz Kafka: The Metamorphosis & The Trial
9789390575008	The Call Of Cthulhu and Other Weird Tales
9789390575107	The Case-Book of Sherlock Holmes
9789390896110	The Castle Of Otranto
9789390896745	The Communist Manifesto
9789390575589	The Complete Fiction of H. P. Lovecraft
9789390575497	The Complete Works of Florence Scovel Shinn
9789390896820	The Conquest of Breard
9789390896813	The Diary of a Young Girl
9789390896332	The Diary of a Young Girl The Definitive Edition of the Worlds Most Famous Diary
9789390575701	The Great Gatsby, Animal Farm & 1984 (3In1)
9789390575312	The Greatest Works Of George Orwell (5 Books) Including 1984 & Non-Fiction
9789390575992	The Hound of Baskervilles
9789390896707	The Idiot
9789390896714	The Invisible Man
9789390575657	The Knowledge of the holy
9789390575558	The Law & the Promise
9789390896721	The Law Of Attraction
9789390896776	The Leader in you
9789390896363	The Life of Christ
9789390896196	The Man-Eating Leopard of Rudraprayag
9789390896783	The Master Key to Riches
9789390575268	The Memoirs Of Sherlock Holmes
9789390896479	The Midsummer Night's Dream
9789390575466	The Mill On The Floss
9789390896790	The Miracles of your mind
9789390896660	The Mutual Aid A Factor in Evolution
9789390896448	The Origin of Species

9789390896905	The Peter Kropotkin Anthology The Conquest of Bread & Mutual Aid A Factor of Evolution
9789390896806	The Picture of Dorian Gray
9789390896271	The Picture of Dorian Gray
9789390575275	The Power Of Awareness
9789390896356	The Power of Concentration
9788194824169	The Power of Positive Thinking
9789390575411	The Power of the Spoken Word
9788194914105	The Power Of Your Subconscious Mind
9789390896899	The Power of Your Subconscious Mind
9789390896417	The Principles of Communism
9789390575787	The Psychology Of Mans Possible Evolution
9789390896615	The Psychology of Salesmanship
9789390575732	The Pursuit of God
9789390575398	The Pursuit of Happiness
9789390896851	The Quick and Easy Way to effective Speaking
9789390575947	The Return Of Sherlock Holmes
9789390575138	The Road To Wigan Pier
9789390896981	The Root of the Righteous
9789390575855	The Science Of Being Well
9788194914167	The Science Of Getting Rich, The Science Of Being Great & The Science Of Being Well (3In1)
9789390896011	The Screwtape Letters
9789390896073	The Screwtape Letters
9789390575336	The Secret Door to Success
9789390575695	The Secret Of Imagining
9789390896868	The Secret Of Success
9789390896431	The Seven Last Words
9789390575930	The Sign of the Four
9789390896004	The Sonnets
9789390896516	The Souls of Black Folk
9789390896875	The Sound and The Fury
9789390575244	The State and Revolution
9789390896882	The Story of My Life
9789390896936	The Story Of Oriental Philosophy

9789390896752	The Strange Case of Dr. Jekyll and Mr. Hyde
9789390896943	The Tempest
9789390575916	The Valley Of Fear
9789390575879	The Wind in the willows
9789390896080	The Wind in the willows
9789390575763	Their eyes were watching gofd
9789390575831	Three Stories
9789390896950	Twelfth Night
9789390896592	Twelve Years a Slave
9789390896677	Up from Slavery
9789390896974	Value Price and Profit
9789390896967	Wake Up and Live
9789390896493	With Christ in the School of Prayer
9789390575602	Your Faith is Your Fortune
9789390575473	Your Infinite Power To Be Rich
9789390575251	Your Word is Your Wand
9789390575718	Youth
9789391316099	A Christmas Carol
9789391316105	A Doll's House
9789391316501	A Passage to India
9789391316709	A Portrait of the Artist as a Young Man
9789391316112	A Tale of Two Cities
9789391316747	A Tear and a Smile
9789391316167	Agnes Gray
9789391316174	Alice's Adventures in Wonderland
9789391316136	Anandamath
9789391316181	Anne Of Green Gables
9789391316754	Anthem
9789391316198	Around The World in 80 Days
9789391316013	As A Man Thinketh
9789391316242	Autobiography of a Yogi
9789391316266	Beyond Good and Evil
9789391316761	Bleak House
9789391316778	Chitra, a Play in One Act
9789391316310	David Copperfield

9789391316075	Demian
9789391316785	Dubliners
9789391316051	Favourite Tales from the Arabian Nights
9789391316235	Gitanjali
9789391316068	Gravity
9789391316150	Great Speeches of Abraham Lincoln
9789391316662	Guerilla Warfare
9789391316839	Kim
9789391316822	Mother
9789391316211	My Childhood
9789391316846	Nationalism
9789391316327	Oliver Twist
9789391316853	Pygmalion
9789391316334	Relativity: The Special and the General Theory
9789391316389	Scientific Healing Affirmation
9789391316341	Sons and Lovers
9789391316587	Tales from India
9789391316372	Tess of The D'Urbervilles
9789391316396	The Awakening and Selected Stories
9789391316402	The Bhagvad Gita
9789391316303	The Book of Enoch
9789391316228	The Canterville Ghost
9789391316907	The Dynamic Laws of Prosperity
9789391316006	The Great Gatsby
9789391316860	The Hungry Stones and Other Stories
9789391316433	The Idiot
9789391316440	The Importance of Being Earnest
9789391316297	The Light of Asia
9789391316914	The Madman His Parables and Poems
9789391316457	The Odyssey
9789391316921	The Picture of Dorian Gray
9789391316464	The Prince
9789391316938	The Prophet
9789391316945	The Republic
9789391316518	The Scarlet Letter

9789391316143	The Seven Laws of Teaching
9789391316525	The Story of My Experiments with Truth
9789391316532	The Tales of the Mother Goose
9789391316549	The Thirty Nine Steps
9789391316594	The Time Machine
9789391316600	The Turn of the Screw
9789391316983	The Upanishads
9789391316617	The Yellow Wallpaper
9789391316426	The Yoga Sutras of Patanjali
9789391316990	Ulysses
9789391316624	Utopia
9789391316679	Vanity Fair
9789391316020	What Is To Be Done
9789391316686	Within A Budding Grove
9789391316693	Women in Love